어둠 속의 희망

절망의 시대에
변화를
꿈꾸는 법

어둠 속의 희망

HOPE
IN
THE DARK

Rebecca
Solnit

리베카 솔닛 지음 · 설준규 옮김

창비

무슨 일이든 일단 발생한 것은 역사로서 무의미하다고 간주되어서는
안 된다.

— 발터 벤야민

기사가 마음에 안 들면 나가서 스스로 기삿거리를 만드십시오.

— 방송인 웨스 니스커의
1970년대 KTIM 라디오방송 마무리 인사말

희망의 근거

당신의 적은 우리가 희망이 없다고, 힘이 없다고, 행동에 나설 이유가 없다고 믿기 바란다. 희망은 당신이 포기하지 않아도 되는 선물이며 버리지 않아도 되는 힘이다. 희망은 저항의 행동일 수 있지만, 저항이 희망의 충분한 이유는 아니다. 하지만 희망을 가질 만한 이유들이 존재한다.

나는 2003년과 2004년 초에 희망을 옹호하기 위해 이 책을 썼다. 이어지는 본문은 몇가지 의미에서 그 시기의 산물이다. 이 책을 쓴 것은 부시 행정부의 권력 행사가 최고조에 달하고 이라크 전쟁이 개시된 데 따른 엄청난 절망감에 맞서기 위해서였다. 그 시기는 지난 지 오래다. 하지만 절망감, 패배주의, 냉소주의, 그리고 그런 상태의 주요 원인인 기억상실과 갖가지 가설은 극히 그리고 상상할 수 없을 만큼 대단한 일들이 일어났음에도 소멸하지 않았다. 희망을 옹호할 증거는 무척 많다.

여남은해가 넘는 격동의 세월이 지난 뒤 본문을 다시 읽으며, 나는 거기 깔린 전제가 여전히 유효하다고 믿는다. 진보적·대중주의적 풀뿌리 운동의 지지 세력은 많은 승리를 거뒀다. 과거에도 현재에도 대중의 힘은 변화를 향한 심층적 동력이다. 그리고 우리가 겪은 한편으로 경이롭고 또 한편으로 끔찍한 변화는 무척 놀랍다. 2003년의 세계는 모두 사라졌다. 그것이 입힌 손상은 아직 남아 있으나, 그 질서와 이념은 새로운 것에 자리를 내주었을뿐더러, 우리의 정체성에, 우리가 자신과 세계와 그 세계 속 하고많은 일을 상상하는 방식에, 근본적 변화를 불러왔다. 지금은 비상非常한 시기로, 예견할 수 없던 사활적 변화의 움직임으로 가득하다. 지금은 또한 악몽 같은 시기다. 온전히 대응하려면 이 두 측면 모두를 감지하는 능력이 필요하다. 21세기가 끔찍한 경제불평등의 발생을 목도하게 된 건 아마도 노동자와 엘리트 양쪽이 모두 기억상실증에 걸렸기 때문일 듯하다. 노동자는 임금과 노동과 사회복지의 조건이 악화되는 것을 묵인하고 있으며, 엘리트는 그 조건 중 일부가 혁명을 피할 속셈으로 자신이 양보한 것이라는 사실을 잊었다. 실리콘밸리가 지구권력의 중심 중 하나로 부상하자, 헤아릴 수 없이 많은 일자리가 사라지거나 자동화되고 경제불평등은 심화됐다. 실리콘밸리의 부상으로 새로운 엘리트가 생겨나는 한편, 출판계와 저자와 노동조건을 공격하는 아마존이라든가, 무수한 영역에서 지구적 정보독점 체계를 구축하고 그 과정에서 (대다수 컴퓨터 사용자에 대한 정교한 개인정보를 확보함으로써 획득되는 권력을 포함한) 가공할 권력을 축적하는 구글 같은 무시무시한 대기업도 생겨났다. 주요 첨단기술 기업들은 냉전이 극에 달했을 시기의 끄렘린Kremlin이나 FBI조차 상상 못했을 법한 감시 능력을 (그것을 규제해야 할 정부와 협조해) 개발하고 배치했다. 사생활에 관한 권리를 포함한 시민적 자유에 대한 공격은 테러에 대한 지구적 전쟁이라는 명분이 퇴색한 뒤에도 오랫동안 지속되고 있다.

이런 것들보다 더 나쁜 건 과학자들의 예측보다 더 급속하고 더 난감하고 더 궤멸적인 기후변화의 도래다.

희망을 갖는다는 것은 이런 현실을 부정하는 게 아니다. 희망은 21세기가 이런 현실 외에 (여러 사회운동과 영웅적 인물, 그리고 지금 이런 현실에 대처하는 의식의 변화 등을 포함한) 다른 어떤 것들을 불러왔는지 기억함으로써, 그 현실을 직면하고 그것에 대처하는 것이다. 그중 몇가지만 예로 들어본다. '월스트리트를 점거하라' 운동, '흑인의 생명은 소중하다' 운동, '더이상 방관은 없다' 운동, 'DREAM 법안 및 이민자 권리 문제에 대처하는 꿈꾸는 사람들'(DREAM은 Development, Relief, and Education for Alien Minors〔이민 소수자를 위한 개발, 구호, 교육〕의 약어 ─옮긴이), 에드워드 스노든, 로라 포이트러스, 글렌 그린월드 등이 수행한 기업 및 정부의 투명성 제고 운동, 평등결혼을 위한 압력, 페미니즘 운동의 부활, 최저임금 문제에 대처하고 (그리고 많은 경우 최저임금을 인상하고) 부채를 빌미로 한 강제 노동과 학생대출 문제를 해결하기 위해 싸우는 경제 정의 운동, 환경 및 환경정의를 위한 역동적 운동, 그리고 이 모든 것들 사이의 여러 교집합 등. 지난 10년은 사회운동의 건설과 사회변화의 면에서, 그리고 다수 대중의 생각과 관점과 사고의 틀에 깊고 심오한 전환이 일어났다는 점에서 (그리고 물론 이 모든 것에 대한 격심한 반동이 일어났다는 점에서) 실로 주목할 만한 10년이었다.

불확실성의 효용

『어둠 속의 희망』은 미국이 이라크 전쟁을 개시한 지 6주쯤 지난 뒤 내가 온라인으로 출판한 에세이에서 시작됐다. 그 에세이는 시쳇말로 바이러스처럼 즉시 퍼져나갔다. 이메일을 통해 널리 유통되는가 하면 한 주류신문과 여러 뉴스 웹사이트에도 기사로 채택되고 몇몇 대안신문에 무단

전재됐으며, 그 글이 마음에 든 어떤 사람들은 프린터로 출력해서 손으로 나누어주기도 했다. 그 에세이는 나의 첫 온라인 출판 시도이자, 당면한 정치 상황의 내면에 관해, 그리고 우리의 정치적 입장과 참여 방식 아래 깔린 정서와 인식에 관해 직접 언명하는 첫 시도이기도 했다. 우리가 누구이며 우린 지금 어디에 있는지에 관해 말하는 새로운 방식에 대한 엄청난 갈증에 놀라, 나는 이 얄팍한 책을 쓰기로 작심했다. 이 책은 여러 언어로 옮겨져 흥미로운 삶을 누렸거니와, 이 서문을 새로 쓰고 책 말미에 몇개 장^章을 덧붙이는가 하면 주석을 추가해 근사한 새 디자인으로 개정판을 내는 것도 기쁨이다. 책을 업데이트한다는 건 통째 새 책을 쓰는 일이 되기 십상일 터이므로, 그러는 대신 이런 자료들을 추가해 2005년에 나온 제2판을 다시 내기로 했다.

책이 출간되고 나서 나는 희망, 행동주의 운동^{activism}, 역사적 기록, 그리고 가능성들에 관해 이야기하며 여러해를 길 위에서 보냈고, 그러는 동안 내 주장은, 어쩌면, 점점 더 세련돼지거나 정교해지거나 적어도 좀더 담금질되었을 것이다. 그 과정을 다시 한번 조망해보자.

희망이 무엇이 아닌지 말하는 것은 중요하다. 희망은 모든 것이 과거에도 좋았고 현재에도 좋고 미래에도 좋을 것이라는 믿음이 아니다. 엄청난 고통과 엄청난 파괴의 증거가 우리 주위에 온통 널려 있다. 내가 관심을 갖는 희망은 구체적 가능성과 결합된 넓은 전망, 우리에게 행동하라고 권유하거나 요청하는 전망이다. 그건 '모든 게 나빠지고 있어'라는 식의 서사敍事에 맞서는 것일 수 있지만, '모든 게 잘돼가고 있어'라는 식의 화창한 서사도 아니다. 그건 복잡성과 불확실성에 관한, 돌파구를 열어두는 설명이라고 불러도 좋을 것이다. 불가리아 작가 마리아 포포바에 따르면, "희망이 빠진 비판적 사유는 냉소지만, 비판적 사유가 빠진 희망은 치기稚氣다". '흑인의 생명은 소중하다' 운동을 시작한 사람 중 한명인 퍼트리스 컬러스는 일찍부터 그 운동의 임무를 "집단적 변혁의 달성에 필요한 집단적 권력의 건설을 위한 집단행동에 대한 (슬픔과 분노에 뿌리내렸지만 비전과 꿈을 지향하는) 희망과 열의를 불어넣어주는 것"이라고 표현했다. 이건 슬픔과 희망이 공존할 수 있음을 인정하는 언명이다.

인권운동이 지난 반세기 동안 이룬 엄청난 성취 ─ 권리 획득의 면에서뿐만 아니라 인종, 섹슈얼리티, 체현embodiment, 영성, 바람직한 삶에 대한 관념 등을 재정의하는 데서 이룬 성취 ─ 는 전례 없는 생태파괴가 벌어지고 획기적이고 새로운 착취 수단이 등장한 시기에 활짝 꽃피었다. 또한 이 시기에는 저항의 새로운 형태들도 등장했는데, 그 가운데는 생태에 관한 섬세한 이해, 소통과 조직의 새로운 방식을 통해, 그리고 거리와 차이를 가로지르는 새롭고 신명나는 연대 방식을 통해 가능해진 저항도 포함된다.

희망은 장차 무슨 일이 일어날지 모른다는 전제, 불확실성의 광막함 속에 행동할 공간이 펼쳐진다는 전제 위에 자리 잡는다. 불확실성을 인식할 때 우리는 자신이 ─ 나 혼자, 또는 수십, 수백만의 다른 이들과 힘을 합쳐 ─ 결과에 영향을 미칠 수도 있다는 사실을 인식하게 된다. 희망은 알지 못하는 것과 알 수 없는 것에 대한 포용이며, 낙관론자와 비관론자 모두의 확신에 대한 대안이다. 낙관론자는 우리의 개입 없이도 모든 게 잘되리라 생각하고, 비관론자는 정반대 입장을 취하므로, 양쪽 다 행동하지 않아도 될 구실을 얻는다. 희망은 우리가 하는 일이 (언제 어떻게, 누구와 무엇에 영향을 미칠지는 미리 알 수 없다 해도) 중요하다는 믿음이다. 사실 우리는 우리 행동이 미치는 영향을 사후事後에도 알지 못할 수 있지만 그래도 그 행동이 중요한 건 사실이며, 역사에는 사라지고 난 뒤 극히 강력한 영향을 떨친 인물들이 가득하다.

주요한 운동들이 목표 달성에 실패한 경우가 있는가 하면, 비교적 작은 몸짓이 버섯처럼 자라나 성공한 혁명이 되기도 한다. 2010년 튀니지에서 가난에 찌들고 경찰에 시달리던 노점상 모하메드 부아지지가 분신자살한 사건은 불꽃이 돼 그 나라에 혁명의 불을 피워올렸고, 이어서 2011년에는 북아프리카 전역과 아랍 세계 곳곳에도 혁명의 불을 지폈다. 사람들이 주로 기억하는 건 시리아 내전과 엄청난 이집트 봉기 이후의 반혁명일지 모르지만, 튀니지의 2011년 '재스민 혁명'은 그 나라에서 독재자를 쓰러뜨리고 평화적 선거를 이끌었다. '아랍의 봄'이 다른 무엇을 뜻하든, 그것은 변화가 얼마나 예측 불가능하고 민중의 힘이 얼마나 강력할 수 있는지 보여주는 예사롭지 않은 실례實例다. 5년이 지난 지금, 그 모든 게 무엇을 의미했는지 결론 내리는 것은 너무 이르다.

우리는 '아랍의 봄'의 발생 과정을 여러 다른 방식으로 설명할 수 있다. 그늘에서 사전에 조용히 진행되는 조직화 과정도 영향을 미친다. '아랍의 봄'이 닥치기 직전 아랍어로 옮겨져 이집트에서 널리 배포됐던 마틴 루서 킹과 시민불복종에 관한 만화책도 마찬가지다. 또 킹 목사의 시민불복종 전술은 간디의 전술에서 영감을 얻었으며, 간디는 똘스또이와 영국 여성참정권 운동가들의 급진적 비협력 싸보타주 행동에서 영감을 얻었다는 점도 거론할 수 있다. 이런 식으로 이어가면 발상의 끈은 가닥가닥 온 세계를 휘감고 수십, 수백년의 시간을 관통한다. '아랍의 봄'의 또다른 연원은 지구적 저항과 분노의 매체가 된 아프리카계 미국 음악인 힙합에서 찾아볼 수 있다. 튀니지의 힙합 가수

엘 헤너럴은 부아지지와 더불어 봉기의 선동가 중 한 사람이었고, 다른 음악가들도 분노를 표출하고 군중의 열의를 북돋는 데 여러 역할을 수행했다.

앞에서 "버섯처럼 자라났다"고 했는데, 비 온 뒤 버섯은 도대체 어디서 나타났나 싶게 땅 위로 자라난다. 눈에 띄지 않고 거의 알려지지 않은 상태에 머무는, 때로 땅속에 널따랗게 자리 잡은 균류로부터 숱한 버섯이 자라난다. 우리가 버섯이라고 부르는 것을 균류학자들은 좀더 크지만 덜 가시적인 균류의 자실체(子實體)라 부른다. 흔히 봉기와 혁명은 자발적이라고 간주되지만, 덜 가시적이고 장기적인 조직 작업과 기반 작업 — 또는 지하 작업 — 이 흔히 기초를 다져놓는다. 생각과 가치의 변화는 또한 작가, 학자, 공공지식인, 사회행동가, 그리고 소셜미디어 참여자 들이 수행한 작업의 결과다. 이런 사실은, 누가 중요하고 무엇이 중요한가, 누구의 말을 듣고 누구를 믿어야 하는가, 그리고 누가 권리를 가졌는가 등에 관한 전제가 바뀜으로써 매우 다른 결과가 떠오를 때까지는, 대수롭지 않거나 지엽적인 것으로 보인다.

처음에는 터무니없거나 우스꽝스럽거나 극단적이라고 여기던 관념들을 두고 사람들은 차츰 자신이 그것을 항상 믿고 있었다고 생각하게 된다. 그런 변화가 어떻게 일어났는지를 사람들이 거의 기억하지 않는 건, 부분적으로, 그 변화가 떳떳하지 않기 때문이다. 그 변화는 주류의 사람들이 가령 지금과 달리 동성애를 맹렬히 혐오하거나 인종주의적이었던 시절을 주류 자신에게 상기시키는 한편, 힘이 그림자들과 주변적 존재들에게서 나온다는 사실을, 그리고 우리의 희망은 언저리의 어둠 속에 있지 무대 중앙의 환한 조명 속에 있지 않다는 사실을 상기시킨다. 우리의 희망, 그리고 일쑤 우리의 힘이.

우리가 전하는 이야기

이야기를 변화시키는 것만으로는 충분하지 않지만, 그것은 흔히 실제 변화의 기초가 됐다. 상처를 눈에 띄게 만들고 공개하는 건 일쑤 치유의 첫걸음이거니와, 오랫동안 용인되던 것이 용인될 수 없다고 인식되고, 간과됐던 것이 분명히 드러남에 따라 정치적 변화가 문화적 변화를 뒤잇는다. 이건 모든 갈등이 우리가 무슨 이야기를 전할 것인가, 또는 누가 누구의 이야기를 전할 것인가를 둘러싼 싸움임을 뜻한다.

한번의 승리가 이제 모든 것이 영원히 괜찮을 것이고 따라서 우리 모두는 세상이 끝날 때까지 그저 빈둥거려도 된다는 뜻은 아니다. 어떤 행동가들은 승리를 인정하면 사람들이 투쟁을 그만둘까 두려워한다. 내가 오랫동안 더 두려워해온 건 사람들이 승리가 가능하지 않다고 생각하거나 이미 거둔 승리를 인식하지 못한다면, 포기하고 귀가해 버리거나 애당초 시작조차 하지 않을 수 있다는 것이었다. 결혼평등이 동성애혐오의 종말은 아니지만 축하할 일이기는 하다. 승리는 길 위에 놓인 이정표이자 우리가 때로는 승리한다는 증거이며, 멈추지 말라는, 계속 앞으로 나아가라는 격려다. 아니, 그래야 마땅하다.

『어둠 속의 희망』을 쓴 이래 희망의 근거에 대한 내 탐구는 두가지 면에서 크게 보강됐다. 첫째는 이미 세계에서 활동하고 있는 이타적·이상주의적 세력이 얼마나 강력한지에 대한 인식을 내가 갖게 됐다는 점이다. 누가 묻는다면 대개 우리는 자신이 자본주의사회에 살고 있다고 답할 테지만, 우리 일상생활의 방식 중 커다란 부분 —— 가족들 간의 상호작용과 가족에 대한 헌신, 우정, 취미, 사회적·종교적·정치적 조직의 구성원이 되는 것 등 —— 은 본질상 비자본주의적이거나 심지어는 반자본주의적이며, 우리가 대가 없이 사랑으로, 그리고 원칙을 지키느라 행하는 일로 가득하다.

어떤 의미에서 자본주의는 지속 중인 재난이며, 어린애가 어질러놓은 것을 따라다니며 치우는 어머니처럼, 반자본주의가 그 재앙을 누그러뜨린다. (또는 비유를 연장하자면, 반자본주의는 입법이나 항의를 통해, 때로는 아이가 어질러놓은 것을 스스로 치우도록 꾸짖는가 하면 때로는 어지르는 것을 애당초 막기도 하는데, 반자본주의적 일 처리 방식은 자유시장 경제의 처리 방식보다 훨씬 오래됐다는 사실도 덧붙여둘 만하다.) 운동가들은 우리에게 필요한 해결책이 아직 개시되거나 창안되지 않았다는 듯, 마치 우리가 무無에서 시작한다는 듯 말하기 일쑤지만, 흔히 진정한 목표는 존재하는 대안의 힘과 적용 범위를 확대해나가는 것이다. 우리가 꿈꾸는 건 세상에 이미 존재한다.

두번째는, 샌프란시스코(1906년)와 멕시코시티(1985년)의 참혹한 지진을 비롯하여 나찌의 런던 전격공습, 뉴올리언스를 덮친 허리케인 카트리나 등 주요 도시재난에 사람들이 반응하는 방식에 관한 내 연구의 결과다. 대체로 당국자들의 재난 대응 ── 그리고 민간인에 대한 폭격을 정당화하는 논리 ── 이면에 깔린 가설은, 문명이란 덧없는 외관일 뿐 그 이면에는 우리의 진정한 본성, 즉 기괴하고 이기적이고 무질서하고 난폭한, 또는 소심하고 허약하고 무기력한 본성이 깔려 있다는 것이다. 사실, 대다수 재난에서 대부분의 사람들은 (당국자들을 제외하면) 침착하고 슬기롭고 이타적이고 창의적이다. 그리고 일반적으로 민간인 폭격은 사람들의 의지를 꺾지 못하므로, 인간성에 반하는 범죄이자 낭비일 뿐이다.

재난에 대한 사람들의 반응과 관련해서 나를 놀라게 한 건 선행이 아니다. 선행은 일쑤 근면과 책임감의 소산이니까. 나를 놀라게 한 건 간신히 살아남은 사람들이 전하는 이야기에서 뿜어나오는 강렬한 기쁨이었다. 모든 것을 잃고 잔해와 폐허 속에서 지낸 이 사람들은 자신이 다른 생존자들과 힘을 모아 했던 일에서 주체성, 유의미성, 공동체, 현장성을 발견했다. 2009년 책『이 폐허를 응시하라』(펜타그램 2012)에서 내가 원용하기도 했던 한세기에 걸친 이런 증언은, 우리가 유의미한 참여를 통해 시민사회의 일원이 되기를 얼마나 원하는지, 그리고 우리를 이런 극히 온전하고 극히 강력한 자아에게서 떼놓기 위해 얼마나 많은 사회적 노력이 투입되는지 보여준다. 그러나 사람들은 상황이 요청하면 그런 자아로, 스스로를 조직화하는 그런 방식으로, 마치 본능인 듯 되돌아간다. 그래서 재난은 붕괴와 임기응변을 거쳐 새로운 역할에, 이제 모든 것이 가능하다는 불안하면서도 환희에 찬 느낌에 도달한다는 점에서 혁명과 매우 비슷하다.

이건 인간본성에 관한 혁명적 비전인 동시에 하나의 계시, 우리가 이상을 추구할 수 있는 건 근면 때문이 아니며, 이상이 실현되는 순간 환희가 일어나고 환희는 그 자체로서 일상적 삶의 황량함과 무기력감과 고립에 맞서는 항쟁의 힘이기 때문이라는 계시였다. 연구를 마무리할 무렵 깨닿게 된 건, 나 자신의 연구가 여러 학문 분야 — 심리학, 경제학, 신경생물학, 사회학, 인류학, 정치학 — 에서 진행되고 있는, 인간본성을 좀더 공동체적이고 협동적이며 공감적인 무엇으로 재정의하려는 거대한 프로젝트의 작은 일부분이라는 것이었다. 인류의 평판을 사회적 다윈주의와 홉스주의로부터 구조해내려는 이런 노력이 중요한 건 우리 자신을 긍정적 기분으로 대하기 위해서가 아니라, 인간본성에 관한 대안적 견해 위에 구축될 수 있는 급진적 가능성을 인정하기 위해 그 노력이 필요하기 때문이다.

이런 탐구의 결과로 나는 좀더 많은 희망을 품게 됐다. 하지만 희망이란 단지 시작일 뿐이라는 사실을 강조해두는 것이 중요하다. 희망은 행동의 기초일 따름이지 행동을 대신할 수 없다. "직면한다고 모든 것을 바꿀 수는 없지만, 직면하기 전까지는 아무것도 바꿀 수 없다"라고 제임스 볼드윈이 말했다. 희망은 우리를 출발점에 세워주고, 노력은 우리를 완주하게 해준다. "미래는 오늘 그것을 대비하는 사람의 몫이다"라고 맬컴 엑스가 말했다. 그런 노력, 즉 세상을 바꾸려는 노력의 기나긴 역사, 그리고 방법, 영웅, 비전을 지닌 사람, 여성영웅, 승리 — 그리고 물론, 실패 — 의 기나긴 역사가 존재한다. 그러나 승리는 소중하고, 승리를 기억하는 것도 소중하다. "유한한 실망은 받아들여야겠지만, 무한한 희망은 잃지 말아야 한다"라고 마틴 루서 킹은 말했다.

가지는 희망이고 뿌리는 기억이다

"기억상실이 절망을 빚어내듯 기억은 희망을 빚어낸다"라고 신학자 월터 브루거먼이 지적했다. 이 예사롭지 않은 말은 희망은 비록 미래에 대한 것이지만 희망의 근거는 과거에 대한 기록과 회상 속에 깃든다는 사실을 우리에게 일깨워준다. 우리는 패배와 잔혹과 부정의不正義밖에 없던 과거, 또는 지금은 되찾을 길 없이 사라져버린 어떤 사랑스러운 황금기였던 과거에 관해 말할 수도 있고, 혹은 좀더 복잡하지만 정확한 이야기, 최선과 최악, 포학 행위와 해방, 슬픔과 환희를 한데 아우르는 이야기를 전할 수도 있다. 과거의 복잡성과 전체 참여자의 다양성에 상응하는 기억, 우리의 힘까지 담아내는 기억이 희망이라 불리는 전방을 향한 저 힘을 생산한다.

기억상실이 절망으로 이어지는 방식은 여러가지다. 현상유지 세력은 현상이 불변적이고 불가피하고 난공불락이라고 사람들이 믿기를 바라거니와, 역동적으로 변화하는 세계에 관한 기억의 결핍은 이런 관점을 강화한다. 달리 말해, 세상이 얼마나 많이 변했는지 모르면 세상이 변하고 있다는 사실도 모르고, 변할 수 있다는 사실도 모르게 된다. 그런 식으로 생각하는 사람들은 동성애가 불법이었던 시절의 게이바 불시단속이나, 규제받지 않은 환경오염이 최고조에 달했던 1960년대에 강물에도 불이 붙었다는 사실(오하이오 북동부에 위치한 쿠야호가Cuyahoga강이 석유로 심하게 오염된 나머지 1969년 강물에 큰 불이 붙은 사건은 미국 환경운동을 촉진하는 계기가 됐다 ─ 옮긴이)을 기억하지 못하며, 몇십년 전만 해도 세계 전역에 바닷새가 지금보다 70퍼센트 더 많았다는 사실이나, 레이건 혁명의 경제 정책 전환 이전에는 미국에 노숙자가 매우매우 적었다는 사실도 기억하지 못한다. 그리하여 그들은 변화의 힘이 작동하고 있다는 사실을 인지하지 못한다.

우울증의 기본 증상 중 하나는 이 고통의 진창에 늘 빠져 있을 것이라는, 아무것도 변할 수 없고 변하지 않으리라는 느낌이다. 현재라는 감옥에서 벗어날 유일한 출구로서 자살이 그토록 매력 있어 보이는 건 그런 느낌 때문이다. 개인의 우울증에 상응하는 사회적 우울증도 있는데, 이건 개인보다 국가 또는 사회가 진창에 빠져 헤어나지 못한다는 느낌이다. 세상이 항상 좋은 쪽으로 변하는 건 아니지만 변하긴 변하고, 행동한다면 우리는 그 변화의 과정에서 한몫할 수도 있다. 바로 이 대목에서 희망이, 기억, 우리가 역사라고 부르는 집단적 기억이 등장한다.

기억상실 때문에 겪게 되는 또 한가지 고통은 긍정적 변화와 대중의 힘에 대한 실례實例의 결핍, 우리가 해낼 수 있고 실제로 해냈다는 증거의 결핍이다. 조지 오웰은 이렇게 썼다. "과거를 지배하는 자가 미래를 지배한다. 현재를 지배하는 자가 과거를 지배한다." 과거를 지배하는 일은 과거를 아는 데서 시작하고, 우리가 누구였고 무엇을 했는가에 관해 우리가 하는 이야기는 우리가 무엇을 할 수 있고 장차 무엇을 할 것인가를 모양 짓는다. 또한 절망은 때이르기 일쑤다. 그건 확신의 한 모습이자 성급함의 한 모습이기도 하다.

　　내가 특히 좋아하는 정치적 변화에 관한 논평은 마오쩌둥 정부의 고위관리 저우언라이의 말이다. 1970년대 초의 일인데, 누가 프랑스 혁명에 관한 견해를 묻자, 그는 "말하기 너무 이릅니다"라고 답했다. 그가 염두에 둔 게 1789년의 군주제 전복이 아니라 1968년 항쟁이라고 어떤 이는 주장하지만, 그렇다 쳐도 그의 말은 넉넉하고 대범한 시야를 드러내 보인다. 항쟁 4년 뒤에도 그에 대한 평결이 나오지 않았다는 생각을 유지했다는 건 지금 사람들이 대체로 용인하는 것보다 더 열린 마음으로 불확실성을 포용하며 살았다는 뜻이다.

　　뉴스 사이클(어떤 사건이나 사안을 사실 위주로 직접 다루는 '스트레이트 뉴스'가 나오면, 그에 대한 반응으로 분석이나 특집기사, 사설, 칼럼 등이 뒤를 잇는 과정 전체를 말함 — 옮긴이)은 변화란 작고 급작스러운 돌발 상황을 통해서가 아니면 전혀 일어나지 않는다고 암시하는 경향이 있다. 내가 이 글을 쓰는 사이, 1973년 칠레의 가수이자 정치행동가였던 빅또르 하라를 살해했을 가능성이 높은 군부인사들이 기소된다는 소식이 들린다. 40년 이상이 흐른 셈인데, 어떤 일은 끝을 보는 데 그보다 훨씬 더 오래 걸린다. 여성참정권 투쟁은 거의 75년이 걸렸다. 수천년간 지속된 사회제도를 뒤엎으려는 기획이 몇십년 사이에 최종적 승리를 거두어야 한다는 듯, 또는 그 기획이 중단되기라도 했다는 듯, 한동안 사람들은 페미니즘이 실패했다고 선언하길 좋아했다. 페미니즘은 이제 막 시작됐고, 그것의 출현은 제1세계 도시에서뿐만 아니라 히말라야의 농촌에서도 중요성을 띠게 됐다. 당대의 위대한 작가이자 1970년대 페미니즘의 중요한 일부분이었던 수전 그리핀은 최근 이렇게 말했다. "나는 절망은 자멸적일뿐더러 비현실적이기도 하다는 사실을 알기에 충분할 만큼 많은 변화를 인생에서 겪었다."

변화가 승리로 귀결된 뒤 망각되고 마는 경우도 있다. 1975년부터 2002년까지 인도네시아의 잔혹한 점령하에 있던 동티모르에 급진주의자들은 수십년 동안 열중했지만, 해방된 동티모르는 더이상 뉴스거리가 아니다. 그 나라가 자유를 얻은 건 내부의 용맹한 투쟁 덕분이지만, 인도네시아의 지배체제를 지지하는 정부들에 압박을 가하고 창피를 준 헌신적 외부집단에 힘입은 것이기도 하다. 주목할 만한 투쟁력과 연대를 과시하며 동티모르가 궁극적 승리를 거두는 과정에는 우리가 배울 점이 무척 많지만, 그 투쟁은 통째로 망각되고 만 듯하다.

수십년에 걸쳐 피바디 서부석탄회사는 블랙메사 고원의 호피족·나바호족 보호구역에서 공기를 오염시키고 막대한 양의 물을 빼내가며 석탄을 채굴했다. 블랙메사 석탄회사에 맞선 싸움은 토착민의 주권과 환경정의를 위한 상징성이 큰 투쟁이었는데, 2005년 탄광이 폐쇄되자 그 문제는 얘깃거리에서 사라졌다. 그 싸움 또한 내부의 집요한 행동과 외부집단의 적절한 제휴, 기나긴 법정 투쟁, 그리고 인내심 등이 결합된 경우였다.

우리는 이런 승리를 호칭기도나 낭송문이나 기념비로 만들어 모든 사람의 마음속 랜드마크로 삼을 필요가 있다. 좀더 넓은 시야에서 보면, 몇십년 전만 해도 여성의 생식권은 개념조차 정립되지 않았고, 당시에는 법체계가 인정하지 않거나 심지어 묵인하기까지 했던 여성 배제와 차별, 작업장 내 성희롱과 강간의 대다수 형태, 그리고 여성에 대한 여타 범죄들에 대해 아무런 수단도 강구할 수 없었다는 사실을 기억하지 못하는 사람들이 있는데, 이들은 가령 여성들의 지위와 관련해 일어난 변화를 쉽사리 무시한다.

일어난 변화들 중 그 어느 것도 불가피하진 않았다. 사람들이 그 변화를 쟁취했을 뿐이다.

사람들은 따져보지도 않고 변화에 적응한다. 2014년 기준으로 아이오와주는 전기의 28%를 오로지 풍력에서 얻는데, 그건 그 보수적인 주에 사는 어떤 사람이 모든 화석연료 기업에 사망을 선고했거나 어떤 인간, 어떤 제도를 뒤엎었기 때문이 아니라, 풍력발전이 현명하고 저렴한 선택이었기 때문이다. 2015년 여름 덴마크는 전력수요의 140%를 풍력발전에서 얻었다. (잉여 전력은 이웃나라에 팔았다.) 스코틀랜드는 재생 에너지 발전 비율 50%를 달성했고, 2020년까지 100% 달성하기로 목표를 세웠다. 미국에서는 2014년에 그 전해보다 30% 더 많은 태양력발전 시설이 설치됐고, 세계 전역에서 재생 에너지가 점점 더 저렴해지고 있다. 어떤 지역에서는 재생 에너지가 화석연료 에너지보다 이미 더 저렴해졌다. 이런 점증적 변화는 소리도 없이 진행됐기 때문에, 많은 사람은 그런 변화가 폭발적으로 일어나고 있다는 사실은 물론이고 시작됐다는 사실조차 모른다.

우리의 현재 위치와 과거 위치를 견주어봄으로써 끌어낼 수 있는 결론이 하나 있다면, 그건 상상 불가능이 일상적 조건이라는 사실, 앞으로 나아가는 길은 거의 절대 한눈에 들어오는 직선도로가 아니며, 우리의 직관은 물론이고 맹점마저 받아들임으로써 대비해야 하는, 뜻밖의 일과 선물과 고통이 도사린 구절양장의 길이라는 사실이다. 하워드 진은 1988년에 ── 숱한 정치적 격변과 첨단기술의 변화가 일어나기 전, 지금 생각하면 잃어버린 세계 같아 보이는 시기에 ── 이렇게 썼다. "역사로 꼭 채워진 한세기였던 금세기가 끝나가는 지금, 그 역사에서 두드러져 보이는 건 철저한 예측 불가능성이다."[1] 당시 그는 민주당 전국대회가 미시시피 출신 흑인 대의원의 좌석 배치를 거부했던 때로부터 (흑인 가족이 백악관을 차지하는 모습을 살아생전 보리라고는 대다수 사람들은 생각지 못하던 시절에) 제시 잭슨이 대통령에 출마해 (단지 상징적일 뿐인) 선거전을 치르던 때에 이르는, 그 먼 거리에 관한 상념에 잠겨 있었다. 「불확실성의 낙관주의」라는 그 에세이에서 진은 이렇게 써나간다.

총과 돈을 가졌으며 권력을 놓지 않으려고 암암리에 결심한 듯한 저들의 권력이 얼핏 보기에 압도적이라 해서, 정의를 위한 투쟁을 결코 포기해선 안 된다. 압도적으로 보이는 저 권력이 (앨라배마와 남아프리카의 흑인이건, 엘살바도르, 니카라과, 베트남의 농민이건, 폴란드, 헝가리, 소련의 노동자와 지식인이건 간에) 사람들의 도덕적 열의, 결단, 단합, 조직, 희생, 재치, 기발함, 끈기 앞에 취약하다는 사실은 거듭 또 거듭 입증됐다.

민중은 힘을 지녔다

사회적·문화적·정치적 변화는 예측 가능한 방식이나 예측 가능한 일정에 따라 작동하지 않는다. 베를린 장벽이 (시민사회의 엄청난 힘, 비폭력 직접행동, 1970년대부터 시작된 희망찬 조직화 등 여러 요소에 힘입어) 무너지기 한달 전, 소비에뜨 블록이 별안간 와해되리라 예견한 사람은 거의 없었다. 그와 꼭 마찬가지로, '아랍의 봄'이나 '월스트리트를 점거하라' 운동이나 여타 항쟁이 미칠 충격은 그 누구도, 참가자조차 예측하지 못했다. 무슨 일이 일어날지, 어떻게, 언제 일어날지 우린 알지 못하고, 그 불확실성이야말로 희망의 공간이다.

이런 순간들이 중요하다는 사실을 믿지 않는 사람이라면 항쟁이 불거질 때 당국자와 엘리트가 얼마나 공포에 사로잡히는지를 유심히 봐야 한다. 그 두려움에 담긴 의미는 민중의 힘이 체제를 뒤엎고 사회계약을 다시 쓸 만큼 실질적임을 그들이 인식하고 있다는 사실이다. 실제로 민중의 힘은 일쑤 그렇게 실질적이다. 때때로 아군조차 믿지 못하는 사실을 적은 알아차린다. 이런 순간을 불완전하고 한계가 있고 완결되지 않았다는 이유로 일축하려 드는 사람들은 그 순간으로부터 어떤 기쁨과 희망이 뿜어나오고, 그로 인해 어떤 실질적 변화가 ─ 항상 매우 분명하거나 인식 가능한 모습을 띠는 건 아닐지라도 ─ 발생했는지 또렷이 들여다봐야 한다.

부족한 면을 보자고 들면 모든 것에는 부족함이 있다. 이 문제에 관한 생각을 정리하는 데 내게 매우 큰 도움이 된 사례는 허리케인 카트리나다. 카트리나가 덮쳤을 때 수백명의 보트 소유자가 다락방, 지붕, 물에 잠긴 저소득층 주택단지, 병원, 학교 건물 등에서 조난당한 사람들 ─ 싱글맘들, 걸음마를 막 배우는 아이들, 할아버지들 ─ 을 구조했다. 그들 중 어느 누구도, 모든 사람을 내가 구할 순 없어, 그러니까 이건 허망해, 그러니까 내 노력은 부족하고 가치 없어, 라고 말하지 않았다. 하지만 사람들은 좀더 추상적인 문제와 관련해서 ─ 따지고 보면 생명, 주거, 문화, 종족, 권리가 걸린 문제인데도 ─ 그런 식으로 말하기 일쑤다. 사람들은 낚싯배, 노로 젓는 배, 통나무배, 기타 각종 작은 배를 타고 재난 현장으로 나섰고, 어떤 이들은 멀게는 텍사스에서 차를 몰고 와 당국을 피해 잠입했으며, 또다른 이들은 자신도 난민이면서 도시 안에서 구조 작업을 벌였다. 제방이 터진 다음 날 도시를 향해 가는 보트 트레일러 행렬 ─ 그 유명한 케이준 해군(허리케인 카트리나 홍수 피해자를 돕기 위해 각종 선박과 구호물품 등을 자발적으로 지원했던 자원봉사단 ─ 옮긴이) ─ 이 범퍼와 범퍼를 맞대고 이어졌다. 그들 중 누구도 난 그들을 모두 살릴 순 없어,라고 말하지 않았다. 그들은 모두 말했다. 난 누군가를 구할 수 있어. 그건 정말 뜻깊고 중요하니까, 생명의 위험도 무릅쓰고 정부당국 따위도 무시하겠어. 그리고 그들은 그 말을 실제로 행동에 옮겼다. 체제의 변화 —— 애초 뉴올리언스의 주민들을 재난으로 몰아간 기후문제나 공공 기반시설 문제, 또는 환경·경제 부정의 문제 등에 대처함으로써 재앙을 방지할 수 있을 만한 변화 —— 를 위한 작업도 물론 중요하다.

변화가 일직선으로 진행되는 경우는 거의 없으며, 그 점은 이 책의 중심 전제 중 하나다. 때때로 변화는 혼돈이론만큼 복잡하고 진화만큼 느리다. 별안간 일어나는 것처럼 보이는 일조차 과거 속 깊은 뿌리나 오래 잠들어 있던 씨앗에서 발생한다. 한 젊은이의 자살이 봉기를 촉발하고 그 봉기가 또다른 봉기를 불러일으키지만, 자살 사건은 하나의 불똥이었다. 그 사건이 불붙인 화톳불의 장작을 쌓아놓은 건 행동가들의 네트워크와 시민불복종에 관한 구상과 정의와 자유에 대한 도처에 존재하는 깊은 열망이었다.

그런 순간들이 어떤 장기적 결과를 빚었는지 묻는 것 못잖게 그 순간들이 절정일 때 어땠는지를 묻는 것도 중요하다. 몇달, 단 하루, 또는 단 한시간 동안이나마, 희망이 실현되고 환희가 작열하고 개인과 집단 간의 경계가 제거된 세계에 자신이 살고 있다는 사실을 사람들이 깨닫게 된다면, 그건 소중한 경험이다. 환희와 해방의 기억은 항해의 도구가 되고 동질성이 되고 선물이 될 수 있다.

폴 굿먼은 이렇게 썼다. "당신이 이야기하고 꿈꾸는 혁명을 이루었다고 가정해보라. 당신 편이 이겨 원하던 모습의 사회를 갖게 됐다고 가정해보라. 당신 개인은 그 사회에서 어떤 식으로 살고 싶은가? 지금 당장 그런 식으로 살기 시작하라." 그의 말은 작고 일시적인 승리도 소중하다는, 총체적 승리가 부재하거나 심지어 불가능할 때에 부분적 승리도 소중하다는 주장이다. 총체적 승리란 언제나 낙원의 세속적 등가물 — 모든 문제가 해결되고 아무 할 일도 없는 상당히 따분한 곳 — 같아 보였다. 구*좌파 절대주의자들은 승리는 일단 찾아온다면 총체적이고 영구적일 거라고 상상했는데, 그건 승리가 과거에도 불가능했고 현재에도 불가능하고 미래에도 불가능하리라고 말하는 것과 다를 바 없다. 실상 승리는 얼마든지 가능하다. 그건 무수히 많은 방식으로, 크고 작게, 흔히는 점증적으로, 그러나 널리 묘사되고 예상되는 것과는 다른 방식으로 찾아오는 그 무엇이다. 그래서 승리의 순간은 예고 없이 스쳐 지나간다. 실패의 순간은 좀더 쉽게 포착된다.

그러다 이따금 가능성이 폭발적으로 실현된다. 이런 파열의 순간에 사람들은 자신이 지금껏 실존하지 않던, 적어도 주체성과 정체성과 잠재력을 지닌 존재로서 실존하지 않던, '우리'의 구성원이라는 사실을 깨닫는다. 그러면 새로운 가능성이 별안간 등장하거나, 정의로운 사회에 관한 해묵은 꿈이 다시 등장해 — 적어도 얼마간은 — 빛을 발한다. 때로는 유토피아가 목표가 되기도 한다. 유토피아는 파열의 순간 자체에 종종 깃들어 있지만, 그 순간을 설명해내는 건 어렵다. 왜냐하면 그 순간에는 궁핍한 생활방식, 시시한 언쟁, 그리고 궁극적으로는 환멸과 분파주의가 보통 포함되는가 하면, 좀더 무형無形의 것들 — 개인적이고 집단적인 힘의 발견, 꿈의 실현, 좀더 큰 꿈의 탄생, 정치적이면서도 정서적인 연결감, 영광의 빛은 바랠지라도 계속 변화하며 과거 방식으로 되돌아가지 않는 삶 등 — 도 포함되니까.

때로 그 순간은 흙에 덮여버린 뒤 아무 뚜렷한 자취도 남기지 않고, 때로는 제국이 허물어지고 이데올로기는 깨진 족쇄인 양 와해된다. 하지만 결과를 미리 알 수는 없다. 공적 제도를 장악한 자들은 자기네가 중대한 권력을 쥐었다고 굳게 믿지만, 우리는 그들에게 허락한 권력을 되찾을 수도 있다. 정부와 군부가 휘두르는 폭력은 실패하기 일쑤고, 비폭력 직접행동 캠페인은 성공하기 일쑤다.

잠자는 거인은 대중의 다른 이름이다. 거인이 깨어나면, 우리가 깨어나면, 우리는 더이상 대중이 아니다. 우리는 시민사회요 최고권력이며, 때로 우리의 비폭력 수단은 빛나는 한순간, 폭력보다 더 강력하고 정권과 군대보다 더 강력하다. 우리는 우리의 발, 우리의 존재, 우리의 집단적 목소리와 비전으로 역사를 쓴다. 하지만 물론 주류 언론매체들의 모든 프로그램은 (먼 곳에서 일어나거나 오래전에 일어났거나, 혹은 그 둘 모두인 '이상적인' 경우가 아니라면) 대중의 저항은 가소롭고 부적절하거나 범죄적이라고 암시한다. 이들은 거인이 계속 잠들어 있기를 바라는 세력이다.

함께라면 우리의 힘은 매우 강력하며, 우리에게는 잘 전해지지 않고 잘 기억되지 않은 승리와 변혁의 역사가 있다. '그래, 이전에도 여러번 그랬으니 우리가 세상을 바꿀 수 있겠구나'라는 자신감을 줄 수 있는 역사를 지녔다. 우리는 뒤돌아보며 앞을 향해 노를 저어 나간다. 그리고 이 역사를 전하는 건 사람들의 미래를 향한 항해를 돕는 일의 일환이다. 우리에게는 승리를 담아 전할 호칭기도, 묵주기도, 경전, 진언眞言, 군가軍歌가 필요하다. 과거는 햇살 속에 놓여 있으며, 과거는 미래라는 밤 속으로 들고 갈 횃불이 될 수 있다.

〔2015〕

차례

일러두기

1. 이 책은 리베카 솔닛(Rebecca Solnit)의 *Hope in the Dark: Untold Histories, Wild Possibilities* 제3판(Chicago: Haymarket Books 2016)의 증보판(Updated and expanded third edition)을 완역한 것이다.
2. 외국의 인명과 지명, 저서명 등은 현지 발음에 따라 표기하였다.
3. 본문에 나오는 인명과 저서명 등의 원어 표기 중 일부는 가독성을 고려하여 병기하지 않았으며 본문 뒤의 '찾아보기'에서 확인할 수 있다.
4. 저자의 주 가운데 인용문 출처와 관련된 것은 후주(後註)로, 보충설명의 성격을 띠는 것은 각주로 처리했고, 옮긴이의 주는 본문에 넣었다.

01

HOPE IN THE DARK

어둠 속을 들여다보며

1915년 1월 18일, 1차대전이 6개월째로 접어들며 온 유럽이 죽이고 죽는 일로 몸부림치고 있을 때, 버지니아 울프는 일기에 이렇게 썼다. "미래는 어둡지만, 내 생각에 미래는 대체로 그게 최선이다."[2] 그가 어둡다고 한 건 끔찍하다는 뜻이 아니라 헤아릴 수 없다는 뜻인 듯하다. 우린 흔히 이 둘을 혼동하곤 한다. 또는 우린 미래의 불가지성不可知性을 무엇인가 확실한 것, 즉 우리가 품은 온갖 우려의 현실화라든가 그 너머로 더이상 나아갈 길이 없는 자리 같은 것으로 바꾸어버린다. 그러나 세상의 종말보다 더 기이한 일들은 거듭거듭 일어난다.

　　소련이 사라지고 인터넷이 출현한 세상을 20년 전 그 누가 상상했겠는가? 정치범 넬슨 만델라가 변혁을 맞은 남아프리카공화국의 대통령이 되리라고 당시 누가 꿈꾸었겠는가? 남멕시코의 사빠띠스따^Zapatista^ 봉기는 토착세계 부활의 가장 두드러진 양상이라 할 수 있는데, 이런 토착세계의 부활을 예견한 사람이 누가 있겠는가? 백인, 남성, 이성애자가 아닌 모든 사람들의 지위가 지금처럼 변하리라고, 권력, 자연, 경제, 생태에 대해 활짝 열린 대화가 가능하리라고 40년 전 그 누가 생각했겠는가?

미래뿐만 아니라 현재마저 어두워 보일 때도 있다. 사람들은 자신들이 얼마나 근본적으로 변한 세상에 살고 있는지를 잘 인식하지 못한다. 하지만 세상은 지구온난화나 지구적 자본 같은 악몽 때문만이 아니라, 자유와 정의에 관한 꿈 때문에도 변했고, 우리가 꿈조차 꿀 수 없었던 것들 때문에도 변했다. 우린 변화를 저울질해보지 않은 채 그 변화에 적응하고, 문화가 얼마나 변했는지 잊어버린다. 2003년 여름 미국 대법원은 대대적으로 동성애자의 권리를 옹호하는 판결을 내렸으며,[•] 2004년에는 동성 간의 혼

• 2003년 6월 26일 대법원은 남성 간의 성교를 범죄시하는 법률 위반으로 두명의 휴스턴 주민이 체포, 기소됐던 로런스 대 텍사스주 사건(Lawrence v. Texas)의 평결을 뒤집었다. 법원은 성인들 간의 합의된 행위는 사생활에 대한 헌법적 권리에 입각하면 주가 개입할 사안이 아니라고 심판했다. 그 심판은 1986년의 바워즈 대 하드윅 사건(Bowers v. Hardwick)에 대한 재판에서, 소도미를 범죄시하는 조지아주 법률

인권을 승인한 매사추세츠 주법원 판결의 재심을 거부했는데, 이런 판결은 몇십년 전에는 상상도 할 수 없던 것들이다. 도대체 어떤 변화가 눈에 띄지 않게 쌓여 이런 일들이 가능해졌으며, 그런 변화는 또 어떻게 해서 일어나게 됐단 말인가? 그러니 우리는 자신의 꿈을 실현하려는 희망을 품을 필요가 있을뿐더러, 세상은 우리 상상을 넘어서는 뜻밖의 가능성을 지닌다는 사실도 인식할 필요가 있다.

1982년 6월 어느날, 핵무장 해제를 향한 첫걸음으로 쌍방 핵무기 동결을 요구하기 위해 백만명이 뉴욕 센트럴 파크에 모였다. 그들은 목적을 이루지 못했다. 동결 운동에 가담했던 사람들 가운데는 몇년이면 목표를 이루어내고 개인 생활로 돌아가리라고 믿었던 이들이 많았다. 그들은 세상이 안전해지리라는, 무엇보다 운동을 끝내고 집으로 돌아갈 만큼 안전해지리라는 줄거리를 예상하며 행동에 나섰다. 비록 일부는 여전히 훌륭하게 과업을 수행하고 있었지만, 많은 사람은 실망하거나 탈진해서 집으로 돌아갔다. 그러나 10년도 채 못 돼 유럽의 반핵운동과 그것이 소련의 마지막 대통령 미하일 고르바초프에게 준 충격에 힘입어 상당한 핵무기 감축이 이루어졌다. 그후 그 문제는

을 대법원이 지지해줬던 것과는 매우 달랐다. (소도미란 당시의 성경이 구강 및 항문 성교를 지칭한 용어다.)

사람들의 관심에서 멀어졌고 우린 얻은 것 중 많은 것을 잃었다. 통과됐더라면 핵무기 개발과 확산의 종식에 기여했을 포괄적 핵실험 금지조약의 인준을 미 상원은 거부했다. 그 대신 새로운 국가들이 핵을 보유하게 되면서 군비 경쟁은 계속되고 있으며, 현 부시 행정부는 1991년 중단됐던 핵실험의 전면 재개와 더불어 (2004년 11월, 의회가 새로운 핵무기 계획 예산을 철회했음에도) 핵무기 개발과 제조의 재개 및 비축 확대를 고려하는 한편, 한때 금지됐던 방식의 핵사용까지 고려하고 있는 듯하다. 핵동결 운동 시기의 운동은 전망이 고정돼 있었고 시간표가 비현실적이었으며 1980년대 말에 냉전이 끝나리라고 예상하지 못했던 탓에 제풀에 꺾였다. 떠들썩하게 거론되던 평화배당금(전쟁이나 군사적 대립의 종식으로, 군사 목적에 투입되던 비용을 경제 목적으로 전용할 수 있게 되는 자금—옮긴이)을 받을 만큼 강하게 밀어붙이지도 오래 버티지도 못했고, 따라서 배당금도 없었다.

귀가하기엔 언제나 너무 이르다. 그리고 결과를 계산해보는 것도 언제나 너무 이르다. 미국 최초의 거대한 반핵운동으로, 1963년의 제한적 핵실험 금지조약이라는 중요한 승리를 이끌어내는 데 기여한 '평화를 위한 여성파업' 소속의 사람이 쓴 일화를 읽은 적이 있다. 그 조약 덕분에 지상 핵실험이 중지됐고 모유와 유아 치아에서 검출되던 방사능 낙진이 상당히 사라졌다. (그 조약은 당시의 국토안보부라 할 하원 비미非美 활동 조사위원회의 몰락을 불러오기도 했다. '여성파업' 사람들은 자신을 가정주부의 위치에 놓고 유머를 무기로 삼아 조사위원회의 반공주의적 취조를 웃음거리로 만들었다.) 어느날 아침 비를 맞으며 케네디의 백악관 앞에서 시위를 하고 있노라니 참으로 바보 같고 부질없다는 느낌이 들었다고 '여성파업' 소속의 그 여성은 말했다. 몇년 후 그는, 가장 주목받는 반핵행동가 중 한 사람이 된 벤저민 스퍽 박사가 자기 삶의 전환점은 한 작은 무리의 여성들이 비를 맞으며 백악관 앞에서 시위하는 모습을 본 것이라고 말하는 것을 들었다. 저 여성들이 저처럼 열정적으로 매달리니, 자신도 그 문제에 대해 좀더 많이 고려해봐야겠구나,라고 박사는 생각했던 것이다.

인과론은 역사가 전진한다고 가정하지만, 역사는 군대가 아니다. 그건 서둘러 옆걸음 치는 게이고, 돌을 마모시키는 부드러운 물방울이며, 수세기에 걸친 긴장 관계를 깨뜨리는 지진이다. 때로 한 사람이 어떤 운동의 영감이 되거나 한 사람의 말이 몇십년 뒤 그리되기도 한다. 그리고 때로는 열정적인 몇 사람이 세상을 바꾼다. 때로 그들이 거대한 운동을 촉발하여 몇백만이 참여하게 된다. 그리고 때로 그 몇백만을 똑같은 분노나 똑같은 이상이 뒤흔들면,

변화는 마치 날씨가 바뀌듯 우리를 덮친다. 이런 모든 변화의 공통점은 상상에서, 희망에서 시작된다는 점이다. 희망하는 건 도박과도 같다. 그건 미래에, 당신의 열망에, 열린 마음과 불확실성이 음울함과 안정보다 나을 가능성에 거는 것이다. 희망하는 건 위험하지만, 두려움의 반대다. 산다는 건 위험을 무릅쓰는 것이기에.

　내가 이렇게 말하는 건 희망이란 운이 좋다고 느끼며 소파에 앉아 움켜쥐어보는 복권 같은 것이 아니기 때문이다. 내가 이렇게 말하는 건 희망이란 응급상황에서 문을 부서뜨리는 데 쓰는 도끼 같은 것이고, 희망이 우리를 문밖으로 밀쳐내야 하기 때문이다. 끊임없는 전쟁으로부터, 그리고 지구가 지닌 소중한 것들이 멸절되고 가난하고 소외된 사람들이 짓밟히는 상황으로부터 미래를 벗어나게 하려면, 우리가 가진 것을 전부 바쳐야 하기 때문이다. 희망이란, 약속되거나 보장된 건 아니지만 또다른 세상이 가능할 수 있음을 의미한다. 희망은 행동을 요구하고 행동은 희망 없이는 불가능하다. 1930년대에 쓴 희망에 관한 자신의 대작大作 초입에서 독일의 철학자 에른스트 블로흐는 이렇게 썼다. "이 감성이 작동하기 위해서는 (그들 자신이 속한) 변화하고 있는 것 속으로 자신을 적극적으로 내던지는 사람들이 필요하다."[3] 희망한다는 건 미래에 자신을 바치는 것이고, 미래에 대한 그러한 헌신이 현재를 살 만한 것으로 만든다.

어떤 일이든 일어날 수 있다. 그리고 무슨 일이 일어나느냐 하는 건 전적으로 우리의 행동 여부에 달려 있다. 게으르고 무관심한 이들에게 돌아갈 복권은 없지만, 참여하는 이들에게는 지금 이 순간 어마어마한 판돈이 걸린 엄청난 기회가 있다. 내가 이런 말을 하는 건, 국제적으로 제국 건설을 추구하고 국내적으로는 민주주의 말살을 추구하는 과정에서 미국이 저 자신과 스스로 표방해온 가치를 파괴할 지경에 이르렀으며, 그 결과 우리 문명이 우리가 기대고 있는 바로 그 자연을 ── 태양, 대기, 식물과 곤충, 조류의 헤아릴 수 없이 많은 종種을 ── 파괴할 지경이라는 것을 알아차리지 못해서가 아니다. 오히려 알아차렸기 때문에 하는 말이다. 전쟁이 터지고, 지구의 온도가 올라가고, 종들이 죽어 없어질 것이다. 하지만 얼마나 많은 전쟁이 터지고, 얼마나 지구가 뜨거워지고, 무엇이 살아남을지는 우리의 행동 여부에 달려 있다. 미래는 어둡지만, 그 어둠은 무덤의 어둠인 동시에 자궁의 어둠이다.

여기 이 책에서 나는 변화가 일어나는 방식에 관한 새로운 비전을 제시하려 한다. 쉽게 간과되는 승리 몇가지를 살펴보는 한편, 우리가 살고 있는 엄청나게 변한 세상을 평가해보고자 한다. 아울러, 많은 사람을 제 목소리조차 세상에 내지 못하는 불구로 만드는 가정假定들을 내동댕이

치고자 한다. 그리하여 나는 지금 이 순간 이 지구에 존재하는 갖가지 가능성과 낯섦과 위험을 능히 그려낼 만한 상상력의 도움을 받아 새로 시작하고 싶다.

02

HOPE IN THE DARK

우리가 졌을 때

지난 2년 사이 거대한 절망의 파도가 두차례 몰려들었다. 아니, '파도'는 너무 활기찬 표현이다. 그 절망은 멈추어버린 엔진, 부지중에 찾아든 정적, 또는 좌초해버린 배와도 같았으니까. 두차례의 절망 중 더 근래의 것은 미국의 대통령선거 결과였다. (사실, 우루과이 작가 에두아르도 갈레아노가 논평했듯 조지 부시는 세계 대통령에 출마했던 것이라고 해야 할 테지만.) 세계인들 대다수가 반대했고 여론조사에서도 반대가 많았지만, 미국 유권자 다수가 그를 ─ 또는 존 케리를 ─ 선택하지 않았지만, 그는 이겼다. 케리와 입장이 그리 통한다고 할 수 없는 진보주의자들과 좌파들이 열렬히 조직을 꾸리고 행동에 나섰음에도, 부시가 폭력과 파괴의 끔찍한 기록을 쌓았음에도, 이라크 전쟁이 완전한 재앙이 됐음에도, 유권자의 40%는 투표를 하지 않았던 것이다. 그는 승리했다.[*] 이는 곧 우리가 패배했다는 뜻이다.

고통은 매우 생생했으며 고결한 마음에서 우러나오는 것이었다. 아픔을 몸소 겪지는 않겠지만 자신들이 사랑하는 것이 — 진실이라든가, 직장 밖으로 내몰리는 미국 사람들이나 굶주리거나 총에 맞는 이라크 사람들처럼 자신과 같은 인간들이라든가, 바닷속 물고기라든가 숲속 나무 등이 — 더 심하게 공격당하는 것을 보게 될 많은 사람들이 그 고통을 느꼈다. 그런 공감은 고결했고 탈진감 또한 마찬가지였다. 부시라는 끔찍한 짐을 덜어버리게 되리라 상상했는데, 4년이나 더 그 납덩이같은 짐을 져야 한다니 고통스러운 일이었다. 그사이 감각이 마비돼 느끼지 못했던, 우리 처지의 고통스러움을 뚜렷이 느낄 수 있었다.

그러나 절망은 또다른 무엇이기도 했다. 선거가 끝나기 전 어디에선가 나는 그 '대화'라는 것을 멀리하겠다고 다짐했던 적이 있다. 그 '대화'란 모든 상황이 얼마나 나쁜

---

[*] 2000년 대통령선거를 도둑맞았고 2004년 선거도 (최소한 오하이오에서는) 마찬가지였을 가능성이 크다는 건 저 8년간 세계의 운명이 미국 사람들의 의지에서 비롯된 게 아니었음을 뜻한다. 하지만 어쩌면 그건 이 저강도·저속도 쿠데타에 저항하려는 의지가 우리에게 결여됐던 결과일지 모른다.

지 서로 한탄하고 우리에게 불리한 증거를 읊으며 허탈감 속으로 곤두박질치는 일로서 ── 자책할 기회야말로 좌파가 드물게 제공할 수 있는 신명나는 기회 아닌가? ── 온갖 희망과 상상력을 절망이 웅크리고 있는 축축하고 좁은 여우굴 깊숙이 매장할 따름이었다. 사람들이 '대화'를 나누는 것을 보면서도 거기에서 우리가 얻는 것이 도대체 무엇인지 지금 나는 모르겠다. 절망의 확실성? 그런 종류의 확실성조차도 추구할 만한 가치가 있다는 것일까? 이야기는 우리를 함정에 빠뜨릴 수도 해방시킬 수도 있고, 우린 이야기를 좇아 살고 이야기를 좇아 죽을 수도 있지만, 사람들이 '대화'를 나누는 것을 듣노라면 그들은 자신이 듣고 있다고 믿는 이야기를 스스로에게 들려주고 있을 뿐인 것 같다. 어떤 다른 이야기들을 할 수 있을까? 어떻게 하면 사람들은 자신이 단지 이야기를 듣는 사람이 아니라 이야기를 하는 사람이 될 능력을 지녔다는 사실을 깨달을 수 있을까? 희망은 불확실성에 관한, 장차 어떤 일이 닥칠지 모르는 데 따르는 위험을 감수하는 것에 관한 이야기로서, 절망보다 더 힘겹고 어떻게 보면 더 두렵기도 하다. 그리고 그건 한없이 더 보람찬 것이기도 하다. 깊은 우울증에서 빠져나올 때나 우울증 환자 가까이 다가갔을 때 문득 떠오르는 건, 비참함은 철저하게 이기적이며 그 시선은 얕고 내면을 향해 고정돼 있다는 사실이다. 더 깊이 들여다보고 더 멀리 내다봄으로써 정치적 상상력이 더 큰 동력을 얻을 수 있는 것도 바로 그 때문이다. 선거전 기간 동안 그런 더 큰 세상은 마치 사라져버린 것 같았고, 지구상에는 단지 두 장소, 이승의 지옥과도 같은 이라크와 중심부터 썩어가고 있는 미국밖에 존재하지 않는 듯했다. 미국은 분명히 세계 군사력의 중심이며, 미국이 전세계 석유 공급을 장악하려고 아랍권의 심장부에서 벌이는 전쟁은 매우 중요하다. 이라크 사람들이 겪는 고통도 중요하며, 이제까지 1,500명이 넘는 미국 사람들과 76명의 영국 사람들이 죽어간 것과 더불어 10만이 넘는 이라크 사람들이 죽음을 맞이한 것 역시 중요하다. 이라크 전쟁은 미래가 곤봉으로 머리를 두들겨 맞고 있는 곳이다.

하지만 나는 남아메리카에서는 미래가 새롭게 창조되고 있다고 생각한다.● 2004년 가을에 있었던 선거들을 떠

● 진보적 라틴아메리카 정부의 출현은 아름다운 일이었다. 하지만 승리 뒤에는 더 많은 변화가 닥친다. 우루과이 정치평론가 라울 지베치는 2015년 이렇게 말했다. "라틴아메리카의 진보주의는 나라에 따라 10 또는 15년쯤 전에 발생했는데, 몇몇 긍정적 변화를 빚어냈지요. 하지만 그 주기가 끝났다는 게 내 생각입니다. 진보적 정권이 계속 출현하고 있는 건 사실이지만, 내 말은, 상대적으로 긍정적인 무언가를 창출하던 일단의 정치 세력으로서의 진보주의, 이건 끝났다는 거지요. (…) 라틴아메리카의 진보주의는 갈림길에 서 있습니다. 토지소유제, 부유층을 겨냥한 세제개혁 같은, 사회구조에까지 미치는 진정한 변화

올릴 때면 나는 세 선거를 한데 묶어 생각하게 된다. 우루과이에서는 4년이 아니라 170년 동안 — 빅토리아 여왕이 십대 소녀였던 시기 이래 줄곧 — 이어져온 소름 끼치는 정권들이 끝장나고 민중이 근사한 좌파정권을 세웠다. 갈레아노가 기쁨에 겨워 말했듯,

북아메리카에서 지구 대통령선거가 있기 며칠 전에 남아메리카에서는 우루과이라 불리는 잘 알려지지 않은, 비밀에 가까운 나라에서 선거와 국민투표가 있었다. 이 선거에서 그 나라 역사상 처음으로 좌파가 승리했다. 그리고 물은 모든 민중의 권리라고 단언하는 민중의 투표로, 국민투표에서 세계 역사상 처음으로 수자원의 민영화가 거부됐다. 우루과이는 눈에 잘 띄지도 않는 나라다. 우루과이 사람들은 믿음과는 너무나 거리가 멀어서 허무주의조차 그들 사이에서 자리 잡을 수 없을 정도였는데, 그들이 믿음을, 그것도 열렬한 믿음을 갖기 시작한 것이다. 그리고 얼핏 보면 신경안정제를 투약한 아르헨띠나 사람 같은 이 우울하고 가라앉은 사람들이 오늘날 기뻐 날뛰고 있다. 선거의 승자는 엄청난 책임을 지게 됐다. 이같은 신념의 재생과 행복의 부활

를 옹호하는 정치운동으로 변모하지 않으면, 이 정부들은 그냥 보수화될 겁니다. 내 생각에 그 과정은 이미 시작됐어요." 한마디 내가 덧붙이고 싶은 건 그 지역 진보주의의 대부분은 정부로 포섭되지 않았고 끝나지도 않았다는 사실이다.

은 주의 깊게 보살펴야 한다. 희망을 배신하는 죄는 용서와 구원
을 얻을 수 없는 유일한 죄라는 까를로스 끼하노의 말이 얼마나
옳은지를 우린 나날이 되새겨야 한다.[4]

　미국 대선이 있은 지 얼마 뒤 칠레에서는 부시 행정부와
그 정책에 반대하는 거대한 시위가 여러날 이어졌다. 어쩌
면 칠레가 세계의 중심인지도 모른다. 칠레가 삐노체뜨 치
하의 무시무시한 군부독재를 끝장내고, 민중이 지구 반대
쪽의 정의를 향한 자신들의 열정을 거침없이 쏟아낼 수 있
는 민주주의로 나아갔다는 사실도 시사적이다. 오랫동안
칠레를 관찰해온 로저 버바크가 그 시위들이 일어난 뒤 썼
듯이, "실제로 부시 방식의 대안으로 칠레 방식이 있다. 국
제법을 활용하고, 풀뿌리 민중에게 그들 자신의 미래를 건
설할 수 있는 힘을 부여하는 평등주의적 경제체제에 기초
한 지구적 국제 형사체제를 건설함으로써 이전의 독재자
들과 진짜 테러리스트들을 추적하는 것이다".[5] 한달 뒤, 칠
레는 영국이 못 했던 것을 해낸다. 삐노체뜨를 법정에 세
운 것이다. 그리고 2004년 8월, 미국의 지원을 받은 국민투
표에서 베네수엘라 사람들은 미국의 지원을 받았지만 실
패했던 2002년 쿠데타의 표적이었던 좌파 민중주의자 우
고 차베스에게 또다시 압도적인 승리의 표를 몰아주었다.
그해 봄 아르헨띠나의 43대 대통령 네스또르 끼르치네르

는 신자유주의에 반대하는 아르헨띠나 민중항쟁의 지원을 등에 업고 국제통화기금IMF에 과감하게 도전했다.• 그 전해 브라질이 룰라의 통치하에 세계무역기구WTO에 반대하는 개발도상국가들의 저항을 이끈 지 얼마 지나지 않아서, 볼리비아 사람들은 천연가스의 민영화에 맞서 너무도 맹렬히 싸운 나머지 그들의 신자유주의적 대통령을 마이애미의 망명지로 내몰았다. 남아메리카는 한때 신자유주의의 거대한 실험장이었지만, 지금은 그 유해한 경제적 교의敎義에 맞서는 가장 거대한 저항의 거점이다. (신자유주의란 아주 간명하게 정의하면, 지구화라고 불리는 것 이면에서 작동하는 족쇄 풀린 국제자본주의 및 재화와 서비스의 민영화에 대한 숭배로서, 좀더 엄밀하게 말하자면 기업의 세계 지배이자 모든 것의 전적인 상품화라 할 수 있다.)

이는 이라크를 잊고 미국을 잊으라는 것이 아니라, 우루과이를 기억하고 칠레를 기억하고 베네수엘라를 기억하고, 브라질·볼리비아·에꽈도르·아르헨띠나에서 진행된,

---

• 남미 사람들은 국제통화기금과 그것이 부과한 정책을 자신의 대륙에서 거의 완전히 추방하고 싶어한다. IMF의 기만적이고 갖가지 조건이 붙는 대출자산 총액에서 라틴아메리카가 차지하는 비중은 2005년과 2007년 사이에 80%에서 1%로 줄었다. 그런 변화가 가능했던 부분적인 이유는 부유한 산유국 베네수엘라가 여러 나라에 제공한 대출 때문이었다.

민영화에 반대하면서 정의와 민주주의, 토지개혁과 토착민들의 권리를 쟁취하려는 예사롭지 않은 운동을 기억하라는 것이다. 이것 아니면 저것이 아니라, 둘 모두 기억하라는 것이다. 남아메리카는 이 나라들이 좀더 나은 목적을 좀더 나은 수단으로 이루려는 좀더 나은 정치를 새롭게 창조하고 있기 때문에 중요하다. 남아메리카 대륙은 20여 년 전만 해도 거의 대부분의 나라가 악랄한 독재자의 지배를 받고 있었기에 또한 중요하다. 어떻게 해서 한 나라가 폭정과 공포 속으로 미끄러져 들어가는지, 어떻게 해서 사람들이 악몽에 빠지게 되는지 우린 안다. 하지만 어떻게 그들은 악몽에서 깨어나고, 천천히 기어올라 자유와 자신감을 되찾게 되는가? 회복으로 가는 그 길은 짚어둘 만하다. 따지고 보면 부시는 천년 제국을 시작한 것이 아니라 8년 제국의 중반을 넘긴 셈이니까.

역사는 진딧물이 장미꽃을 가로지르듯 그해를 살아냈던 우리의 현미경 렌즈 같은 눈을 통해서 2004년을 기억하는 것이 아니라, 지난 몇십 년간 때로는 좋은 쪽으로 또 때로는 나쁜 쪽으로 이어져온 엄청난 변화의 물결의 한 부분으로 그해를 내다보는 망원경의 렌즈를 통해 2004년을 기억할 것이다. 2004년만 해도 미국 대선 외에 많은 일이 일어났다. 우루과이가 최초로 중대한 선거를 치러냈을 뿐만 아니라 우크라이나도 선거를 통해 정권을 바꿨다. 대규모

유권자 조작, 야권 후보의 다이옥신 중독설, 매스컴의 속임수, 끄렘린과 CIA의 원격조종 등, 우크라이나 선거는 그다지 이상적 상황에서 치러지지는 않았다. 하지만 시가지에서 야영을 하는가 하면 노래하고 춤추며 의회를 향해 밀고 들어갔던 용감한 저항 세력은, 15년 전 당시 공산당 치하에 있던 국가에 맞서 전개됐던 중앙유럽의 여러 운동을 그럴싸하게 상기시킨다. 이보다 좀더 중요한 사건은 5억 가까운 인도 시민들이 힌두교식 인종차별주의와 신자유주의에 대한 맹신을 기묘하게 섞어놓은 인도인민당을 걸어차내는 데 성공한 것이다. 나중에 아룬다티 로이는 말했다. "주류 정치에서 소외됐다고 느끼는 우리 같은 많은 사람들에게도 드물고 찰나적인 축제의 순간은 있다."[6] 그리고 정치는 선거나 정권 같은 주류의 영역 말고도 훨씬 더 많은 것을 뜻하며, 희망의 본령이라 할 주변부도 정치의 영역이다.

세상은 지난가을의 우루과이나 미국 중 어느 한쪽의 모습이 아니라 두가지 모습을 다 갖고 있다. 스콧 피츠제럴드는 "일급 지능을 갖고 있는지 시험하는 방법은 상반된 두 생각을 동시에 마음에 품으면서도 제구실을 할 수 있는가를 보는 것이다"[7]라는 멋진 말을 했다. 그러나 세계의 상태를 싸잡아서 말할 때면 전적으로 이것 아니면 저것이어야 하는데, 세계가 좋기만 한 건 아니므로 순전히 엿 같은 것일 수밖에 없다는 식이 된다는 것이다. 피츠제럴드의 잊힌 그다음 문장은 이렇다. "예컨대 우린 상황이 희망 없다는 것을 알면서도 그 상황을 바꾸려는 단호한 결심을 품을 수 있어야 한다." 체코슬로바키아가 여전히 소련의 위성국가였고 자신은 여전히 투옥 중인 극작가였던 1985년 또는 1986년, 바츨라프 하벨이 어떻게 희망을 품을 수 있었는지 사람들은 궁금할 것이다.

당시 하벨은 이렇게 말했다.

내가 자주 (특히 감옥처럼 유난히 희망 없는 상황에서) 생각하는 그런 종류의 희망은 세계의 상태가 아니고 무엇보다 마음의 상태라고 이해한다. 우리 내부에 희망을 지니고 있거나 지니고 있지 않거나 둘 중 하나인 것이다. 그건 영혼의 차원에 속하는 것이지, 본질적으로 세계에 관한 어떤 특정한 관측이나 상황 평가에 기대지 않는다. 희망은 예언이 아니다. 그건 영혼의 지향이자 마음의 지향이어서, 직접 경험되는 세계를 초월하며 그 세계의 지평 너머 어느 곳에 닻을 내리고 있다. 이런 깊고 강력한 의미의 희망은 상황이 잘 돌아가고 있다는 기쁨이나, 머지않아 성공할 것이 분명한 사업에 기꺼이 투자하려는 마음과는 다르다. 그같은 희망은 어떤 일이 성공할 가능성이 있기 때문만이 아니라 그 일이 선한 것이기 때문에 그것을 이루기 위해 일할 수 있는 능력이다.[8]

희망과 행동은 서로에게 자양분이 된다. 죄수들, 찢어지게 가난한 사람들, 간신히 생계를 유지하느라 노동에 짓눌려 사는 사람들, 임박한 폭력의 위협 아래 살고 있는 사람들처럼 절망과 무기력감에 빠질 만한 충분한 이유가 있는 사람들이 존재한다. 행동에 나서지 못하는 좀 덜 뚜렷한 이유도 있다. 내가 이십대 중반까지 정치에 무관심했던 까닭을 돌아보며 깨닫는 것은, 정치에 참여한다는 것은 자신이 지닌 힘을 — 다시 말해 자신이 하는 일이 의미를 지닌다는 것을 — 자각하고 아울러 소속감을 가지는 것이다. 이런 것을 나중에 가서야 깨달았는데, 모든 사람이 이런 깨달음에 도달하는 건 아니다. 소외감과 고립감 또는 그것의 원인을 극복하는 건 나머지 우리의 정치적 목표 가운데 하나다. 나머지 우리에게 절망이란 일종의 피곤증이자 신념의 상실로서, 극복될 수 있는 것이다. 만일 정치적인 존재가 됨으로써 갖게 되는 힘이 아무에게나 허여(許與)되지 않는 특권이라고 본다면, 절망은 심지어 자기탐닉이라고까지 할 만하다. 내가 계속 물고 늘어지려는 것도 바로 이 나머지 우리다. (보잘것없는 사람으로 간주되는 주부들, 감옥 내에서 조직을 만드는 죄수들, 어떤 위험이 따르는지를 속속들이 느끼고 있는 사람들 등, 전혀 그럴 법하지 않은 사람들이 떨쳐일어나 권력을 장악하는 경우가 때때로 있긴 하지만.) 다른 식으로 이야기해볼 수도 있다. 브라질의 혁명적 교육자 빠울루 프레이리는 '희망의 교육학'이라는 제목으로 그의 유명한 『억압받는 자들의 교육학』후속편을 썼는데, 거기에서 그는 이렇게 선언한다. "최소한의 희망이 없으면 우린 투쟁을 시작조차 할 수 없다. 그러나 희망은 투쟁 없이는 흩어져버리고 방향을 잃어버리며 희망 없음으로 바뀌어버린다. 그리고 희망 없음은 비극적 절망으로 변할 수 있다. 그렇기 때문에 일종의 희망 교육이 필요하다."[9]

투쟁의 가치에 대한 믿음의 상실이 반복해서 절망을 불러온다. 그런 상실은 여러 원인에서 비롯된다. 그건 탈진에서 비롯되기도 하고 감정이입에서 오는 슬픔에서 비롯되기도 하지만, 그 자체가 문제를 안고 있는 기대나 분석 따위에서 비롯되기도 한다. 1990년대의 '거리를 되찾아라' Reclaim the Streets 운동이 내세웠던 깃발 중 하나에는 앨리스 워커의 말을 따서 "저항이 환희의 비밀"이라고 적혀 있었다. 저항은 무엇보다 원칙의 문제이자 삶의 방식이며, 우리 자신을 정복되지 않는 영혼의 작은 공화국으로 만드는 것이다. 성과 내기를 바라지만 그것에 기대지는 않는다. 역사 기록을 살펴보면 체코의 1989년 벨벳 혁명만큼이나 놀랄 만한 성과가 이어졌으며, 비록 지금은 어둠에 잠겨 있다고 하더라도 더 많은 성과가 기대 이상으로 달성될 것이다. 그리고 프레이리가 지적했듯, 투쟁은 진행 과정에서 희망을 생성한다. 모든 것이 가능해 보일 때까지 기다리는 건 너무 오래 기다리는 것이다.

패배와 재앙은 차고 넘칠 정도로 기록됐으므로, 이 책은 승리와 가능성에 관해 이야기하려고 한다. 이 책은 패배나 재앙의 기록에 맞서거나 그것을 부정하기보다는 그것과 공생하려는 것이고, 그것의 내용에 작게나마 균형추를 달려는 것이다. 지난 반세기 동안 세계의 상태는 물질적 측면이나 전쟁의 잔혹성 및 생태파괴에 비추어 볼 때 급격하게 악화됐다. 하지만 우린 이전에는 눈에 보이지도 않았고 상상할 수도 없었던 것을 기술하고 실현할 수 있게 해주는 무형의 것들을 ─ 권리, 관념, 개념, 어휘를 ─ 숱하게 추가해왔거니와, 이것들은 숨 쉴 수 있는 공간이자 도구 상자이기도 하다. 그 덕분에 우린 온갖 무도한 행위에 대처할 수 있게 됐고 또 실제로 대처해오기도 했으니, 그건 또한 희망 상자도 되는 셈이다.

나는 너무도 드물게 인식되는 과거의 한 측면을 조명하고 싶다. 그 과거 속에서는 개인과 비무장 민중의 힘이 거대했고, (지난 몇십년의 경우) 세상이 변화하는 규모와 집단적 상상력이 엄청났으며, 우리가 어두운 미래를 대담하게 직면하는 데 용기를 북돋아줄 수 있는 놀라운 일들이 일어났다. 이미 일어난 일의 중요성을 인식함으로써 우린

장차 어떤 일이 일어날 수 있는지를 이해할 수 있다. 위급
상황emergency이라는 단어에는 발생하다emerge라는 뜻이 담
겨 있다. 위급상황에서 새로운 것이 발생하는 것이다. 지
난날 확실시되던 것이 빠르게 무너지고 있지만, 위험과 가
능성은 자매지간이다.

HOPE IN THE DARK

03

우리가 얻은 것

내가 희망에 관해 쓸 마음을 갖게 된 건 2003년 봄 놀랄만한 평화운동의 시절에 뒤이어 밀려든 절망의 첫번째 물결 때문이었다. 절망하는 사람들은 단 하나의 승리만을, 다시 말해 우리가 쟁취하지 못한 승리, 이라크 전쟁을 막는 일만을 승리로 인정하려 들었다. 부시와 블레어 행정부는 바그다드 점령이 곧 승리임을 내비쳤지만, 진짜 전쟁은 그제야 시작됐고, 향후 오랫동안 미국을 괴롭힐 게릴라의 저항과 국제 여론의 악화도 막 시작될 참이었다. 2003년 가을이 되자, 사담 후세인 정권이 미국이나 영국 또는 세계에 위협이 된다거나 상당한 양의 대량학살 무기를 비축하고 있음을 믿지 않으려는 우리 입장이 옳았다는 것이 입증됐다. 2004년 겨울이 되자, '자발적 국가의 연합'이라고 알려진 극소수 군소국가들이 미국의 협박 탓에 남아 있을 뿐, 우린 모래늪에 빠져 있었으며, 거기에 뛰어들 만한 합당한 이유가 있었다고 굳이 내세우는 사람은 거의 없었다. 하지만 자신의 땅을 유린당한 이라크 사람들과 우리 점령군에 속한 가여운 젊은이들처럼 사람들이 죽어가고 있거나 끔찍한 삶을 이어가고 있을 때는 옳다는 것이 그다지 위로가 되지 못한다.

그와 동시에, 2003년 그처럼 찬란하게 솟구쳐올랐던 평화운동은 인정받아 마땅한 몇몇 의미 있는 성과를 일구어냈다. 정확한 내막이야 아마도 알 수 없을 테지만, 부시 행정부가 '충격과 공포'란 이름의 바그다드 집중폭격을 그만두기로 결정했던 건 세계 여론의 악화와 시민사회의 동요로 인해 치러야 할 대가가 너무 크리라는 것을 우리가 분명히 했기 때문으로 보인다. 우리 수백만이 수천, 수만의 목숨을 구했을 수도 있는 것이다. 그 전쟁에 관한 전지구적 논쟁이 전쟁을 여러달 지연시켰으며, 그 몇달이 이라크 사람들에게 준비를 갖추고 대피하고 공세에 대응할 겨를을 마련해주었을 법하다.

행동가들은 대표성이 없고 주변적인 어중이떠중이로 묘사되기 일쑤지만, 2002년 가을, 대중매체에 무언가 변화가 일어났다. 그후 반전행동가들은 대체로 다양하고 정당하며 대표성을 지닌 집단으로 보도됐는데, 이는 우리의 대표성과 장기적 전망이 거둔 승리였다. 대놓고 제 생각을 토로해보지도, 거리를 행진해보지도, 단체에 가입해보지도, 정치인들에게 편지를 써보지도 않았던 많은 사람들이 그런 일을 해냈다. 헤아릴 수 없이 많은 사람들이 전에 없이 정치적으로 변했다. 다시 말해, 다른 건 몰라도 열정의 광대한 저수지가 변화의 강을 흐르게 할 물로 채워진 것이다. 새로운 관계망과 공동체, 웹사이트, 리스트서브(특정 그룹 전원에게 메시지를 전자우편으로 자동 전송하는 시스템 ─ 옮긴이), 그리고 감옥 연대 단체 및 연합이 생겨났고 여전히 우리와 함께하고 있다.

국내에서는 테러에 대한 두려움을 주입하고 국외에서는 테러를 자행하는, 이른바 테러에 대한 전쟁이라는 미명 아래, 우린 자신의 이웃을, 서로를, 이방인을(특히 서아시아인, 아랍인, 무슬림, 혹은 그렇게 보이는 사람들을) 두려워하고 감시하고, 나아가 문을 닫아걸고 사적인 영역에 박혀 있으라고 부추겨졌다. 우리의 희망과 저항을 온갖 부류의 이방인과 더불어 공적 영역에서 실천해냄으로써 우린 이 두려움의 교리문답을 극복했으며 서로를 신뢰하게 됐다. 그리하여 우린 이라크 사람들에 대한 우리의 헌신을 드러내 보이는 과정에서 평화를 사랑하는 사람들 간의 차이를 다리 놓아 이어줄 공동체를 일구어냈다.

우린 지도자 없는 지구적 운동을 성취했다. 명석한 대표자와 이론가, 조직가 들이 있었지만, 우리의 운명이 지도자에게 달려 있는 한 우린 (그가 남자이건, 또는 때로 그러하듯, 여자이건) 오로지 그 지도자만큼만 강하고 청렴하고 창조적일 수 있을 따름이다. 입소문이라든가 인터넷, 교회나 노동조합 또는 직접행동 친연집단^{親緣集團, affinity group} 등과 같은 다양한 모임을 통해 스스로를 조직할 수 있는 수백만의 사람보다 더 민주적일 수 있는 것이 또 어디 있겠는가. 물론 지난 몇십년 동안에도 지도자 없는 활동이나 운동이 조직돼온 건 사실이지만, 이렇게 큰 규모는 결코 아니었다. 아프리카 작가 로런스 반 데어 포스트는 우리가 단순한 추종자 노릇을 그만두어야 할 때가 됐기 때문에 위대한 새 지도자가 등장하지 않는다고 말한 적이 있다. 우린 그 노릇을 이미 그만두었을 수도 있다.

우리 대부분은 갖가지 이분법을 거부하는 데 성공했다. 우린 후세인을 용인하지 않으면서도 이라크 전쟁을 반대할 수 있었다. 우린 전쟁에서 싸우는 부대를 동정하면서도 전쟁을 반대할 수 있었다. 우리 대부분은 우리의 대외정책이 빠져들기 일쑤이며 이전 세대 급진주의자들이 때로 빠져들기도 했던 여러가지 함정에 떨어지지 않았다. 적의 적을 바로 아군으로 삼고 악을 반대하는 자를 바로 선한 자로 여기며, 국가를 국가의 명목상 대표와 — 즉 어떤 장군이나 그의 부대와 — 구분하지 못하게 되는 함정에 떨어지지 않았던 것이다. 우린 미국이나 영국을 반대하지도, 바트당 정권이나 반군 세력을 지지하지도 않았다. 우린 전쟁 자체를 반대했으며, 우리 중 다수는 어떤 곳이건 상관없이 모든 전쟁, 모든 대량학살 무기, 모든 폭력에 반대했다. 우린 단순히 반전운동이 아니다. 우린 평화운동이다.

그 어떤 주류매체나 논자도 왜 그런지 말하지 않을 것이고 아마도 왜 그런지 알지도 못할 테지만, 평화와 지구적 정의를 추구하는 운동이 제기한 문제는 이제 주류가 됐다. 행동가들은 특히 벡텔, 할리버튼, 셰브런─텍사코, 그리고 록히드 마틴을 부시 행정부와 연계돼 전쟁으로 이득을 얻는 기업으로 보고 공격 목표로 삼았다. 우린 여러곳을 봉쇄하는 데 그치지 않고 그런 곳에서 일어나는 일을 공공의 문제로 부각했다. 문제가 된 기업들을 매체들이 전에 없이 꼼꼼히 살피기 시작했으므로, 직접행동은 간접적으로 강력한 힘을 발휘하기도 한다. 게리 영은 『가디언』에 다음과 같이 썼다.

반전운동은 독일 수상 게르하르트 쉬뢰더를 재선시켰고 민주당 예비선거의 무게중심을 좀더 진보적인 방향으로 밀어갔다. 정치지도자에게는 지리적 지지자뿐만 아니라 이념적 지지자도 필요하다. 지난 2년에 걸쳐 좌파는 미국의 헤게모니에 도전하기로 마음먹은 사람들을 지원하기에 충분할 만큼 강고한 기지를 구축했다. 이런 것이 이라크 사람들의 목숨을 구하지 못한 건 사실이다. 그러나 부시와 블레어에 대한 지지가 곤두박질치고 있는 상황에서, 이란 사람들이나 북한 사람들, 또는 폭격 대상으로 고려되고 있는 다른 곳 사람들을 위험에서 벗어나게 할 수도 있다.[10]

아메리카 대륙의 중심부를 (미국이 외교적 견지에서 실제로 섬과 같듯) 섬으로 만들 수 있다는 듯 캐나다와 멕시코마저도 미국에 대해 거리를 취했다. 대놓고 엄청난 뇌물을 주겠다는 제안을 받고도 터키 정부는 이라크를 침략하려는 자들이 터키를 전초기지로 사용하는 것을 수많은 터키 시민들의 항의 때문에 거절했다. 그리고 다른 많은 나라도 전략적 이득보다는 여론에 떠밀려 이라크 전쟁에 대한 태도를 정했다. 실제 발생한 전쟁은 대중의 전반적 묵인하에 발생했을 전쟁과는 다른 양상을 보였다.

이런 승리들 중 그 어느 것도 실제로 전쟁을 막았을 때 이루어냈을 승리에 비길 수는 없다. 하지만 전쟁이 정말 취소됐더라도 부시와 블레어 행정부는 여론이나 국제적 압력과는 무관한 교묘한 이유를 들이댔을 것이고, 많은 이들은 우리가 아무런 영향력이 없다고 여전히 믿고 있을 것이다. 정부와 매체들은 행동가들의 영향력을 일상적으로 깎아내리지만 우리가 그들을 믿어야 할 이유도 없고 우리 대신 그들이 승리를 평가하도록 내맡겨야 할 이유도 없다. 효과를 보려면 행동가들은 적어도 때로는 강하면서도 단순하고 급박한 요구를 ─ 스티커나 플래카드에 걸맞은 그런 종류의 요구, 1천명의 사람이 거리에서 외칠 수 있는 그런 종류의 요구를 ─ 내걸 수 있어야 한다. 그리고 그들은 또한 자신의 승리가 강하고 단순하고 급박한 변화가 아니라 미묘하고 복잡하며 느린 변화의 모습으로 도래할 수 있다는 것을 인식하고 그런 승리도 어떻게든 셈에 넣을 수 있어야 한다. 역설을 포용하는 능력은 행동가가 지녀야 할 무시할 수 없는 도구다.

셈에 넣어야 할 승리가 또 하나 있다. 각종 매체는 2003년 2월 15일 전개됐던 지구적 평화운동을 철저히 외면했지만, 당시 남극의 맥머도 기지에 있는 과학자들을 포함하여 1,200만~3,000만 정도의 사람들이 모든 대륙에서 행진하면서 시위를 벌였다. 바르셀로나를 행진한 백만명도 멋졌지만, 노스캐롤라이나 채플힐에 모인 수천명, 뉴멕시코 라스베이거스의 작은 마을에서 열린 150명의 철야 평화집회, 볼리비아와 타이, 북부 캐나다의 이누이트에 있는 심지어 더 작은 마을 사람들의 반전 열정에 대해서도 나는 들었다. 부시는 자신이 갈라놓는 사람이 아니라 뭉치게 하는 사람임을 내세우며 선거운동을 했는데, 그는 결국 전세계를 미국과 영국 행정부에 반대해서 거의 하나로 뭉치게 했다. 모든 대륙에 걸쳐 저 수천만이 뜻을 모은 건 전례없는 일로서, 새로운 시대를 맞아들이는 여러 파열 중 하나였다. 그 사람들은 미래에 대해 희망을 품을 이유 중 하나다.

04

HOPE IN THE DARK

거짓 희망과 안이한 절망

『희망의 원리』에서 에른스트 블로흐는 "속임수 희망은 인류에게 해가 되고 심지어 인류를 무기력하게 만드는 아주 몹쓸 것 중 하나이며, 구체적이고 참된 희망은 인류를 가장 적극적으로 이롭게 한다"라고 선언한 다음, "희망과 불만 모두 결핍을 거부하는 데서 솟아난다는 뜻에서 희망과 통하는 깨어 있는 불만"[11]에 관해 이야기한다. 최근의 미국 대통령선거를 생각할 때면 나는 부시가 거짓 희망을 ─ 이라크 전쟁에서 이길 것이라는, 부시 자신이 벌인 전쟁들이 미국 시민과 세계를 좀더 안전하게 만들 것이라는, 국내 경제가 잘 돌아가고 있다는, (그리고 환경문제는 토론거리조차 못 된다는) 거짓 희망을 ─ 시종 활용했던 일을 생각하게 된다. 다른 세상이 가능하지 않다는 것이 아니라 그런 세상이 불필요하다는, 모든 것이 잘돼가고 있으니 이제 다시 잠이나 자라는 이런 주장을 희망이라 부를 수는 없을 듯하다. 그같은 언사는 대중을 진정시키고 무력화하며, 좀더 직접적인 폭정이 시민들을 겁주어 고립시키듯, 우리를 무력감의 함정에 빠져 고립된 채 가정에 매몰되도록 만드는 것이 목적이다.

부시 행정부는 두려움도 활용하는데, 위험에 처했던 도시 거주자들이 두려움을 가장 덜 탔다는 건 흥미롭다. (이들은 냉전기간 동안은 핵공격에 의한 전멸의 위험에, 범죄가 기승을 부린 1980년대에는 폭행의 위험 중 놓여 있었으며, 오늘날에는 ─ 테러가 실제로 유의미한 위험 중 하나라고 전제하는 한 ─ 테러의 목표가 될 위험에 놓여 있다.) 그런가 하면, 교외와 그밖의 소외된 곳에 고립돼 살면서 범죄로부터 멀리 떨어져 있고 전쟁이나 테러의 주요 표적에서 벗어나 있는 사람들이 이런 두려움에 훨씬 더 취약한데, 이들의 두려움은 거짓이라기보다 대상을 잘못 잡은 것으로 보인다. 다시 말해, 두려움 자체는 실재하지만 그 대상은 잘못 추정됐다. 이런 의미에서 그건 안전한 두려움이라 하겠는데, 왜냐하면 두려움의 진정한 원천을 인정하는 건 그 자체로 무서운 일이며 근본적 문제제기와 근본적 변화를 요구할 수 있기 때문이다. 내 생각으로는, 이렇게 해서 거짓 희망과 거짓 두려움이 민주주의라는 짐승을 죽음으로 유인하기에 딱 적당한 당근과 채찍이 된다.

부시는 유권자들을 세계의 진정한 문제들에 눈감도록 유도했고, 좌파들은 흔히 그와 정반대로 그 문제들에 지나치게 시선을 고정함으로써 그 너머를 바라보지 못하게 했다. 그리하여 세계는 거짓 희망 아니면 손쉬운 절망으로 나뉘는 것처럼 보이기 일쑤였다. 절망은 우리에게 요구하는 것이 좀더 적고 좀더 예측 가능하며 서글프지만 좀더 안전하다. 진정한 희망은 투시력 ─ 이 세계가 처한 곤경을 이해하는 힘 ─ 과 어쩌면 불가피하지도 불변적이지도 않은 이런 상황 너머 무엇이 가능한가를 내다보는 상상력을 요구한다.

좌파의 절망은 많은 원인이 있고 종류도 다양하다. 공식적인 견해를 까뒤집는 것으로 충분하다고 생각하는 좌파들도 있다. 임금님이 발가벗었다고 말하는 건 근사한 반권위주의적 언사지만, 모든 것이 예외 없이 곧장 지옥으로 떨어지고 있다고 말하는 건 대안적 전망이 아니라 "모든 것이 잘돼가고 있다"는 주류의 견해를 뒤집어놓은 것에 불과하다. 게다가 실패와 주변화는 안전하기도 하다. 미국을 움직여나가는 보수주의자들은 스스로를 포위당한 국외자라고 주장하는데, 그건 그렇게 함으로써 현상황에 대한 자신들의 책임과 변화를 불러올 자신들의 능력을 부인할 수 있기 때문이며, 더구나 스스로 위협받고 있다는 생각은 자기 패거리를 불러모을 수 있기 때문이다. 자신들의 힘과 가능성을 부인하는 행동가들도 자신들의 의무를 떨쳐버리는 선택을 하기는 마찬가지다. 만약 지고 말 운명이라면, 스스로를 멋들어진 패배자 또는 최소한 고결한 패배자의 위치에 놓는 것 말고 그들은 그다지 많은 것을 하지 않아도 되기 때문이다.

정교한 이론을 떠벌리는 자들도 있는데, 그들은 결코 흔들림이 없고 성공적으로 저항할 수 없는 초인적 능력을 자신들의 적에게 부여한다. 그들은 자신을 결코 놓아주지 않는 적의 존재에 ─ 그 적이 설사 부분적으로는 그들 스스로 빚어낸 환상과 고착의 산물이라고 하더라도 ─ 사로잡힌 듯하다. 절망을 억압받는 사람들과의 연대인 양 여기는 사람들도 있다. 비록 억압받는 사람이라 해도 희생자가 되기 전의 삶이 있었을 것이고 또 희생자 상태를 벗어난 삶을 희망할 법하므로, 그런 식의 유별난 취급을 원하지는 않을 것 같은데 말이다. 게다가 암울함은 선물과는 거리가 멀다. 그리고 개인적인 이유로 절망에 빠졌으면서도 그것을 정치적 분석의 결과로 투사하는 사람도 있다. 이 경우는 이전에 결코 존재하지 않았거나 사람에 따라서는 끔찍했다고 여길 수도 있는 시절에 대한 향수와 결합돼 있기 일쑤인데, 그런 시절은 지금은 망가져버린 모든 것이 한때 온전했던 것으로 상상될 수 있는 자리다. 그건 자기성찰을 회피하는 방법이다.

암울함의 또다른 동기는 주목받고 싶은 욕망이다. 나쁜 소식을 전하는 사람은 지탄받기보다, 좀더 낫거나 좀더 복잡한 소식을 전달하는 사람이 얻을 수 없는 어떤 권위를 획득하기 십상이다. 불*과 유황과 임박한 최후의 심판을 들먹이는 건 설교단에서 늘 큰 성공을 거뒀고, 최후의 심판은 실제로 미래에 이르는 낯설고 구불구불한 길보다 상상하기가 항상 더 쉽다. 그리고 불 이야기가 나왔으니 말인데, 어떤 사람들은 노력 끝에 모조리 타버리고 철저히 소진돼버리기도 한다. 하지만 그렇게 된 데는 때로 그들이 좌절이나 패배로 귀착되게 마련인 방식으로 노력했던 탓도 있고, 또 때로는 그들이 ─ 내부 분쟁은 말할 것도 없고 ─ 이런 온갖 좌파적 절망의 다른 형태에 포위됐던 탓도 있다.

암울한 견해에 매달리는 건 때로 우스꽝스럽다. 1960년대 이래 사람들에게는 "인구폭탄", 즉 자원이나 보건 면에서 재앙에 준하는 제동이 없다면 지구 인구가 걷잡을 수 없이 증가하리라는 맬서스적 이론이 걱정거리였다. 그러나 세계 여러곳의 출생률이 감소하고 있다는 것, 그리고 세계적으로 인구는 정점에 도달했다가 ─ 최근의 추산에 따르면 2025년경에 ─ 줄어들리라는 것이 1990년대 어느 시점에 분명해졌다. 일본, 캐나다, 호주, 유럽, 러시아 등 자원 소비가 매우 많은 산업국가들은 이미 인구가 줄어들고 있다. 그럼에도 오래된 문제가 저절로 (또는 여성의 생식권을 포함한 변화된 사회환경으로 인해) 해소된 것을 기뻐하기는커녕, 인구감소가 새롭게 임박한 위기라는 틀에 짜맞춰지기 일쑤다. 상황은 완전히 변했건만 노래는 옛 가락 그대로다.

살아남는 문제에 초점을 두면, 나뭇가지의 아름다움에 관심을 기울이기에 앞서 나무에 숨은 호랑이부터 알아차려야 한다. 우리에게 화를 내고 있는 한명이 우리를 사랑하는 여든아홉명보다 더 주의를 끌 수밖에 없다. 문제해결이 우리의 과제다. 우리가 문제에 대처하는 건 살아남기 위해서, 또는 세상을 더 나은 곳으로 만들기 위해서이므로, 그것을 직면하는 건 그것을 회피하거나 묻어두거나 부정하는 것보다 낫다. 그러나 문제를 직면하는 것이 희망의 행위가 될 수 있는 건 그것만이 전부가 아니라는 사실을 망각하지 않을 경우에 한해서다.

희망은 문이 아니라 어느 지점엔가 문이 있으리라는 감각, 길을 발견하거나 그 길을 따라가보기 전이지만 지금 이 순간의 문제에서 벗어나는 길이 어딘가 있으리라는 감각이다. 때로 급진주의자들은 문을 찾지는 않고 벽이 너무 거대하고 견고하고 막막하고 경첩도 손잡이도 열쇠구멍도 없다고 벽을 비난하는 데 안주하거나, 문을 통과해 터벅터

벽 나아가면서도 새로운 벽을 찾아낸다. 블로흐는 희망은 실패보다 성공을 사랑한다고 했지만, 좌파 가운데 목청을 높이는 다수의 분자들에게도 그 말이 해당하는지는 의문이다. 많은 좌파는 지배문화의 이면에 해당되는 이야기밖에 할 줄 모르고, 주류매체가 결코 다루지 않는 이야기는 그들도 잘 다루지 않는다. 그리고 모든 뉴스는 의외성과 폭력성, 재앙 쪽에 편향돼 있고, 대중의 힘이 가장 흔히 드러나는 방식인 고조되는 여론, 뜻밖의 변화, 대안적 현상은 간과한다. 좌파의 암울한 전제인즉슨 지배 세력은 총체적 진실을 말하지 않는다는 것이지만, 그들이 말하는 진실도 불완전하긴 마찬가지다. 그들은 철저히 나쁜 뉴스가 진실이라고 여기며 그런 뉴스를 전하는 자를 자임하고 또 그것을 거듭 전달한다. 마침내 그들은 그 어떤 새로 떠오른 이야기, 심지어는 명백한 승리에서조차 ── 그리고 서로의 입장에서조차 ── 이면을 파헤치려 들게 됐다. 이런 과업을 수행하다보니 그들 중 몇몇은 주차위반 단속원이나 들개 포획꾼의 심성을 갖게 된 듯도 하다. (물론 이건 적에 대한 강박으로 이어지기 십상인 대항행동의 성격과 관련 있고, 몇몇 환경운동가가 내게 말했듯, 경종을 울리는 서사를 기금 모금과 대중 동원에 활용하는 것과도 관련이 있다.)

나쁜 뉴스를 전하는 이런 사람들이 패배를 사랑하는 것처럼 보일 때도 있다. 항상 비극을 예언하다보면 실제로 닥친 비극이 (캘리포니아 식으로 표현해서) 꽤 그럴싸한 것처럼 보일 수도 있으니까. 그들은 악역을 자기 몫으로 받아들이며 심지어 그것을 자랑스러워한다. 기괴하고 망측한 일들이 그들의 논점을 입증해주므로, 그들에게는 그런 논점이 매우 소중하다. 하지만 그건 부분적으로는 개인적 스타일이며, 내 생각에 이 암울함은 이데올로기보다는 심리적 특성에서 나온다. 결과를 성취하는 것보다 행동가 자신의 정체성을 떠받치는 데 관심이 더 많은 운동도 있는데, 그같은 운동은 때로 좌파를 청교주의자의 진정한 후예로 만드는 것처럼 보인다. 우선, 결과를 이루어내기보다 자신의 미덕을 과시하는 것이 주안점이 된다는 점에서 청교주의적이다. 즐거움을 거부하는 데서 오는 개인적 우월감과 더불어 세상사를 비난하는 음울한 즐거움이야말로 청교주의 유산의 가장 영속적인 부분이라는 점에서도 청교주의적이다. 세계의 황량함이 그 세계를 초월하는 자신의 모습을 극적으로 부각해줄 배경막으로 요구되는 것이다.

절망과 나쁜 뉴스, 음울함 등은 이야기를 하는 자가 표방할 수 있는 정체성, 즉 실상을 직시할 수 있을 만큼 강인한 사람이라는 정체성을 떠받쳐준다. 사실, 실상 가운데 일부를 그들이 직면하기는 한다. (실상의 일부는 어둠 속에 남아 있다.) 결과는 대개 불분명하지만, 어떤 이유에서

든 쇠락과 멸망의 이야기는 희망에 찬 이야기가 갖지 못하는 권위를 갖는다. 불교도는 희망을 특정한 결과, 정해진 인과관계, 만족 등에 대한 집착으로 보아 탐탁지 않게 여기기도 한다. 그러나 불교의 그런 입장 너머에는 전혀 다른 종류의 희망이 존재한다. 세상을 어느정도 바꿀 힘을 우리가 지니고 있다는 희망, 또는 세상이 다시 변할 것이므로 불확실성과 불안정성은 희망의 기반이 된다는 희망이.

벽의 존재는 오도 가도 못하는 상태를 정당화할 수 있고 문의 존재는 통과할 것을 요구한다. 희망을 품는다는 건 미지의 것과 가능한 것, 심지어는 불연속성에 대한 믿음으로서, 어떻든 믿음의 한 형태이므로 위험을 내포한다. 희망을 품는다는 건 다른 역할, 실망과 배신을 겪을 위험이 있는 역할을 떠맡는 것인데, 요 몇년 큰 실망거리들이 이어졌다. 때로 저 암울한 이야기는 단성적 서사 univocal narrative에 대한 믿음, 즉 모든 것이 한 방향으로 나아가고 있으며 그다지 좋지 못한 게 분명하니 나쁠 게 틀림없다는 생각에 대한 믿음에서 나온다. 어떤 저명한 행동가는 "민주주의가 곤경에 처했다"는 말로 대담을 시작하는데, 그 말이 사실이긴 하다. 하지만 민주주의가 풀뿌리 운동을 통해 온 세상에서 대담하고 새로운 방식으로 번성하고 있다는 것도 사실이다.

벽을 비난하고 그 꿰뚫을 수 없는 완강함을 묘사하는 것도 중요하다. 병을 치료하기에 앞서 진단부터 해야 한다. 병을 진단하기에 앞서 처방부터 알아야 할 필요는 없다. 따라서 나쁜 소식을 전하는 건, 적당한 시기가 되거나 세상이 바뀔 때 그런 소식을 풀어놓을 수만 있다면, 좋은 재능이자 희망을 향한 한걸음이 될 수도 있다. 그러나 더 멀리 내다보고 다른 곳을 살필 수도 있어야 한다.

행동이 결여된 정치적 인식은 얼굴을 사태의 중심으로 향한 채 참담한 현실을 바라보기만 하는 것이다. 행동은 그 자체로 희망을 생성할 수 있다. 행동은 이미 하나의 대안을 이루면서, 중심에 놓인 타락상에서 얼굴을 돌리고, 뜻밖의 가능성과 주변부나 우리 이웃에 존재하는 영웅들을 마주하게 한다. 희망에 대한 이런 생각은 이런저런 방식으로 안전하게 자리 잡은 어떤 부류의 자칭 진보주의자에게는 몹시 불편하게 여겨진다. 이들의 불편함은 이런 생각이 자기들 이야기가 아니라는 단순한 이유에서 비롯되거나, 희망은 절망이 요구하지 않는 것을 그들에게 요구한다는 이유에서 비롯될 수도 있다. 때때로 그들은 승리나 가능성에 관한 이야기를 비정하다고 여긴다.

청교주의 유산의 또다른 부분은 모두가 기쁨과 풍요를 누리게 되기까지는 어느 누구도 그것을 누려서는 안 된다는 믿음인데, 한편으로 그 믿음은 박탈을 승인한다는 점에서 냉혹하고, 다른 한편으로는 보편적 유토피아를 기다린다는 점에서 공상적이다. 기쁨은 어떻게든 숨어들고 풍요는 청하지 않아도 쏟아져내린다. 위대한 인권행동가이자 아일랜드 민족주의자인 로저 케이스먼트는 한세기 전 남아메리카 뿌뚜마요 열대우림의 끔찍한 고문과 대학살을 조사하고 그것을 종식시키기 위한 운동을 벌였다. 그의 일기에 따르면, 이 음울한 과업을 수행하는 동안에도 그는 멋들어진 현지인들에 감탄하고 찬란한 빛깔의 그 지역 나비를 쫓을 겨를을 냈다. 기쁨은 운동을 배반하는 것이 아니라 지탱해준다. 우리를 겁먹게 하고 소외시키고 고립시키려 드는 정치적 상황과 대면했을 때, 기쁨을 느끼는 것은 항쟁의 근사한 첫 행동이 된다.

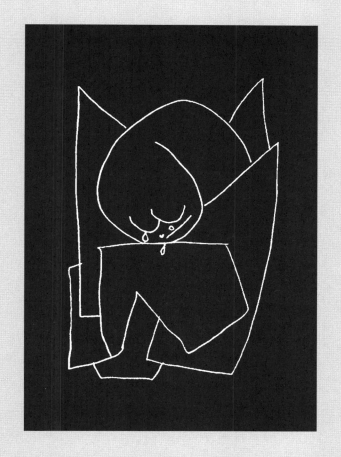

HOPE IN THE DARK

05

그림자들의 역사

세상을 극장이라고 상상해보라. 권력을 쥔 자들과 공적 지위를 지닌 자들의 행위가 무대 중앙을 차지한다. 전통적 입장의 역사해석과 뉴스의 관습적 출처들은 시선을 그 무대에 고정하라고 우리를 부추긴다. 무대 중앙의 각광은 너무도 환한 탓에 우리 주위의 그림자 드리운 공간을 보지 못하게 만들고, 객석에 앉은 다른 사람들과 시선을 마주치거나 객석 너머 어둠 속에서 다른 힘들이 작용하고 있는 복도와 분장실, 극장 바깥을 보는 것을 어렵게 만든다. 세계의 운명은 대부분 무대 위 각광 속에서 결정되며, 무대 위 배우는 세계의 운명이 전부 무대에서 결정된다고, 다른 장소는 없다고 말한다.

세부사항이나 결말과 관계없이, 무대에 오르는 건 비

극 ─ 권력의 불공평한 분배라는 비극, 관객이 되는 데 안주하면서 공연 비용을 지불하는 자들이 침묵만을 지키기 일쑤라는 비극 ─ 이다. 대의민주제 이면의 전제는 관객이 배우를 선택하게 돼 있고 배우는 정말 문자 그대로 우리를 대변하게 돼 있다는 것이다. 실제로는 다양한 이유 때문에 많은 사람이 그 선택에 참여하지 못하고, 돈과 같은 다른 힘들은 그 선택을 왜곡하며, 일단 무대에 오르고 나면 너무도 많은 배우들이 자신의 유권자를 대변하지 못할 이유를 ─ 로비스트, 사리사욕, 순응주의 등을 ─ 찾아낸다.

그 무대 바깥에서 정치적 힘을 발휘하거나 무대 위 연극의 내용을 바꾸는 창의적인 장場에 관심을 기울여보라. 무시하라고 우리가 배운 곳, 보지 못하도록 길들여진 곳에서 세상을 바꾸는 이야기가 나온다. 문화가 정치를 형성할 수 있는 힘을 갖게 되고 평범한 사람들이 세상을 바꿀 수 있는 힘을 갖게 되는 것도 바로 그런 곳에서다. 거리가 무대가 되거나 공인되지 않은 사람들이 배우들 사이에 나타나 계획된 프로그램을 망칠 때, 무대 위 배우들은 놀라고 당황하는 표정을 지을 것이다.

부시와 블레어 행정부가 바그다드 폭격을 시작하기 한두 달 전 조너선 셸이 『정복할 수 없는 세계 ─ 권력, 비폭력, 그리고 민중의 의지』를 출간했다. 이 책은 변화와 권력에 관한 새로운 구상을 설득력 있게 주장하고 있다. 이 책의 핵심적 인식 중 하나는 혁명에서 의미 있는 변화는 상상 속에서 먼저 일어난다는 것이다. 역사 기술은 대개 행동이 시작될 때부터 시작하지만, 셸은 미국 혁명이 "민중의 마음속에, 콜로니들의 연방 속에 이미 존재했다. 혁명과 연방은 적대 행위가 시작되기도 전에 성취된 셈이다"[12]라는 존 애덤스의 말을 인용한다. 토머스 제퍼슨도 다음과 같이 결론지었다. "이건 1760년에서 1775년까지 15년 동안, 렉싱턴에서 피 한방울 흐르기 전에 달성됐다."

물론 이건 다른 모든 변화를 수반하는 가장 근본적인 변화가 매우 추적하기 어렵다는 것을 뜻한다. 이건 정치가 생각의 확산과 상상의 형성에서 나온다는 것을 뜻한다. 이건 상징적·문화적 행위가 실제적인 정치적 힘을 지닌다는 것을 뜻한다. 그리고 이건 의미 있는 변화가 무대 위에서 행동으로 일어날 뿐만 아니라, 오로지 관객이나 구경꾼으로만 거듭 묘사되는 사람들의 마음속에서도 일어난다는 것을 뜻한다. 의미 있는 혁명은 상상 속에서 일어나는 혁명이며 많은 종류의 변화가 뒤이어 발생하는데, 어떤 변화는 점진적이고 미묘한가 하면 또 어떤 변화는 극적이고 갈등투성이다. 다시 말해 혁명이 반드시 혁명 같아 보일 필요는 없다.

셸은 미국이 베트남 전쟁에서 진 건 엄청난 군사적 우위에도 불구하고 그 나라 민중을 제 편으로 끌어오지 못했고, 제 나라 시민의 신뢰와 지원을 마침내 잃고 말았기 때문이라고 서술하고 있다. "민중이 정치에 참여하고 행동에 나서는 새로운 세계에서 결정적이었던 건 무력 자체가 아니라 민중의 집단적 의지였다."[13] 바꿔 말해 믿음이 폭력보다 더 효과적일 수도 있다는 것이다. 폭력이 국가의 힘이라면 상상력과 비폭력은 시민사회의 힘이다.

셸의 주장에 따르면, 비폭력은 지난 세기 동안 세계에서 점점 더 강력해지면서 전쟁과 폭력에 맞서는 힘이 됐고, 그렇게 됨으로써 점점 더 많은 권력이 평범한 시민층의 몫이 됐다. 그의 주장은 이라크 전쟁 개전을 알리는 일제공격 기간 동안 놀림감이 되기도 했지만, 그 진창 같은 전쟁과 그에 대한 세계 도처의 반대는 그의 입장을 강화해주었다. 간디의 인도나 마틴 루서 킹의 미국 남부뿐만 아니라 사람들이 별로 눈여겨보지 않았던 곳에서 비폭력 운동이 일어나 중요한 역할을 하게 되는 것을 보면 매우 큰 희망을 품게 된다. (비폭력 직접행동이 성공을 거둔 최근의 다른 예를 몇가지 들어보자. 베오그라드의 학생들은 그 도시 거리에서 참을성 있게 직접행동을 벌인 결과 밀로셰비치를 무너뜨림으로써 세계 열강조차 못 해낸 것을 성취했고, 대부분 토착민으로 구성된 볼리비아의 농민들은 대통령을 몰아내는가 하면, 뿌에르또리꼬 사람들은 비에께스섬에서 미국 해군을 축출했고, 멕시코의 거대한 가두시위는 연금과 에너지의 민영화를 막아냈다.) 이건 우리에게 세상을 만들어나갈 힘이 있다는 사실을 일깨워준다. 셸은 이어서 말한다.

개개인의 마음과 생각이 바뀌고, 바뀐 사람은 서로를 의식하게 된다. 또다른 사람들은 대담성에 감염이라도 된 듯 대담해지고, '불가능한 것'이 가능해진다. 그 일은 삽시간에 일어나 적들만큼이나 행위자들 자신도 놀란다. 그리고 갑자기, 거의 생각만큼이나 빨리─생각의 변화가 실상 이 모든 과정을 작동시켰거니와─바로 전에 그처럼 완강해 보이던 구체제가 신기루인 양 사라진다.[14]

희망을 다룬 글이 요즘 늘어나고 있다. 1785년에는 노예나 이전에 노예였던 자, 소수 퀘이커교도와 마음이 고운 복음주의자 들 말고는 영국의 어느 누구도 노예제에 관해 생각하지 않았다. 애덤 혹스차일드는 2005년에 펴낸 책 『사슬을 묻어라』에서 여남은명의 창의적 행동가들이 지금의 지하철 뱅크 거리 역 부근 조지야드 2번지에 있는 런던의 한 인쇄소에 집결했던 이야기를 쓰고 있다.[15] 그 순간 이후, 희망을 품은 이 한줌의 사람들은 반세기 뒤 대영제국에서 노예제를 철폐하게 되고, 또 그보다 4반세기 정도 뒤에는 미국에서 노예제를 종식시킬 철폐 운동을 시작하는 데 힘을 보태게 될, 하나의 운동을 일으켰다. 그 이야기의 일부분은 몇몇 핵심 인물들의 상상력과 결단에 관한 것이지만, 그것의 또다른 부분은 사람들의 마음속에 일어난 변화였다. 노예제를 옹호하는 권력 있는 자들에게는 그 제도가 이익이 되겠지만, 노예제를 종식시키기에 충분할 만큼 많은 사람들이 마음을 바꿔 그 제도가 참을 수 없이 잔인하다고 믿게 됐다. 대중의 마음을 바꾼 건 논쟁, 설교, 사설, 팸플릿, 대화 등이었지만, 결정은 주로 런던에서 (목격자들과 해외의 노예반란에 고무돼) 이루어졌으니, 이야기 또한 마음의 변화를 일으키는 데 일조했던 셈이다. 잔혹상은 대체로 관객들의 시야 바깥에 있었다. 노예제 철폐를 하나의 대의로 세우고 승리로 이끄는 데는 상상력과 감정이입과 정보가 필요했다. 그 50년 사이에 노예제 반대는 급진적이라고 취급받던 것에서 일상적 정서로 변했다.

우리 시대에는 이야기가 더 빨리 움직인다. 범죄이자 정신질환으로 분류되던 동성애가 평범한 일상적 삶이 지닌 다양성의 일부로 널리 받아들여진 데는 40년도 채 걸리지 않았다. 반발이 있긴 하나 그 반발이 아무리 영악하다 해도 시간을 되돌리거나 지니를 마법램프 속에 도로 집어넣을 수는 없다. 여론조사에 따르면 동성애혐오는 젊은 층보다 나이든 축의 속성이고, 세대가 바뀌면서 사회는 점차 그것에서 벗어날 것이며 또 실제로 벗어나고 있는 중이다.

노예제에 대한 입장이 그랬듯 그런 변화는 법원 판결이나 여론조사에서나 감지될 정도로 매우 조금씩 일어났지만, 날씨의 변화처럼 저절로 일어난 것은 아니었다. 그건 노력이 ── 행동가들뿐만 아니라, 성에 관한 다른 입장과 다른 종류의 가족관을 내세운 화가, 작가, 코미디언, 영화제작자, 시위행진을 조직하고 거리로 나선 저 모든 사람, 자신의 가족과 사회에 스스로 게이이거나 레즈비언임을 공개하고 살아나가는 수백만의 평범한 개인, 두려움과 원한을 떨쳐버린 사람 들의 노력이 ── 불러온 결과였다. 이와 유사한 방식으로, 생각의 변화가 운동으로 이어지고 또 법의 변화로 이어져, 장애인의 삶과 권리를 근본적으로 바꾸어 놓았다.

법적 결정이 변화를 이끈다거나 판사들이나 입법자들이 법정이라고 불리는 극장의 문화를 이끈다는 이야기가 들릴지도 모르지만, 그들은 다만 변화를 승인할 따름이다. 변화는 대부분 언저리에서 중심으로 이동하기 때문에, 그들은 변화가 시작되는 곳에 있는 경우가 거의 없고 그것이 완결되는 곳에 있을 따름이다. (18세기 말에 노예제 반대 입법을 줄기차게 주장했던 국회의원이 한명 있고, 현재 진행 중인 전쟁에 반대했던 여러 상원의원과 일부 하원의원도 있긴 하지만, 반대는 의회 바깥에서 훨씬 강력했다.) 대사의 많은 부분이 다른 곳, 보이지 않는 곳에서, 기업과 엘리트뿐만 아니라 (양심을 찌르고 현상을 변화시키는) 대중적 운동에 의해서도 씌어지므로, 정작 무대에 선 인물들은 배우 또는 꼭두각시라고 할 수도 있다. 발본적 변화의 힘이 자리 잡은 곳은 이런 도외시되는 지점이다. 이런 곳, 그리고 중심으로 가는 구불구불한 길 위에 그런 힘이 자리 잡거니와, 중심에 도달하면 이 새로운 생각들은 무대 위 배우의 대사가 되면서 ── 배우는 저 스스로 대사를 썼다고 믿겠지만 ── 더이상 새롭지 않게 된다. (스탈린이 언젠가 다음과 같이 말한 것으로 알려져 있다. "생각이 총보다 더 위험하다. 우리가 적에게 총을 갖는 건 허용하지 않으면서 생각을 갖는 건 왜 허용하겠는가?")

　이런 이야기와 신념은 어떻게 주변에서 중심으로 이동하는가? 이야기의 먹이사슬이나 분포 패턴 같은 것이 있단 말인가? 이야기가 바이러스처럼 번진다거나 생물 종種처럼 다른 서식지로 퍼진다거나 다른 형태로 진화한다고 상상할 수 있는가? 이야기가 불처럼 번진다는 주장조차 가능하다. 불은 지극히 극적이라 할 수 있는 반면, 이야기는 아무도 지켜보지 않는 사이 몰래 스며든다는 차이가 있지만 말이다. 가난한 유색인 아이들의 거리에서 패션이 배태될 가능성이 더 큰 것처럼, 새로운 이야기는 주변적 지역에서 몽상가, 급진주의자, 이름 없는 연구자, 젊은이, 가난한 자에게서 ── 무시당하고 있으나 중요한 역할을 하는 사람들에게서 ─ 비롯될 가능성이 크다. 부분적으로는 너무도 많은 관심이 무대 중심에 집중되기 때문에, 중심에 이르는 길은 논의는커녕 탐색되는 일조차 거의 없다.

언저리로 밀리는 건 주변화되는 것이고, 중심으로 되밀고 들어가는 건 비난받고 범죄시되기 일쑤다. 언저리는 말뜻 그대로 주변적인 것, 여백 같은 것이지만, 위험하고 불미스러운 것으로 묘사되기도 한다. 스코틀랜드의 한 경찰서에서 나는 최근 몇년 사이에 당한 아주 충격적인 일 가운데 하나를 겪었다. 지갑 분실을 신고하는 과정에서 나는 지명수배 포스터 하나를 보게 됐는데, 그들은 강간범도 살인범도 아닌, '자본에 반대하는 카니발'과 여타 떠들썩한 행사 같은 시위에 참여한 독특한 머리 모양에 귀를 뚫은 아이들이었다. 그 시위로 일상활동에 지장이 생기긴 했지만 해를 입은 사람은 없었다. 그래, 이들이 국가를 가장 위협하는 범죄자들이라고? 그렇다면 국가는 허약하고 우린 강력하지.

자신이 품은 두려움의 진정한 내용이 불미스럽고 불안한 탓에 사람들은 그 두려움의 대상을 손쉬운 표적에게 옮겨놓는데, 나는 요즘 그런 표적을 '안전한 위험'safe dangers 이라 부른다. 미국에서는 부시 행정부와 주류매체, 시장과 경찰서장 등이, 제1차 수정헌법에서 보장된 언론 및 집회의 권리 및 간디와 킹 목사의 비폭력 전술을 활용하는 행동가들을 (폭탄을 심고, 산酸을 뿌리고, 경찰을 공격하는) 테러리스트라고 묘사해왔다. 다른 정부들 — 특히 저 수배자 포스터를 제작하고 1994년에는 대범죄정의령을 반포한 영국 정부 — 도 마찬가지 일을 해왔다. 그들은 시민권 옹호자, 참정권 확장론자, 노예제 폐지론자가 탄압받던 당시에 그랬듯, 이 거리행동가들의 위험이 어떤 종류의 것인가를 의식적으로는 아니더라도 고집스럽게 오인하려 든다. 현상유지에 행동가들이 위협이 된다고 인정하는 건, 첫째, 유지해야 할 현상이 존재한다는 것을 인정하는 것이요, 둘째, 그 현상이 부당하거나 정당화되지 않을 수도 있음을 인정하는 것이며, 셋째, 그 현상이 열정적인 사람들과 비폭력적 수단에 의해 실제로 변할 수 있음을 인정하는 것이다. 이것을 인정하는 건 그들의 권력과 그 정당성의 한계를 인정하는 것이다. 따라서 행동가들을 주변화하는 편이, 즉 그들을 그저 난폭한 범죄자들처럼 위험할 뿐인 가장자리의 어중이떠중이로 묘사하는 편이 더 낫다. 그리하여 현상유지에 대한 진정한 위험은 또다른 '안전한 위험'으로 탈바꿈된다. 그렇게 주변의 힘과 정당성은 부정된다. 각광 속의 사람들이 부정한다고 해서 우리가 그들의 말을 믿을 필요는 없다.

　나는 한때 그들의 말을 믿었다. 불가능할 만큼 멀어 보이던 일들이 어떻게 해서 일어나게 됐는가를 생각하노라면, 15년 전쯤 내가 얼마나 주변부를 경시했는지를 기억하게 돼 당혹스럽다. 당시 나는 아파르트헤이트 반대 운동의 일환으로 대학 캠퍼스에 설치된 판잣집들을 남몰래 비웃곤 했으니까. 그처럼 동떨어지고 입장 대립이 완강한 문제를 두고 사람들이 항의한다는 것이 헛돼 보였다. 그러나 그때, 남아프리카공화국에서 사업을 벌이던 기업이 대학 기금을 철회하면서 남아프리카공화국 제재 운동에 큰 계기를 마련해주었다. 제재 운동은 아파르트헤이트 종식의 자극제가 됐다. 앞으로 이루어야 할 일은 불가능해 보이지만, 일단 이루고 나면 불가피한 일로 보인다. 1900년에는 여성이 투표권을 갖는다는 생각이 혁명적인 것으로 보였으나, 이제는 여성이 그럴 수 없다는 생각이 별나 보인다. 하지만 관청의 문에 제 몸을 사슬로 결박하고, 본드 거리의 창을 죄다 박살내고, 여러달을 감옥에서 지내고, 단식 투쟁을 하다가 강제급식을 당하고 언론에 매도당했던 참정권 운동가들에게 시간을 거슬러 사과하는 이는 아무도 없었다.

펜실베이니아의 타운들이 법인을 —미국에서 위험스럽고 비민주적으로 폭넓은 권리를 기업에게 부여하는 법적 지위를— 없애려고 노력하는 중이라는 멋들어진 이야기를 읽으면서 나는 다시금 이것을 생각했다. 그건 중심을 향해 이동해가고 있을 법한 구상들 중 하나로 보였지만,

10년 안쪽에 『타임』이 민주주의가 일종의 기업 군주제로 변모하고 있음을 문제 삼게 된다거나 『뉴욕 타임스』가 기업 헤게모니의 기반인 법적 원리의 효력상실을 보도하게 된다고 해도, 그 문제에 관해 남보다 일찌감치 주장한 덕분에 최루탄 세례를 받곤 했던 한 무리의 급진적 교수들이나 남루한 반자본주의 거리행동가들에게 그들이 고마움을 표하지는 않을 것이다. 어떤 상원의원이나 전국 텔레비전 뉴스에 나온 이가 "숲 덤불에 가려 뵈지도 않는 저 괴짜들이 높은 곳에 있는 우리가 눈이 어두울 때 미래를 내다봤지요"라고 말하는 순간은 결코 오지 않을 것이다. 그 대신 법인제의 위험은 상식, 즉 모두가 늘 알고 있던 것이 돼 있을 터다. 이건 이야기가 남몰래 이동한다는 뜻이다. 우리가 지금 믿고 있는 건 뭐든 그저 상식이거나 항상 알고 있었던 것일 뿐이라는 가정은 체면을 세우는 방법이다. 그건 또한 이야기와 이야기하는 사람의 힘을, 주변부의 힘과 변화의 잠재력을 망각하는 방법이기도 하다.

30년 전 에드워드 애비는 『멍키 렌치 패거리』라는 소설을 썼는데, 소설의 주인공은 그랜드캐니언 위쪽을 막아 콜로라도강을 목 조르고 있는 거대한 사막의 댐인 글렌캐니언 댐을 폭파한다. 그 소설이 급진적 환경운동 조직 '지구 먼저!'의 탄생을 촉발하는 데 일조하긴 했지만, 댐을 없앤다는 건 당시로서는 엄청난 발상이었다. 1981년 그 단체는 댐의 아래위로 거대한 금이 간 형상을 담은 300피트짜리 비닐막을 펼쳐 보임으로써 자신의 존재를 선언했고, 그 순간 이후 댐은 다시는 전처럼 영원불변해 보이지 않게 됐다.

1956년에서 1963년 사이 논란 속에서 건설됐던 그 댐을 허무는 것이 최근에 와서는 점점 더 합리적이고 가능한 것처럼 보이게 됐다. (지구온난화 현상이나 장기적 가뭄 때문에 댐의 저수량이 37%로 떨어졌다는 사실도 문제가 되지 않았다.) 미국 내 145개 이상의 소규모 댐이 이미 해체됐고 유럽 전역에서도 여러 댐이 허물어졌으니, 새로운 시대가 이미 소리 없이 슬그머니 찾아든 셈이다. 중국과 인도의 거대한 새 댐 공사는 이미 사라지고 있거나 사라져버린 시대를 좇으려는 관료들의 시도일 따름이다.

내 친구 칩 워드가 새로 낸 책 『희망의 지평』에서 추적하는 이야기 가운데 하나는 글렌캐니언 댐을 해체하려는 구상이 지지를 얻어가는 과정을 다룬다.[16] 만약 그 구상이 실현된다면 그것이 언제나 옳기라도 했던 것처럼 보이게 될 터이고, 그것을 애초에 옹호했던 사람들은 괴짜, 극단주의자, 비현실적 몽상가일 따름이므로 잊히게 될 것이다. 무대 중심에 있는 사람들 가운데 인종분리와 인종 간 결혼의 금지를 지지했던 시절을 기억하는 사람들이 거의 없는 것처럼, 그들 중 어느 누구도 지금 보면 엉터리 과학이나 엉터리 공학에 불과한 것을 자신들이 지지하던 시절을 기억하지 않을 것이다. 사회가 항상 변화하고 있음을 인정하고 싶지 않은 그들에게 기억상실증은 자신들이 사회적으로 정당하다고 느끼는 데 필수적이다.

엊그제 내게 보낸 편지에서 칩은 다음과 같이 썼다.

행동가로서 내가 관찰한 바로는 어떤 이야기가 논쟁적 성격을 띠면서 힘 있는 자들을 위협할 경우, 논조가 좀더 신랄한 대안적 주간지의 위험에 대해 좀더 융통성 있는 입장을 지닌 젊은 저널리스트에게 우선 그 이야기를 건네줘서 이야기를 '접종'할 필요가 있을 듯해요. 먹이사슬의 다음 단계는 공영 라디오 방송국이 될 수도 있겠지요. 그 이야기가 기사화되면서 준비 작업이 끝났는데도 고발당하는 사람이 없으면, 그제야 나는 유명 신문의 기자에게 그것에 관해 쓰게 하거나 텔레비전 기자에게 그것을 다루게 할 수 있어요. 이렇게 하는 건 부분적으로는 기자들이 편집진에게 확신을 줘야 하기 때문이지요. 편집진은 소심한 친구들이라, 기사에서 비판의 대상이 될 법한 사람들과 어울려 골프를 치는 광고주들과 그들의 상사인 기업가들의 눈치를 봐야 하는 언론사 경영진의 지시를 따라야 하거든요.[17]

분명 이건 실제로 먹이사슬처럼 보인다. 칩의 생각에 의하면 텔레비전 네트워크가 대안매체의 배설물을 먹고 있는 격이므로 전도된 먹이사슬이라고 해야겠지만.

덧붙이자면, 칩은 유타주로 이사해 결국 미국의 가장 강력한 환경운동가 중 한 사람이 됐다. 그의 처남이 애비의 또다른 책『사막의 고독』을 읽고 사막으로 직접 이사한 다음, 붉은 암석으로 이루어진 협곡이 얼마나 장관인가를 써보냈던 것이다. 그러니까 애비는 그 자신이 대단한 행동가가 아니었음에도 우리 시대 가장 맹렬한 행동가 몇몇을 탄생시키는 데 큰 역할을 했던 셈이다.

애비가 준 영감에 힘입어 형성된 집단은 '지구 먼저!'의 영국 지부를 낳았고, 그 지부는 최근 영국 역사에서 아마도 가장 성공적인 직접행동 운동일 성싶은 강력한 도로 반대 운동 단체로 변신해갔다. 500개 이상의 도로건설안이 취소됐다. 이 도로 반대 운동에서 '거리를 되찾아라' 운동이 생겨났는데, 이 운동은 1990년대 말 기업 주도 지구화에 저항하는 운동에 기여할 수 있는 무언가를 북반구에 제공해준 다수의 창조적 전술과 입장을 촉발하면서 행동주의 운동의 양상을 바꾸어놓았다. 애비의 책들의 영향을 추적할 수 있는 건 그 책들이 그림자 속 깊이 묻혀 있지 않았기 때문일 뿐, 이 책들만이 변혁의 씨앗인 건 아니다. 그 너머 헤아릴 수 없이 많은 다른 변화의 원천이 존재한다.

이야기는 그림자로부터 각광 속으로 다가간다. 무대는 우리의 힘 없음을 극화하지만, 그림자들은 우리 힘의 비밀을 보여준다. 이 책은 그림자들의 역사, 희망을 잉태한 어둠의 역사다. 지금 이 순간의 역사를 다시 쓰면서 나는, 대통령선거나 전쟁이 아니라, 그림자들이 이 새천년을 연이은 놀라운 성취로써 맞아들였던 이야기로 시작하려 한다.

나는 베를린 장벽이 세워지던 해 여름, 미국과 소련 간의 냉전으로 그림자 진 세계에 태어났다. 핵전쟁이 임박했으며 그런 전쟁이 일어나면 세상이 끝장날 거라고 당시 많은 이들은 생각했다. 사람들은 언제나 세상의 종말을 곧잘 상상하는데, 그런 종말을 그려보는 건 종말 없는 세상에서 이어지는 변화의 기이한 곁길들을 그려보는 것보다 한결 쉽다. 1960년대 초, 국제정세는 교착 상태에 빠져 있었지만 다른 영역에서는 많은 것들이 꿈틀대고 있었다. 시위대를 다루는 경찰들뿐만 아니라 양심이 깨어났거나 인내심이 닳아 없어진 미국 사람들 입장에서 보아도 시민권 운동은 현상태를 이미 위기로 바꾸어놓았다.

　그해에 '평화를 위한 여성파업'이 창설됐고, 수십만 여성이 전국 100여개 지역에서 동시에 일일파업을 벌이면서, 곧 탄생할 여권운동의 예표^{像表}, prefiguration이기도 했던 반핵 평화 운동을 출범했다. 그해 세자르 차베스는 지역조직 운동가 일을 떠나 캘리포니아 농장노동자들을 노조로 묶으려는 생각을 하고 있었고, 과학저술가 레이철 카슨은 1962년에 출간된 살충제에 관한 기념비적 비판서 『침묵의 봄』을 탈고하던 참이었다. 시민권 운동이 구체적 소득을 얻어냈을 뿐만 아니라 인종과 정의에 관해 상상하는 방식을 바꾸었듯, 카슨의 책은 DDT가 미국에서 사용 금지되는 데 — 그리하여 많은 조류종이 멸종하는 것을 막는 데 — 일조했을 뿐만 아니라, 자연이 비활성적 대상들이 아니라 상호작용하고 상호연결된 체계들로 이루어져 있다는 세계관, 즉 장차 생태적^{ecological}이라고 불리게 될 세계관을 대중화하는 데도 일조했다. 생태적 사고는 차츰차츰 주류 속으로 흘러들어서, 지구와 거기서 진행되는 과정들, 불, 물, 공기, 흙, 생물 종, 상호의존성, 생물다양성, 분수계, 먹이사슬 등에 관해 상상하는 방식을 변화시켰다. (앞의 개념들 중 몇몇 뒷부분은 최근 들어 흔히 쓰이는 어휘가 되기도 했다.) 1962년에는 미국 내 학생운동 단체들의 핵심 조직인 '민주사회를 추구하는 학생들'이 창립됐고, 환경운동이 공공의 상상력과 공공의 담론에서 중요성을 띠기 시작했다.

내가 태어날 당시 세상에는 상환청구권이 거의 또는 전

혀 없었고, 인종차별적 조사행위racial profiling, 증오범죄, 가정폭력, 성희롱, 동성애혐오 및 여타 배제와 억압의 형태들을 나타내는 단어조차 없었다. 나의 나라, 지금이건 그때건 민주주의의 보루를 자처하는 나라에서, 몇몇 아이비리그 대학은 여성을 받아들이지 않았고 여러 남부 대학은 백인만 받아들였으며, 적지 않은 엘리트 기관들은 여전히 유대인을 금지하고 있었다. 낡은 삶의 방식이 사라지고 있긴 했지만, 종교, 성애, 생활 방식, 음식과 소비 패턴 등에 관한 결정의 폭이 훨씬 더 좁은 세상이었다. 원시적 광야, 가족경영 농장, 소기업, 독립매체, 지역풍속, 토착민의 관습 등은 기업 주도 지구화라는 초신성으로 떠오르게 될 동질화, 합병, 상업화의 포위공격을 받고 있었고, 이런 뿌리뽑힘에 저항할 근거가 될 전제들마저 여전히 대체로 걸음마 수준에 있었다. 자신의 가장 정치적인 소설을 "최고의 시절이었고 최악의 시절이었다"라는 구절로 시작했을 때 찰스 디킨스가 이해했듯, 세계는 이런 식으로 변한다. 대개 그렇다.

'1960년대'라고 불리게 된 시기는 착종된 유산과 많은 모순을 남겼다. 하지만 그 시기가 모든 것에 문제를 제기했던 까닭에, 뒤이은 모든 변화에서 가장 근본적이고 가장 만연한 것으로 보이는 점은 권위에 대한 ─ 정부, 가부장제, 진보, 자본주의, 폭력, 백인성 등의 권위에 대한 ─

믿음의 상실이었다. 답 — 대안 — 이 언제나 명확하고 손쉬운 건 아니나 질문과 문제제기는 어떻든 뜻깊다. 여기서 가장 중요한 건 변화의 심오성을 감지하는 것, 냉전시기 여름의 저 순간으로부터 우리가 얼마나 멀리 왔는가를 감지하는 것이다. 몇십년 전에는 미래가 상상조차 할 수 없이 어두워 보였지만, 우린 평범한 대낮의 밝음 속에서 그 미래를 살아가고 있다. 극히 분방한 과학소설조차도 예상하지 못했던 (일상적 역할과 생각과 습성의) 임박한 변화보다는, 세상의 종말을 그려보는 것이 그 당시 사람들에게는 더 쉬웠다. 어쩌면 우리가 변화에 너무 쉽게 적응하지 말았어야 했던 건지도 모른다. 우리가 매일매일 놀라는 편이 나았을 수도 있다.

　나는 베를린 장벽이 세워지던 그해 여름에 태어났고, 28년 뒤 1989년 11월 9일 그 장벽이 허물어지는 광경을 실황중계로 보면서 울었다. 그 육중한 벽은 냉전 자체만큼이나 영원할 것 같았으므로, 밀려 넘어오는 동독 사람들과 거리에서 축하하는 사람들은 상상할 수 없을 정도로 놀라워하고 기뻐하며 감동에 겨워했다. 동독 당국은 벽을 가로질러 질서 있게 오가는 것을 허용했을 뿐, 경계선인 벽 자체를 없애는 건 허용하지 않았다. 경비병들이 통제를 완전히 포기했던 건 양쪽에서 너무도 많은 사람들이 몰려들었기 때문이다. 욕망이나 희망 말고는 아무런 무장도 하지 않은 사람들이 벽을 허물었다. 압도적으로 불리한 상황에 맞선 결단이 불러온 변화가 기적이라고 할 수 있다면 그해는 기적의 해였고, 어쩌면 유사 이래 가장 위대한 혁명의 해, 1848년보다 더 위대하고, 1775년이나 1789년보다도 훨씬 더 위대한 해였는지도 모른다. 그해 5월에는 천안문 광장에 모인 학생들이 중국 정부의 권위에 최초로 직접 도전했다. 그들은 비록 패배했지만 그들의 도전은 연이어질 혁명 또는 계시의 시작일 따름이었다. 1989년 말에는 30년 가까운 투옥 생활을 벗고 만델라가 남아프리카공화국의 감옥에서 풀려났다.

중부 유럽에서는 그해 가을 폴란드, 동독, 헝가리, 체코슬로바키아가 세계의 다른 지역에서 형성된 비폭력적 방법을 축제 벌이듯 멋들어지게 활용하면서 줄지어 스스로를 해방했다. 소비에뜨권 몰락의 여파 속에 소련도 붕괴했다. 아니, 민중의 의지와 당시의 별난 대통령 고르바초프의 인도, 그리고 권력을 놓아버리려는 그의 의지에 힘입어 해체됐다고 하는 편이 낫겠다. 1991년 성탄절에 소련이란 더이상 존재하지 않았다. 혁명 가운데 몇몇은 점점 더 대담해져가던 민주적 조직화, 특히 폴란드 연대 운동의 조직화의 결과로 일어났는데, 폴란드에서는 10년에 걸친 신중한 정지整地 작업 끝에 그해 6월 자유선거가 실시됐다. 하지만 다른 경우들은 더 놀라웠고 더 자연발생적이었다. 거리에서 벌어진 행진, 시민으로서의 권리를 행사해야 한다는 민중의 주장, 목소리 없던 자들이 갑자기 목소리를 내게 된 일 등이 세계질서가 붕괴 직전에 있는 듯했던 순간의 중심적 행동들이었다. 자신들이 자유로운 것처럼 행동함으로써 동부 유럽 민중은 자유를 얻었다.

미래로 가는 길은 흔히 과거를 통해 나 있다. 그리하여 헝가리와 체코슬로바키아에서는 정치적 순교자들을 기리는 행진이 살아 있는 자들을 해방하는 비폭력혁명으로 변했다. 정치로 가는 길은 흔히 문화를 통해 나 있다. 예컨대 신년 벽두에 발표된 도전적 선언문인「77헌장」을 촉발했던 건 체코의 밴드 '우주의 플라스틱 민중'Plastic People of the Universe에 대한 1976년의 탄압이었으며, 그 헌장에 서명했던 사람 중 몇몇은 1989년에 핵심적 역할을 했다. 서명자 중 한 사람인 극작가 하벨은 공산당 지배를 벗어난 체코슬로바키아의 대통령이 되기 한참 전에 다음과 같이 썼다. "느닷없이 발생한 일은 물론 아니었지만, 그런 인상을 받는 건 이해할 만하다. 혁명으로 이어진 부글거림은 '숨겨진 영역'에서, 상황을 식별하거나 분석하는 것이 어려운 어슴푸레한 곳에서 일어났으니까. 헌장의 출현을 예측할 가능성은 그것이 지금 어디로 이어질지를 예측할 가능성만큼이나 희박했다."[18]

로큰롤의 경우에도 이와 마찬가지로 기이한 궤도를 추

적할 수 있다. 로큰롤은 미국 남부의 아프리카, 스코틀랜드—아일랜드 음악 전통에서 배태돼 세계 전역으로 번져감으로써, 한때 미국 남부 특유의 것이었던 음악이 유럽 동부의 반체제 운동에 불가결한 음악이 됐다. 헨리 데이비드 소로우, 노예제 폐지론자, 똘스또이, 여성참정권 운동가, 간디, 마틴 루서 킹, 그리고 그밖의 다양한 사람들이 한 세기 이상에 걸쳐 빚어낸 시민불복종과 비폭력의 원칙은 장차 세계 모든 곳에서 해방의 표준적 도구가 되는데, 이 과정이 그리는 궤도 또한 의표를 찌른다. 원자폭탄이 20세기 최악의 발명이라면, 시민불복종과 비폭력은 원자폭탄의 안티테제이면서 20세기 최고의 발명일지도 모른다. 아니 어쩌면 음악도 셈에 넣어야 할 것이다. (시민권 운동과 로큰롤이 모두 아프리카계 미국인 사회에서 탄생해 세상을 바꾸게 됐다는 건 저 모든 궁핍과 억압에도 불구하고 놀랍도록 풍성한 저항의 힘이 존재함을 말해주는 동시에 역사의 기이한 작동 방식을 말해주기도 한다.)

우리가 지금 살고 있는 새 시대는 별일 없이 지나간 2000년 (혹은 역법을 까다롭게 따지는 사람에 따른다면 2001년) 1월 1일에 탄생한 것이 아니다. 새 시대는 여러 단계에 걸쳐 탄생했을뿐더러 아직도 태어나고 있는 중인데, 각각 1989년, 1994년, 1999년, 2001년, 2003년에 속한 이들 다섯 날짜는 산통, 또는 위급상황으로부터의 발생emergence

out of emergency에 해당한다. 새천년 도래의 순간이 시간의
종말로서 예견된 지는 오래다. 하지만 그건 오히려 모종의
시작, 점점 더 인식 가능해지면서도 여전히 이름 붙여지지
않았고 여전히 인식되지 않은 어떤 것의 시작, 희망의 새
로운 근거의 시작이다.

07

새천년의 도래

1994년 1월 1일

1994년 1월 1일, 토착민 남녀와 아이 들로 구성된 게릴
라군이 라깐도나 정글과 멕시코 최남단 주 치아빠스의 산
중에 있는 자신들의 집에서 나와 다섯개 읍을 기습점령함
으로써 세계를 놀라게 했다. 20세기 말에 활동한 또다른
멕시코 토착민 반란지도자 에밀리아노 사빠따에 대한 존
경의 뜻에서 그들은 스스로를 '사빠띠스따'라고 불렀고
자신들의 철학을 '사빠띠스모'라 불렀다. 소비에뜨권의 몰
락은 자본주의의 승리로 포장됐고 자본가들은 '자유시장'
이 곧 민주주의와 자유를 뜻한다는 자신들의 주장을 더 빈
번히 내세웠으며, 1990년대에는 신자유주의가 등장하게
된다. 사빠띠스따는 NAFTA, 즉 북미자유무역협정이 발효
되면서 미국과 멕시코, 캐나다의 국경이 열린 바로 그날을

봉기의 날로 택했다. 사빠띠스따는 향후 10년간의 경험이 입증한 것 ── 북미자유무역협정이 멕시코의 수십만 소규모 자영농과 아울러 농촌의 전통적 삶의 일부에 내려진 경제적 사형선고였다는 것 ── 을 이미 인식하고 있었다.

현란한 포고문과 선언문을 통해 사빠띠스따는 제4세계의 탄생과 아울러 신자유주의에 대한 발본적 거부를 선포했다. 그들이 대단한 군사력을 지닌 건 아니었지만, 그들의 지적 능력과 상상력은 경이로웠다. 급진적 역사가이자 행동가인 엘리자베스 마르티네즈는 다음과 같이 썼다. "사빠띠스모는 전위가 민중을 선도한다는 생각을 거부한다. 그 대신 사빠띠스모는 꼬뮌적 민중의 힘, 풀뿌리의 자율성을 확언한다. (…) 사빠띠스따는 자신들이 권력을 장악하려는 것이 아니라, 전과 다른 투쟁 방식을 활용해 시민사회에 권력을 되돌려줄 거대한 운동에 기여하려는 것이라고 말한다."[19] 그들은 하나의 구체적 혁명을 실현하게 됐을 뿐만 아니라 이를테면 혁명의 성격에 대한 혁명을 일으키게 됐던 것이다. 그들은 권력의 역학과 이전의 혁명들을, 자본주의와 식민주의와 군사주의를, 성차별과 인종주의를, 그리고 때로는 맑스주의를 비판했으며, 어떤 행동과 운동에서건 여러 세력과 여러 목표가 상호작용한다는 것을 인식하고 있었다. 그들은 결코 사회주의자들처럼 단순하지 않았으므로 신자유주의 문제의 해결책으로 국가사회주의라는 낡은 구상을 내놓지도 않았다. 그들은 여성의 온전하고 대등한 권리를 인정했으며, 한 종류의 정의를 위해 다른 종류의 정의를 희생시키거나 뒤로 밀어놓으려 하지 않았다. 그들은 자신들의 혁명을 수출하려 들지는 않았지만 사람들을 초대해 각자의 지역에 맞는 혁명의 형태를 찾도록 했고, 엔꾸엔뜨로스encuentros 즉 '만남들' ── 일종의 회견 같은 것들, 꼬뮈니께, 사절 파견과 서신 왕래 같은 것들 ── 을 통해 자신들의 숲과 마을로부터 세계와의 대화에 나섰다. 나머지 우리에게 사빠띠스따는 놀라움으로 다가와 가장 주변적이고 무시되던 곳이 하룻밤 사이에 세계의 중심이 될 수 있다는 것을 입증해 보였다.

그들은 단순히 변화를 요구할 뿐만 아니라 체현하고 있었으며, 이 점에서 이미 승리를 거두고 있었다. "또도 빠라 또도스, 나다 빠라 노소뜨로스(모두에게 모든 것을, 우리에게는 아무것도)"가 그들의 금언 가운데 하나였으며, 그들은 멕시코 정부와의 싸움에서 이기기보다는 살아남았을 따름이지만, 모든 곳의 행동가에게 찬란한 가능성을 열어 보였다. 그들은 총으로 수행되는 물리적 행위와 (말, 이미지, 예술, 통신 등으로 수행되는) 상징적 행위 사이의 상호작용을 이해하고 있었으므로, 자신들의 미미한 무력을 통해서는 결코 이루지 못했을 것을 상징적 수단을 통해 쟁취해냈다. 사빠띠스따의 총 가운데 몇자루는 그저 총 모양으로 깎은 나무토막에 지나지 않았으니, 그들은 전쟁에 나선 군인이 아니라 마치 축제 행렬에 나선 연기자 같았다. 이 멋들어지게 연출된 축제 행렬은 멕시코 시민사회와 세계 도처에 있는 행동가들의 마음과 상상력을 사로잡았다.

사빠띠스따는 반단나^{bandanna}라고 하는 염색한 수건과 발라끌라바^{balaclava}라고 하는 얼굴까지 덮는 모자를 쓰고 산에서 내려왔는데, 그들은 대개 몸집이 작고 검은 눈을 가졌지만, 그들의 대변자는 어느 상황에서나 검은 발라끌라바를 쓴, 여러 언어로 말할 줄 알고 파이프 담배를 피우는 키가 큰 녹색 눈의 지식인이었다. 마르꼬스 부사령관은 1994년보다 더 여러해 전에 깜뻬시노^{campesino}(라틴아메리카의 농민, 농장노동자 — 옮긴이)를 해방하기 위해 나타났다. 그는 그 당시 품었던 관습적 좌파 이데올로기에서 해방됐으며, 새로운 종류의 정치담론을 만들어냈다. 마르꼬스의 목소리는 우리 시대의 위대한 문학적 목소리 중 하나로, 우의적인가 하면 역설적이고 통렬한가 하면 우스꽝스럽고 또 시적인데, 그의 글은 인터넷이란 새로운 매체를 통해 세계 도처에 전해졌다. 어떻든 그는 자신이 하급자, 부사령관이라고 주장하며 마스크를 쓴 채 익명을 유지하고 있으므로, 그의 말은 엄밀히 말해 자신의 생각뿐만 아니라 그 말이 제안하는 것을 실현해나가는 공동체의 생각을 표현하기도 한다. 그는 공동체의 나팔 역할을 맡은 독특한 목소리이면서, 생각과 행동 사이의 간극에 다리를 놓는 작가이기도 하다.

사빠띠스따 학자이자 행동가인 마누엘 칼라한은 사빠띠스따가 토착민의 어떤 상실된 꿈의 시간으로 시곗바늘을 되돌리기 위해서가 아니라 미래의 도래를 앞당기기 위해 등장한 것이라고 지적한다. 마르꼬스는 다음과 같이 말했다. "우리들 인디언이 나선 건 시계태엽을 감기 위해서, 그리하여 포용적이고 관용적인 복수형複數形의 미래가 도래하는 것을 담보하기 위해서인데, 실은 그것만이 유일하게 가능한 미래다. 그렇게 하기 위해, 우리의 행진으로써 인류의 시계가 행진할 수 있도록 하기 위해, 우리들 인디언은 아직 기록되지 않은 것을 읽는 기술에 의지한다. 그것이 우리를 토착민으로서, 멕시코 사람으로서, 그리고 무엇보다 인간으로서 살아 있게 하는 꿈이므로. 투쟁을 통해 우린 미래를 읽고 있다. 어제 이미 씨 뿌려져 오늘 경작되고 있으며, 싸움을 통해서만, 다시 말해 꿈을 통해서만 수확할 수 있는 미래를."[20]

다른 자리에서 마르꼬스는, 사빠띠스따가 정확히 무엇인지는 아닐지라도, 사빠띠스따가 무엇이 아닌지를 그닥지 않게 단도직입적으로 규정하면서 다음과 같이 말했다. 자신들이 처음에는 군대 같은 양상을 보였는데, 만약 그런 양상이 무장된 군사 구조로 고착된다면 그건 실패하기 마련이다. 대안적 사상, 세계에 대한 대안적 태도로서 실패인 것이다. 그것 말고 우리에게 일어날 수 있는 최악의 상황은 권력을 장악해서 혁명군으로 자리 잡는 것이다. 우리에게 그건 실패를 뜻할 것이다. 민족해방 운동과 더불어 출현했던 1960, 70년대 정치·군사 조직에게는 성공이라고 할 만한 것이 우리에게는 대실패가 될 것이다. 그같은 승리들이 결국 성공의 가면 뒤에 숨은 실패로 판명되는 것을 우린 이미 보았다. 결국 두 세력 사이의 분쟁이 되고 말았던 투쟁의 과정에서 민중의 역할, 시민사회의 역할은 언제나 미해결 상태로 남아 있었다.

　　조지 오웰의 『까딸로니아 찬가』는 작가의 스페인 내전 참전기록이면서 무정부주의자들과 공산주의자들 간의 내부 반목이 파시스트에 대한 그들의 저항을 허물어뜨렸던 기록이다. (파시스트는 히틀러와 무쏠리니의 도움을 받아 승리를 거두게 되지만, 그 승리는 영원하지 못했다. 1975년 프랑꼬가 죽자마자 스페인은 민주주의로 신속하게 복귀한다.) 오웰은 특정 정치노선을 추종하기에는 너무도 엄격하게 정직한 사람이었으므로 언제나 이데올로기들에서 결점을 알아차리곤 했다. 이데올로기와 수사법이 자유롭게 난무할 수 있을 정도로 추상적인 수준에 정신을 붙들어두는 것이 그에게는 불가능한 것 같았다. 파시스트와 충성파 무정부주의자들 사이의 참호전을 다루면서 그는 양쪽이 서로 외쳤던 구호에 관해 쓰고 있다. 오웰에 따르면, 무정부주의자들이 외쳤던 구호는 "파시스트 군인들은 오로지 국제자본주의의 하수인일 따름으로 자신의 계급에 맞서 싸우고 있다는 등의 설명으로 투항을 촉구했으며, 혁명적 정서로 가득 차 있었다. 그런 구호가 효과를 보았다는 건 분명하다. 파시스트 투항자들이 조금씩 생겨났던 것이 부분적으로는 그런 구호 덕분이라는 데 모두 동의했으니까".[21]

오웰의 말에 의하면, 자기 편에서 구호를 외쳤던 사람은

그 일의 달인이었다. 때때로 그는 혁명적 구호를 외치는 대신 파시스트들에게 그저 자기들이 그들보다 얼마나 더 잘 먹는가를 이야기했다. 정부의 급식에 관한 설명은 다소 상상의 소산이기 십상이었다. 을씨년스러운 계곡을 가로질러 그의 목소리가 울려퍼졌다. "버터 바른 토스트! 이쪽 우린 버터 바른 뜨끈한 토스트를 먹으러 막 자리를 잡는 참이네. 군침 도는 버터 바른 토스트일세!" 나머지 우리와 마찬가지로 그도 분명 지난 몇주 몇달째 버터를 구경조차 못 했을 테지만, 얼음처럼 차가운 밤에 버터 바른 토스트 이야기를 듣다보면 적잖은 파시스트 군인들의 입에 침이 고였을 법하다. 나는 그가 거짓말을 하고 있다는 것을 알고 있었지만 내 입에도 침이 고였다.

참호 속에서 토스트를 외쳤던 사람들은 이 시대의 정치적 언어 — 말뜻 그 자체보다 좀더 많은 것을 의미하고 이데올로기보다 좀더 관용적 정신을 지녔으며, 명령이나 비난보다는 권유에 가까운 장난기 있는 언어 — 를 예표했다. 토스트 어쩌고 하며 외치던 스페인 사람이 거짓말을 하고 있었던 게 아니라 창작을 하고 있었던 것이라고, 선동을 넘어 예술 창조에 이르는 참호문학을 창작하고 있었던 것이라고 할 수 있을지도 모른다. 그리고 나는 그가 말했던 것의 의미가 이런 것이 아닐까 생각해본다. 무정부주의자들은 정치적 수사의 추상적 표현 아래 구체적, 실제적, 육체적 욕망이 존재한다는 것을 알고 있었을 뿐만 아니라, 즉흥성과 유희성, 쾌락과 독립성의 여지를 남겨두었으므로 파시스트들보다 더 인간적이라고. 마르꼬스의 언어는 버터 바른 뜨끈한 토스트라는 무정부주의자의 수사법과 같은 부류로서, 사물 — 새, 빵, 피, 구름 — 을 표현하는 말과 더불어, 마음, 사랑, 존엄성, 그리고 특히 희망을 나타내는 말로 가득 찬 환기喚起와 묘사, 우화와 역설의 언어다. 그 언어의 해학은 반어적 상황과 불가능한 것, 불균형한 것을 인식한다. 그건 지구화 때문에 결집된 거대하고 이름 없는, 현재 진행 중인 운동의 언어, 도그마처럼 경직되지 않고 예술처럼 유연한 상상력에 의해 추동되는 하나의 또는 여러 운동의 언어다.

1996년 1월 1일, 라깐도나 정글의 제4선언이 발표됐다. 그 일부는 다음과 같다.

하나의 새로운 거짓이 역사의 이름으로 우리에게 선전되고 있다. 희망의 패배라는 거짓, 존엄성의 패배라는 거짓, 인류애의 패배라는 거짓이 (…) 인류애 대신 그들은 우리에게 증시지표를 내놓는다. 존엄성 대신 그들은 우리에게 비참함의 전지구화를 내놓는다. 희망 대신 그들은 우리에게 허망함을 내놓는다. 생명 대신 그들은 우리에게 테러의 국제동맹을 내놓는다. 신자유주의가 대변하는 테러의 국제동맹 대신 우린 희망의 국제동맹을 세워야 한다. 국경, 언어, 피부색, 성별, 전략과 사상을 넘어서, 살아 있는 인류애를 원하는 모든 사람들의 통일체를. 희망의 국제동맹을. 희망의 관료주의도 아니고, 우리를 절멸시키려는 세력의 역상逆像으로 그 세력과 닮은꼴이 되고 마는 그런 것도 아니다. 새 간판을 달거나 새 옷을 입은 권력도 아니다. 꽃. 그래, 저 희망의 꽃을 들어야 한다.[22]

사빠띠스따 봉기는 여러 종류의 혁명을 뜻했다. 그건 물에 던져진 녹색 돌멩이였으니, 그 파문은 여전히 퍼져나가는 중이고, 그건 한송이 꽃이었으니, 그 무게도 없는 씨앗들은 바람에 실려 갔다.

08

새천년의 도래

1999년 11월 30일

HOPE IN THE DARK

20세기의 끝이 다가오자 많은 사람들이 Y2K 문제 ─ 네 자릿수 연도 변화를 처리하도록 프로그램되지 않은 컴퓨터가 1999년 12월 31일 자정이 땡 하고 치면 어떤 식으로든 제 기능을 상실해서, 우리가 의존하고 있는 체제들이 붕괴하리라는 이론 ─ 에 골몰했다. 그건 일부 급진주의자들의 사고방식을 ─ 정당성이 입증되리라는 예상 때문에 매력을 지니게 된 병적 정신 상태를 ─ 잘 보여준 사례였다. 물론 그런 사태는 벌어지지 않았고, 덕분에 물과 건전지 판매만 늘어났다. 그리고 또다른 종류의 체제 붕괴가 한달 먼저 발생했다.

　나는 1999년 11월 30일 시애틀 거리를 걸으며, 새천년이 이미 이곳에 도래했다는 생각과 아울러 또렷한 의식을 지닌 채 역사 속을 살아가고 있다는 엄청난 희열을 느꼈던 일을 기억한다. 격자형 가로에 자갈이 깔린 오래된 도심 어디든 교차로마다 사람들이 모여들어 세계무역기구의 회합을 봉쇄했다. 노조운동가, 농업운동가, 인권운동가, 환경운동가, 무정부주의자, 종교집단, 학생과 할머니, 할아버지들이 참여했다. 세계무역기구는 국제무역을 통제하고, 나아가 좀더 중요한 목적으로, 이 무역을 제한하거나 관리하려는 다른 모든 세력을 억누르고 불법화하려는 목적에서 설립됐다. 세계무역기구에 반대하는 사람들은 때로 '지구화공포증 환자' 또는 '반지구화' 행동가로 불리지만, 지구화라는 용어는 많은 종류의 국제화와 경계 넘나들기에 적용될 수 있거니와, 우리가 반대하는 건 좀더 정확히 말해서 기업 주도 지구화와 그 이데올로기인 신자유주의, 또는 자본주의 그 자체다. 그런 까닭에 이제 이 운동은 때로 반자본주의로 불리기도 하지만 그보다 더 복합적이고 더 많은 것을 추구하며, 반자본주의라는 용어가 시사하는 것보다 고전적 맑스주의나 사회주의와 덜 비슷하다. 저항과 영감이 벌떼처럼 모여든 이 운동을 지구적 정의운동이라는 이름으로 부르는 것이 나는 좋다. 이 운동의 본질적 원리를 다른 식으로 압축해 말하자면, 이 운동은 기업 주도 지구화가 뜻하는 권력의 사유화 및 공고화에 초점을 맞추는 한편, 그에 대한 저항을 다름 아닌 세계를 ― 또는 특정한 투쟁이 개시된 지역을 — 다시 민주화하려는 투쟁으로 본다.

어떻든 이런 형태의 지구화는 자유시장이라는 미심쩍은 혜택을 빌미로 노동과 환경 및 농업 조건에 대한 지역적·지방적·민족적 자결권을 본질적으로 정지시킬 것이다. (그리고 그 혜택은, 일차적으로 자본의 권리를 보호하기 위해 행동하는, 책임을 물을 수 없는 초국적 당국자들의 관할사항이다.) 최근 열린 한 노동 포럼에서 구조조정으로 일자리를 잃은 미국의 금속노동자이자 노조원 데이브 베버드는 이 새로운 세계질서를 "기업의, 기업에 의한, 기업을 위한 통치"라고 말했다. 자유무역이 초래한 결과 중 많은 부분은 "바닥으로의 경주", 즉 가능한 한 최저임금 또는 최저가 농업생산을 추구하는 경향으로 귀착되는데, 이는 결과적으로 여러 방면에서 손실을 입혔다. 늘 하는 주장인즉슨 그같은 움직임이 산업에 좀더 많은 이윤을 남긴다는 것이지만, 그런 움직임은 노동자와 지역사회로부터 이윤을 앗아가 기업에 몰아주기 때문에 노동자와 지역사회 입장에서는 훨씬 적은 이윤을 보게 된다고 하는 편이 더 정확할 것이다. (더구나 이윤이라는 용어 자체는 다시 정의될 필요가 있다. 왜냐하면 증시는 온갖 종류의 파괴 행위는 이윤이 되는 일로 정의하면서도, 행복, 아름다움, 자유, 정의는 물론이고, 문화, 다양성, 장기적 안녕을 정의할 용어조차 없으니까.)

북미자유무역협정 및 그와 관련된 지구화 협정들에 대한 기업 측 의제가 어떤가는 인간의 건강과 환경에 심한 위해를 가하는 가솔린 첨가제 MTBE의 경우에서 멋들어지게 드러난다. 캘리포니아주가 그것의 사용을 금지하자, 캐나다 기업 메타넥스는 그 금지 조처로 인한 이윤상실에 대해 근 10억 달러의 배상을 미국 정부에게 요구하는 소송을 제기했다. 북미자유무역협정 규정에 의하면 기업은 지역법이 간섭할 수 없는, 이윤에 대한 절대권리를 지닌다. 우물에 독극물을 푸는 건 더이상 범죄가 아니고, 독극물의 자유로운 흐름을 막는 건 처벌을 받게 돼 있다. 이런 지구화의 또다른 예는 물 공급을 민영화하고, 야생식물과 전통적으로 경작돼온 식물의 유전자를 포함한 각종 유전자의 특허를 획득함으로써, 생활에 필요한 기본 물품의 상당 부분을 자유무역의 미명하에 상품으로 묶어두려는 다국적기업의 시도다.

　지구적 정의를 옹호하는 젊은 운동가들은, 흔히 이야기되듯, 지구화가 무력을 사용하지 않을 뿐 전쟁이라는 것을 이해하고 있다. 전쟁을 혐오하는 건 쉽지만, 난마 같은 금융 조작financial manipulation의 실상을 풀어헤치고 노동착취 작업장의 노동자와 삶터를 잃은 농민 들의 고통을 이해하는 데는 진지한 열정이 필요하다. 그리고 오늘날 영웅이 된다는 건 대체로 —— 높은 대중적 관심을 끄는 영웅 노릇을 하게 되는 경우도 있겠지만 ─ 난해한 정책을 고통스럽게 파헤치는 것, 하나의 대의를 위해 한해 또 한해 우직하게 버텨내는 것, 눈에 띄지 않는 곳에 있는 사람들과 공감하는 것, 분노의 물줄기를 헌신으로 돌리는 것 등이다. 이전에도 기업 주도 지구화에 대한 반대는 계속 있었고, 북미자유무역협정이 발효하던 날의 사빠띠스따 봉기는 특히 주목할 만한 사례지만, 시애틀은 점점 자라나고 있던 추동력을 결집했고 반대 운동을 도저히 무시할 수 없게 만들었다.

경제사학자 찰스 더버는 다음과 같이 썼다.

시애틀이 사람들을 흥분시킨 건 새로운 종류의 반대, 아마도 전적으로 새로운 종류의 정치가 미국과 전세계에서 태동하고 있다는 무의식적 인식 때문이었다. 시애틀은 주로 백인들의 집단이었다. 그러나 매우 중요한 사실은 인도, 멕시코, 필리핀, 인도네시아에서 온 사람들도 있었다는 것이다. 그 사람들은 자기 나라의 거리에서 시위를 벌였으나 시애틀에는 올 수 없었던 여러 영향력 있는 단체들과 수백만의 민중을 대표했다. 따라서 그 운동을 좀더 거시적으로 파악하고 지구화 행동가들의 대열이 세계 전역에 걸쳐 팽창하고 있음을 본다면, 이것이 참으로 국가를 가로지르는 운동이며 최초의 진정한 지구적 운동일 가능성이 매우 크다는 결론을 내릴 수밖에 없을 것이다.[23]

역시 시애틀에 참여했던 프랑스의 농민혁명가 조제 보베도 비슷한 반응을 보였다. "항의 운동의 새로운 시대가 미국에서 막 시작되려고 한다는 느낌을 받았다. 지난 세대의 실패와 무기력을 넘어선 정치의 새로운 시작이.[24]

지구적 정의운동은 오랫동안 결핍됐던 것을 진보적·급진적 집단에게 가져다주었다. 폭넓은 연합을 위한 기초 — 단일 부문만을 앞세우거나 쟁점들을 상호대립시키는 것처럼 보였던 1970, 80년대 운동에서는 매우 결핍됐던, 공동의 기반을 위한 기초 — 를 놓아줄 포괄적 분석을 제공해준 것이다. 물론 이건 지구화를 추구하는 기업들이 반환경적인가 하면 반민주적이고 또 그밖의 온갖 몹쓸 것들에 모조리 해당된다는 데서 부분적으로 기인한다. 하지만 반지구화 운동은 그 폭넓음과 탄력성 및 창조성에서 사빠띠스따와 마찬가지로 혁명을 새롭게 창조하는 데 한걸음 크게 내디딘 것으로 보인다. 사빠띠스따가 세계무대에 등장했던 그해, 급진적 지리학자 이언 보울은 다음과 같이 예언했다. "더 나은 세상을 향한 갈망이 (폐쇄와 배제의 거점들이 많은 만큼이나) 많은 저항 운동들의 상상적 집결 장소에서 일어나기 마련이다. 그 저항은 자본만큼이나 초국적적일 것이다."[25] 그런 저항은 시애틀 이전에도 영국의 '거리를 되찾아라' 운동과 도로 반대 운동으로, 프랑스와 인도의 유전자변형작물GMO 반대 운동으로, 라틴아메리카의 토착민 권리 운동으로 출현했지만, 그 저항이 무시할 수 없는 초국적적 존재로 등장한 건 미국의 저 좌측 상단 귀퉁이에서였다.

노조가 이끈 행진에 5만명이 동참하고 1만명이 도심 거리를 봉쇄하자, 그날 세계무역기구 회의는 중단되었고 마침내 취소되고 말았다. 회의 취소는 빈곤국가 대표단들과 비정부기구 대표들로 하여금 세계무역기구 회의에서 자신들의 입장을 고수하도록 격려했다. 이번 경우는 승리 — 회의 취소 — 가 가시적이고 직접적이었다. 하지만 그 운동은 또한 예상하지 못했던 대규모 항거로써 세계를 전율케 했고, 이전과 달리 기업 주도 지구화를 논쟁의 주제가 되게 만들었다.

그 이틀 동안 시애틀에서는 경찰의 과잉진압과 가혹 행위, 상해와 입원, 수정헌법 제1조의 권리를 무시한 체포 행위 등이 발생했다. 그 널리 알려진 연대 — '트럭 운전기사와 바다거북'으로 불렸던 트럭 운전기사 노조와 바다거북 의상을 입은 환경론자 들의 연대 — 도 불화와 분란을 막아내지는 못했다. 시애틀은 때때로 에덴동산으로 잘못 기억된다. 그건 하나의 기적, 결코 동일한 방식으로는 되풀이되지 않을 통제 불능의 기적이었다. 시애틀의 기습이 있은 뒤 지구화 관련 정상회담이 열리는 곳이라면, 회담 장소를 에워싸고 담장과 무기로 축소판 경찰국가를 세우는 것이 표준적 관례가 됐는데, 이런 공민권 부재구역의 존재는 기업 주도 지구화가 무엇을 기약하는지를 예표하는 듯하다.

그러나 1999년 11월 말이 되자 1980, 90년대에 대규모 반핵·반전 및 환경운동이 벌어졌을 땐 내내 졸고만 있었던 매체들이 놀라 깨어나, 이 회의 취소가 1960년대 이후 최대의 사건이라고 선언했다. 어떤 면에서는 그것이 사실인데, 그렇게 된 건 부분적으로는 그 운동이 스스로 그렇게 만들었기 때문이고, 또 부분적으로는 그 운동이 이전 시대의 실패와 성공 위에 건설된 다음 국면이었기 때문이다. 시애틀에서 비폭력 직접행동의 전술과 철학은 빛나는 순간을, 수십년에 걸친 논의와 실험의 정점에 해당하는 순간을 맞았다. 『시애틀 전투』에서 에디 유언은 이런 종류의 행동 뒤에 존재하는 두가지 원리에 관해 썼다.

그 첫째는 1960년대의 혁명적 폭력이 남성다움의 표현인 양 그것에 매혹됐던 것에 대한 반응으로서 엄격한 비폭력 규범을 채택했다는 사실이다. 둘째는 친연집단의 조직 형태, 탈중앙화된 대표자평의회 모임, 여론 형성 과정 등에서 구체적으로 드러나듯, 직접민주제에 대한 각별한 관심이다. 이런 관심은 과거지사가 된 신좌파 시기에 유행한 점점 더 권위주의적으로 돼가던 조직 형태에 대한, 그리고 당시 만연했던 카리스마적 (그리고 거의 언제나 남성의) 지도력을 숭배하는 경향에 대한 반응이었다.[26]

다시 말하면, 그 운동은 복수적複數的 성격을 띤 채 여러 방향에서 비롯됐으며, 1960년대의 실패에 관한 건설적 비판 및 권력윤리에 대한 자각을 포함하고 있었다. 따라서 시애틀은 기업과 정부라는 '저들' 문제에 대한 대응에서 발생했을 뿐만 아니라, 행동가, 급진주의자, 혁명 등 '우리들' 문제이기 일쑤였던 것에 대한 대응에서 발생하기도 했다. 시애틀의 성공은 이 양쪽 전선에 모두 대응한 결과며, 이런 대응이 가능해지는 데는 여러해가 걸렸다. 그리고 그 성공은 그 순간의 성취였다.

1999년에는 호황기의 허세가 여전히 우리에게 작용하고 있었다는 사실을 여러분은 잊었을지 모른다. 기업 경영진은 록스타 대접을 받았고 경제신문은 시장이 침몰하는 법 없이 영원한 호황을 누릴 것처럼 떠들어댔다. 그러더니 첨단기술 거품이 터져버렸고, 엔론과 월드컴 스캔들이 벌어지면서 기업들이 도덕적으로도 파산 상태라는 것이 드러났다. 아르헨띠나는 신자유주의 재정 정책을 고수한 덕분에 파산했고, 그뒤 여러 정부를 거치지만 결국 해외채무를 이행하지 못해 현재 큰 경제위기와 더 큰 사회혁신의 와중에 놓여 있다. 공산주의가 붕괴한 지 10년, 자본주의도 조난 상태였다. 그리고 시애틀 이후 5년이 지난 지금, 그 11월 이전에는 무적의 탱크인 양 제 앞을 가로막는 건 뭐든지 박살낼 듯하던 세계무역기구가, 여전히 탱크이긴 하되, 도랑에 빠져 꼼짝 못하고 있다.

시애틀이 세계의 중심 같아 보였던 그날, 인도의 벵갈루루에서는 몬산토를 겨냥한 자매행동이 벌어졌다. 몬산토는 고엽제 '에이전트 오렌지'를 세상에 내놓은 적이 있으며, 최근에는 몬산토 살충제에 대한 저항력과 몬산토의 이윤 증대가 주된 장점으로 보이는 유전자변형 농산물을 풍성하게 세상에 내놓고 있다. 그처럼 세계무역기구의 위협을 체현했던 몬산토는 최근 몇년 사이 유럽 사무소를 폐쇄하는가 하면 인도에서는 도처에서 공격을 받았고, 자사의 유전자변형 밀 마케팅을 전면적으로 포기하는가 하면 '새잎'New Leaf 감자도 제품시장이 붕괴하자 생산을 중단했다.

나아가 몬산토는 유전자변형 카놀라를 호주에 퍼뜨리려는 시도를 중단하는가 하면 남아메리카에서 재배된 유전자변형 대두에 대한 로열티를 징수할 수 없게 됐으며, 2004년에는 손실이 최고치를 기록했다. 이딸리아 사람들은, 캘리포니아의 여러 카운티 주민들이 그랬듯, 전체 20개 지역 중 13개 지역과 1,500개 읍을 '유전자변형 해방지구'로 만들었다. 거대기업 신젠타도 대중의 항의 때문에 자사의 유럽 내 유전자변형 생산물에 대한 연구 및 마케팅

계획을 전부 취소했다. 유럽 시민들은 자국 정부의 반대가 없었음에도 (또는 세계무역기구 덕분에 정부가 반대할 능력이 없었음에도) 유전자변형 식품 및 농업의 유럽 대륙 접근을 제한하는 데 상당한 성공을 거두었다.

1999년을 돌아보는 것은 이런 좀더 복합적·장기적 쟁점이 이른바 테러에 대한 전쟁이라는 제국주의적 교전의 그늘에 가려지지 않았던 지난 시기를 돌아보는 것이다. 그러나 그건 또한 하나의 위대한 전환점, 즉 기업 주도 지구화에 맞서는 하나의 강력한 운동이 규합되던 순간을 돌아보는 일이기도 하다. 4년 뒤인 2003년 9월 깐꾼에서는 멕시코의 **깜뻬씨노**와 한국의 농민 들이 행사장 안에 있던 NGO들과 연합해 세계무역기구 각료회의를 붕괴 직전의 상태로 몰아넣었다.

행사가 시작되기 전 우린 대화가 난항에 빠질 것이라 예상했다. 미국과 유럽연합은 빈곤국들에게 아무 대가도 제공하지 않고, 선진국의 농업지원금이 저개발국가의 농업을 유린하는 데 대한 조처를 취할 의향도 없이, 빈곤국들에게 더 많은 자율권을 포기하라는 압력을 가하고 있었다. 하지만 행동가와 NGO와 빈곤국 간의 예상치 못한 연대 덕분에 세계무역기구 회의는 단지 난항을 겪었을 뿐만 아니라 멋들어지게 붕괴하고 말았다. 한 행동가가 최전선에서 내게 전자우편을 보내왔다. "스와질란드에서 온 한 여성이 내 동료를 돌아보며 말했죠. 회의장 안팎의 행동가들이 없었더라면 아프리카 국가들이 세계무역기구와 미국 및 유럽연합에 맞서 버텨낼 수 없었을 거라고요. 그 여성에 따르면 회의장 안팎의 우리의 행동, 우리의 말, 우리의 압력은 ─ 특히 그에 관한 언론보도를 통해 ─ 그의 나라, 그리고 같은 처지의 여타 아프리카 국가들이 이 역사적으로 뜻깊은 입장을 지켜내는 데 힘이 돼주었어요." 또 다른 행동가에 따르면, 회의장 내부의 국가들이 버텨내고 누구의 삶이 걸려 있는가를 기억하도록 압력을 행사했던 건 ─ 가령 여섯 가구 중 하나가 농업에 종사하는 한국 정부가 더 많은 지역농업을 헐값에 팔아넘기지 못하게 막았던 건 ─ 회의장 바깥 농민들의 존재였다.

깐꾼 각료회의에서 빈곤국들은 세계인구의 거의 절반과 세계 농업인구의 3분의 2 이상을 대변하고, 부국들과 그들이 대변하는 기업들에 맞서기에 충분할 정도로 강력한, 20플러스 그룹$^{G20+}$으로 불리는 연합체를 구성했다. 이 연합체(인도, 중국 및 기타 많은 작은 나라들은 이 연합체 내에서 자신들의 입장 차이를 굳이 조정할 필요가 없었다)는 브라질이 소집했는데, 룰라가 이끄는 브라질은 근사하게도 무정파적 위치에 있었다. 이건 남아메리카가 오랜 고투 끝에 폭정에서 벗어나게 됐다는 사실의 지구적 효과 중 하나다. 회의 마지막 날 오후 3시, 케냐 대표가 "이 회의는 종결됐습니다. 이건 또다른 시애틀입니다"라고 말했고, 그 말과 더불어 G20+가 퇴장하자 회의는 붕괴됐다. 회의장에 있던 NGO 회원들은 기뻐 날뛰었고 바깥의 시위대는 자축하기 시작했다. 『가디언』의 논평가 조지 몬비오는 다음과 같이 썼다. "깐꾼에서 힘 없는 나라들이 지구상에서 가장 힘센 협상자들과 맞붙어 견뎌냈다. 그들이 귀국하며 얻어가는 교훈은 이것이 가능하다면 거의 뭐든 가능하다는 거다."[27]

그건 농민과 가난한 자의 승리였고, 비폭력 직접행동의 힘, 대기업에 맞선 민중의 힘, 탐욕에 대한 정의의 승리였다. 그건 부자 나라에서 가난한 나라로, 높다란 탑에서 거리로 힘이 이동한 것이었다. 시애틀은, 비록 세계 도처의 대표들이 참여했다고는 하나 젊은 백인 급진주의자들이 주도했던 데 반해, 깐꾼은 (70개국 및 비아 깜뻬씨나 연합체에 속한 집단들의 수억 구성원을 포함한) 거대한 지지 기반을 대표하는 멕시코의 **깜뻬씨노**와 한국 농민 들이 주도했고, 그 결과 시애틀과는 다른 경향, 다른 권위를 띠었다. 우리와 달리 그들은 세계를 대변할 수 있었다. 그리고 그들은 그 운동이 얼마나 넓은 기반을 갖고 있으며 그같이 상이한 주체들이 획득한 공동의 토대가 얼마나 뜻깊은가를 입증해 보였다. 9·11 2주기에 전개되면서, 깐꾼의 혁명은 오사마 빈 라덴과 부시가 마비시켰던 평화적 대중운동의 힘을 얼마간 되찾았다.

시애틀의 그라피티에는 "우린 이기고 있다"라고 적혀 있었다.

09

HOPE IN THE DARK

새천년의 도래

2001년 9월 11일

폭탄으로 돌변했던 그 비행기들은 어떤 관점에서 봐도 끔찍한 일이었다. 하지만 그것으로부터 무언가 아름다운 것이 나올 수도 있었을 법한 순간, 현장에 있던 사람들뿐만 아니라 온 나라 사람들이 영웅적 행동을 보여줄 수도 있었을 법한 순간이 있었다. 앨 고어나 랠프 네이더가 대통령이었다고 해도 그 순간에 제대로 대처하기에는 역부족이었을 것이다. 그 계제에 걸맞은 행동을 했을 만한 지도자를 상상해보자면, 좀 멀리 찾아, 2000년 선거에서 녹색당 부통령 후보였던 반半유대인·반半인디언 환경운동가인 위노나 라듀크가 대통령인 상황, 혹은 그와 유사하게 마틴 루서 킹이 대통령인 상황을 그려보아야 할 것이다. 호전적이고 인종주의적이며 국수주의적인 반응들이 물론 있었지만, 거의 모든 사람들이 동작을 멈춘 듯한 기나긴 순간, 온 나라가 다른 길을 택했을 수도 있는 열림의 순간이 존재했다. 그리고 몇몇은 어떻든 그 길을 택하기도 했다. 뒤이은 여러시간, 여러날 동안 모든 사람은 정확히 어떻게 된 것인지는 몰라도 세상이 변했다는 데 동의했다. 단지 전쟁의 가능성뿐 아니라, 자아와 세계 사이의 관계에 대한 감각도 변했다. 최소한 미국 사람들에게는 그랬다.

사적 공간에서 철저히 자신만을 위해 사는 건 엄청난 호사 ─ 이 사회의 허다한 양상이 권장하는 호사 ─ 지만, 그런 삶은 진미珍味만을 취하는 것과 마찬가지로 심장의 혈관을 좁히고 막는다. 이것이 우리가 이 나라에서 갈망하도록 부추겨지는 것이지만, 우리들 대다수는 더 거친 것, 더 실속 있는 무언가를 깊이 갈망한다. 열다섯살 때 고향 읍내가 극심한 가뭄을 겪은 이래로, 나는 사람들이 재난을 딛고 일어서는 방식에 매혹을 느껴왔다. 당시 읍내의 부유한 시민들은 다른 시기에 사적인 풍요를 통해 느끼던 것보다 공공의 이익을 위해 사욕을 버리는 데서 더 큰 즐거움을 느꼈다. 1989년에는 로마 프리에타 지진이 샌프란시스코를 뒤흔들어 지금 이곳의 현실에 눈을 돌리게 만들었다. 누군가를 향한 나의 분노가 갑자기 무의미해지고 내 온갖 계획도 갑자기 무의미해지던 것을 기억한다. 지진 다음 날 나는 아끼는 사람들을 보러 도시 여기저기를 걸었는데, 이

지역, 바로 여기가 세계로구나 하는 생각이 들었다. 그런 생각이 든 건 베이 대교가 망가졌고 집에 머물러야 할 실제적인 이유들이 생겼기 때문만이 아니라, 그 많은 불만과 욕망의 원천이었던 장기적 전망 역시 흔들렸기 때문이다. 삶과 의미와 가치 등이 지금 이곳에 가까이 있었던 것이다. 지진을 겪은 우리들은 서로의 눈앞에 존재하며 연결돼 있었다. 우린 죽음과 두려움과 미지의 것에 연결돼 있었지만, 그렇게 연결됨으로써 공감과 열정, 나아가 영웅다움까지 느낄 수 있었다. 우리의 느낌은 강렬했는데, 사람의 감각을 마비시키는 산만한 일투성이인 이 사회에서는 그런 느낌 자체가 귀한 것이다.

9월 11일, 도처에서 일어난 최초의 충동은 헌혈이었다. 헌혈은 사람이 자기 육신의 생명을 낯선 사람에게 바치는 일종의 세속적 영성체다. 매체들은 광고와 곁눈질과 수다를 거두고 비극과 영웅적 행동을 우리에게 전했다. 헌혈과 자원봉사는 연대감의 첫 표현이었고, 깃발은 (공감에서 호전성까지 모든 것을 의미했으므로) 그 연결의 다의적 상징이 됐다. 그 주에 브루클린에서 한 친구가 "아무도 일하러 가지 않았고 모두들 낯선 사람들에게 말을 걸었다"라고 알려주었다. 무엇이 사람들로 하여금 영웅적 행동을 하게 만들고, 무엇이 그들로 하여금 같은 공동체의 구성원이라고 느끼게 만드는가? 미국의 불가침성에 대한 믿음이 깨지면서 미국 바깥의 재난 — 학살, 점령, 전쟁, 기근, 독재 — 이 무엇을 뜻하고 어떤 느낌인지에 관한 강렬한 감각, 세계 시민으로서의 감각이 생겨났으면 하는 것이 나의 소망이 었다.

사태 이후 현장에서 최선을 다한 소방관, 경찰, 의료 및 위생 관련 요원과 그 최초의 몇시간 동안 전력을 다하다 죽어간 사람들처럼, 이 재난에도 눈부신 영웅들이 존재했다. 그러나 나는 **영웅다움**이란 말을 비교적 이타적인 상태, 그리고 행동에 나서려는 자발성이란 뜻으로 쓴다. 전시와 재난이 이런 영웅다움을 가장 강하게 이끌어내지만, 재난이 코앞에 닥칠 때까지 기다리지 않는 자원자는 늘 존재한다. 이런 자원자, 행동가는 지뢰, 차별, 대량학살 등 자신에게 직접 영향을 미치지 않는 문제와 씨름하며, 자신이 누리는 특권과 안전을 그것이 결여된 사람들이 누릴 수 있기를 바란다. 그같은 영웅다움의 가장 부드러운 형태는 다름 아닌 시민정신으로, 그 정신은 연대감이자 지역사회에 대한 헌신을 뜻한다. 9월 11일 이후 몇달 동안 이 나라에는 기이하게도 시민정신의 밀물이 몰아쳤다.

폭격 직후 대통령은 세계에서 "악을 제거하겠다"고 맹세했는데, 이 맹세와 더불어 대통령은 우리를 가득 채웠던 선의가 미래 — 우리가 사적 생활에 다시 몰두할 수 있는 미래 — 에는 필요치 않을 것이라고 약속하는 것처럼 보였다. 석유정치가 당시의 상황과 긴밀히 관련돼 있었지만, 우린 운전이나 엄청난 양의 연료를 삼키는 자동차를 포기하라는 요구를 받지 않았다. 물건을 사들이고 이웃을 감시하라는 요구를 받았을 뿐이었다.

부시 행정부는 9·11에 내재된 비상한 가능성을 알아차리기라도 한 듯, 그 가능성을 억누르기 위해 온갖 수단을 동원했다. 시민정신, 두려움의 부재, 그리고 (공포로 유발된 맹목적 애국주의와 확연히 구분되는) 세계에 대한 일체감만큼 그들에게 위험해 보이는 것은 없으니까. 그들은 9·11을 미국 안팎에서 공격을 개시할 구실로 활용했지만, 그건 불가피하지도 않고 심지어 정당하지도 않은 대응이었다. 사실상 9·11은 대체로 제국주의적 팽창과 국내적 억압이라는 기존 의제를 실행할 구실이었다. 아버지 부시는 냉전 종식이 우리에게 제공한 기회를 저버렸고, 아들 부시는 이 새로운 상황 전개가 제공한 기회를 최악의 방식으로 사용했다. 나는 9·11이 일어나지 않았기를 바라면서도, 막 태어나려 했던 그 반응만큼은 실제로 일어났기를 바란다.

10

HOPE IN THE DARK

새천년의 도래

2003년 2월 15일

어쩌면 그 순간은 18개월 뒤 우리 ─ "우리와 함께하거나 우리의 적이거나 둘 중 하나일 뿐"이라는, 9·11 이후 부시가 했던 선언의 안티테제로서의 우리 ─ 가 지구상 모든 대륙에서 이라크 전쟁에 반대하며 행진을 벌였을 때 실제로 왔는지도 모른다. 이 유례없는 지구적 항의의 물결은 지도자나 단일한 이념 없이 인터넷을 통해 조직됨으로써 그 매체의 탈중심적인 정치적 힘을 입증해 보이는 한편, 시애틀과 마찬가지로 인터넷의 '몸 없음'과 '장소 없음'을 수천곳의 도시 및 전혀 도회적이지 않은 여러 장소에 모여든 몸으로써 맞받아쳤다. 행진은 몸이 걷기를 통해 말하는 때이고, 사적 시민이 공중公※이라는 저 신비로운 것으로 변하는 때이며, 도시의 거리를 가로지르는 것이 정치적 목표를 향해 나아가는 하나의 방법이 되는 때다. 그 행진은 9·11의 살육과 분열의 순간을 전세계적 일체감의 순간으로써, 함께 행진하는 낯선 사람들 간의 신뢰의 순간으로써, 무기와 비밀이 아니라 탁 트인 하늘 아래를 걷는 사람들에 의해 역사가 만들어지는 순간으로써 맞받아쳤다. 샌프란시스코의 거대한 평화행진에서 가장 주목할 만했던 건 격정과 희열이었다. 사람들은 마치 자신이 오랫동안 갈구해왔던 어떤 것을 — 속마음을 쏟아내고, 참여하고, 다른 사람이 자기와 같은 믿음을 갖고 있다는 것을 알 수 있는 기회를, 그 믿음을 혼자서 중얼거리는 것이 아니라 믿음을 말하는 것이 의미를 띨 수 있는 장소에서 말할 수 있는 기회를 — 마침내 찾은 듯했다. 이런 경험 — 민주주의와 시민정신의 경험 — 이 그처럼 각별하고 갈망의 대상이었다는 것을 알게 되는 건 감동적이면서도 당혹스러웠다. 시위대가 든 수만개의 손팻말 대부분은 직접 만든 것이었는데, 대체로 아름답거나 우스꽝스럽거나 신랄했다. 각각의 팻말은 단순했지만, 수천개가 모이자 이라크 전쟁에 반대하는 온갖 주장을 세련되게 정리해냈다. 나는 거리 북쪽에 팔레스타인 여성들 한 무리가 샬리천으로 머리를 가리고 차분히 서 있는 모습을 보았고, 그들 바로 건너편에 두젊은 여성이 물살처럼 밀려가는 시위대에 가려지며 서 있는 모습도 보았다. 그중 한 사람은 백인이었고 또 한 사람은 아시아계였는데, 그들은 여성의 음모를 간결한 삼각형으로 휘갈겨 그린 다음 "평화를 위해서는 이 부시를"This Bush for Peace이라고 써넣은 팻말을 들고 있었다(미국 대통령 성 Bush는 보통명사로는 숲 덤불, 음모라는 뜻이 있다 ── 옮긴이). 그곳에는 모든 사람에게 제 몫의 공간이 있는 것처럼 보였다.

주기적으로 거대한 함성이 군중으로부터 터져나왔지만 나는 그 까닭을 찾을 수가 없었다. 대중은 마치 자신이 지닌, 폭력이 아니면서도 강력한 힘을 한껏 즐기고 있는 거대한 한마리 짐승이 된 것 같았다. 1,100만에서 3,000만명에 이르는 사람들이 세계 도처에서 참여한 이 시위는 역사상 가장 대규모이고 가장 광범위한 집단적 항의였으며, 남극의 맥머도 기지에서 벌어졌던 소규모 시위까지 헤아린다면 일곱개 대륙 전체에서 벌어진 최초의 항의였다. 데즈먼드 투투 대주교가 맨해튼에서 지적했듯, 채 시작되지도 않은 전쟁에 반대해서 그처럼 폭넓은 행동이 전개된 건 유례없는 일이었다. 17개월 전 세계무역센터 타워가 무너져내렸던 맨해튼의 그곳에는, (이라크가 알카에다와 어떤 식으로든 연계돼 있다고 어수룩하게 믿는 사람이라면 범죄라고 볼 수 있는) 그 행위에 대한 보복 조처의 승인을 거부하기 위해 40만명 이상의 사람이 (행진 허가가 나지 않았음에도 집결했으므로) 불법적으로 모여들었다. 『뉴욕 타임스』는 이 평화운동을 "세계의 또다른 슈퍼파워"[28]라고 불렀다. 9·11은 잔혹 행위에서 배태된 일체감의 순간이었지만, 이 평화운동은 모반謀反과 유린된 이상주의에서 배태됐다. 그 운동은 일상적인 사적인 삶 이상의 어떤 것, 좀더 모험적이고 좀더 참여적이며 좀더 이상적인 어떤 것에 대한 (대개는 발설되지 않는) 욕망을 증언했다. 다수의 사람 또는 대부분의 사람은 실제로 그 욕망에 따라 살 태세가 안 돼 있을지도 모르지만, 그 욕망은 순수한 열정의 대수층帶水層인 양 실재한다.

9월의 한 행사에서 평화행동가이자 한때 유엔 사무부총장이었던 로버트 멀러의 낙관주의는 전쟁을 예상하고 있는 청중을 놀라게 했다. 그는 이렇게 외쳤다. "나는 역사상 이처럼 기적 같은 시기에 살고 있는 것이 너무도 영광스럽습니다. 나는 오늘날 세계에서 진행되고 있는 일에 너무도 큰 감동을 받습니다. 전쟁의 정당성에 대한 지구적·가시적·공적·실질적·공개적 대화는 세계 역사상 전례가 없습니다."[29] 저널리스트 린 트위스트의 보도에 따르면 멀러는 "이 모든 일이 유엔안전보장이사회의 활동과 관련해서 벌어지고 있는데, 그 기구는 정확하게 이런 목적을 위해 1949년에 구성됐지요. 유엔의 참된 기능인 그 기능을 깨닫는 데 50년이 넘게 걸렸습니다"라고 덧붙였다. 이어서 트위스트는 "멀러 박사는 이 꿈이 실현된다는 것을 깨닫고 거의 눈물을 글썽일 지경이었다"라고 전한다.

그 순간은 마음에 간직할 만하지만, 그 꿈은 지속되지 않았다. 그 대신, 불에 타고 사지가 잘린 어린아이, 폭격을 당한 민간인, 열화우라늄탄 일제사격에 소각된 군인 등과 같은 악몽이 닥쳤고, 점령과 반란의 몇달 동안 미군들이 한번에 몇명씩 죽어가자 미국은 바그다드 국립박물관을 약탈하고 바그다드 국립도서관에 불을 지르는 것을 허용함으로써 역사 자체를 지워 없앴다. 2월 15일 행진에 나선 수백만은 아직 온전히 실현되지 않은 어떤 것, 자신을 활짝 꽃피워줄 촉매를 기다리고 또 기다리고 있는 예사롭지 않은 잠재력을 의미했다. 정치와 변화에 관한 새로운 상상력은 이미 여기에 존재하며, 나는 그것을 잘 안 보이게 가리는 것을 잘라 없애는 데 노력을 기울이고 싶다.

11

HOPE IN THE DARK

변화의 상상력을 변화시키기

행동가들 가운데는 변화에 관해 기계적 견해를 갖고 있는 듯한 이들이 많아 보이는데, 혹 그들은 엉터리 다이어트 알약이 선전하는 것처럼 "신속하고 손쉬운 결과를 보장"받고 싶은 건지도 모른다. 그들은 궁극적이고 결정적인 것, 거침없는 인과관계, 즉각적 보답 등을 기대한 나머지 실망을 전문 분야로 삼게 되는데, 실망은 또한 원망, 냉소, 패배주의, 비아냥 등으로 고착되고 만다. 그들은 모든 작용에는 상응하는 반대방향의 반작용이 제때 따르며 그것이 없으면 실패라는 전제하에 움직인다. 하기야 우리가 종종 반작용의 모습을 띠기는 한다. 부시가 이라크 침공을 결정하자 우린 지구적 평화운동을 일으켰으니까. 때때로 성공이 즉각적인 것처럼 보이기도 한다. 우린 시애틀에 가서 세계무역기구를 막았으니까. 하지만 시애틀의 성공담은, 조직하는 데 걸린 수개월, 또는 눈앞의 복합적인 문제들을 통찰하고 봉쇄에 가담할 1만명의 사람들을 끌어들일 만큼 세련되고 광범위한 운동을 발전시켜온 수십년의 이야기일 수도 있다. 역사는 공통된 꿈, 여론의 고조, 전환점, 분수령 등으로 이루어진다. 역사는 상응하는 원인과 결과보다 더 복잡한 것으로 이루어진 풍경이며, 그 평화운동도 부시보다 훨씬 더 멀리 오래전에 뿌리내린 원인에서 비롯됐다.

결과는 원인에 비례하지 않는다. 엄청난 원인이 때로 이렇다 할 결과를 낳지 못하는 것처럼 보이기 때문만이 아니라, 사소한 원인이 때로는 엄청난 결과를 낳기도 하기 때문이다. 간디가 말했다. "처음에는 그들이 여러분을 무시한다. 그다음에는 여러분을 비웃는다. 또 그다음에는 여러분과 싸운다. 마침내 여러분이 이긴다."[30] 그러나 그런 단계들은 서서히 진행된다. '행동주의 운동은 예상 밖의 결과를 낼 수 있다'는 법칙이 예상케 하다시피, 노예제 철폐운동은 최초의 광범위한 여권운동을 촉발하기도 했는데, 여권운동은 노예제 철폐와 거의 같은 시간이 걸려 미국 여성의 투표권을 확보했으며, 뒤이은 84년간 훨씬 더 많은 것을 성취했고 단연코 아직 끝나지 않았다. 행동주의 운동은 익숙한 길모퉁이 가게로 가는 걸음이 아니라 미지의 것에 몸을 던지는 것이다. 미래는 언제나 어둠 속에 있다.

몇해 전 과학자들이 장기 일기예보 프로그램을 만들려고 시도한 적이 있다. 아주 미세한 변동, 심지어는 감지되지도 않는 것, 아마도 아직은 데이터라고 상상조차 할 수 없는 것으로 인해 거의 동일한 초기 조건에서 전혀 다른 날씨가 발생할 수 있다는 사실이 드러났다. 이건 어느 대륙에 있는 나비의 날갯짓이 다른 대륙의 날씨를 바꿀 수 있다는 이야기로 요약되면서 유명해졌다. 역사는 체커 게임이 아니라 날씨와 같다. (그리고 여러분은, 운이 따르고 기회를 잘 포착한다면, 그 나비가 될 수도 있다.) 역사는 날씨처럼 복합적이고 변화무쌍하며, 며칠간의 타는 듯한 더위에 이어 열파가 대양에서 안개를 빨아올려 내가 사는 도시를 뿌옇게 뒤덮고 끈적거리는 습기로 가득 채우는 것과 마찬가지로, 역사상 어떤 일은 그와 정반대의 일을 촉발하는가 하면 날씨처럼 변덕스럽고 느리고 갑작스럽다.

체커 게임에는 끝이 있다. 날씨에는 끝이 없다. 우리가 어떤 것도 구원할 수 없는 건 바로 그 때문이다. **구원**saving 은 잘못된 표현임에도 거의 모든 대의명분과 관련해 거듭거듭 들먹여진다. 예수가 구원하고 은행도 구원한다(saving 은 구원과 저축이라는 뜻을 아울러 지니기 때문에 "은행도 구원한다"는 말이 성립된다 ─옮긴이). 예수와 은행은 대상을 끊임없는 세속의 변화에서 제쳐놓는다. 우린 고래가 멸종하는 것을 막았을지는 몰라도 결코 고래를 구원하지는 않았다. 고래가 멸종되지 않고 계속 남아 있는 한, 우리가 먼저 멸종되지 않는다면, 우린 계속 고래의 멸종을 막아야 할 것이다. 태양이 초신성으로 변하거나 고래라는 종이 고래 아닌 어떤 것으로 진화할 때까지, 그때에야 우린 실제로 고래를 구원했다고 할 수 있을지도 모른다. 구원은 좀벌레나 녹이 침범하지 못하는 곳에 잘 간수하는 것을 뜻하며, 위험하고 불안정하며 늘 변하는 지상의 삶이라는 과정으로부터 대상을 떼어내는 것을 꿈꾼다. 그러나 삶은 그처럼 산뜻하지도 궁극적이지도 않다. 죽음만이 그렇다. 환경운동가들은 패배는 영구적이지만 승리는 일시적이라고 즐겨 말한다. 멸종은 죽음과 마찬가지로 영원하지만 보호 작업은 지속돼야 한다. 그러나 지금처럼 복원생태학이 중요성을 더해가는 세상에서는 패배조차도 반드시 영구적이지는 않다는 것이 드러났다. 미국과 유럽 도처에서 댐이 제거되고 습지와 하천이 복원됐으며, 한때 사라졌던 토착종이 다시 도입되고 멸종위기에 놓였던 종이 되살려졌다.

미국인들은 어떤 위기상황에 대응하고 나면 집으로 돌아가 또다른 위기상황이 일어나도록 내버려두는 데 능하다. 한편으로 이건 우리가 죽음의 궁극성이 삶에서도 달성될 수 있다고 상상하기 때문인데, 이런 궁극성은 개인의 삶에서는 **그뒤 오래오래 행복하게** happily ever after라는 표현에,

정치와 종교에서는 **구원받은**saved이라는 표현에 담긴다. 다른 한편으로 이건 우리가 많은 다른 나라 사람들이 (그리고 다른 시기의 미국 사람들이) 생각한 것처럼 정치적 참여를 일상생활의 일부 또는 심지어 즐거움이라고 여기기보다 위급상황에 대처하는 어떤 것으로 생각하는 경향이 있기 때문이다. 문제가 저절로 해결되는 법은 거의 없다. 대다수 국가는 멸종위기에 처한 고래의 사냥을 금지하는 데 동의하지만, 고래의 해양서식처는 어장의 고갈이나 해양오염과 같은 다른 원인에 의해 위협받고 있다. DDT는 미국 내 사용이 금지됐지만 개발도상국으로 수출되고 있고, 그것을 개발한 몬산토는 다음 단계의 실험으로 나아가고 있다.

집으로 돌아가는 건 연약한 승리를 아직 보호하고 격려해줄 필요가 있음에도 방치하는 것처럼 보인다. 인간의 아이가 출생의 순간 아무 힘도 없듯이, 어쩌면 승리도 바람직한 사회에 관한 문화적 감각의 일부로 통합되기 전에는 아무 힘도 쓸 수 없을지 모른다. 승리가 단순히 악의 제거가 아니라 선의 확립이라고 상상한다면 어떤 일이 일어날까 하고 나는 가끔 궁리해본다. 만약 미국의 노예제가 폐지된 이후, 재건시대의 경제정의에 관한 약속을 노예제 폐지론자들이 집행했더라면, 아파르트헤이트의 종식이 경제정의를 제도화한다는 의미를 지닌 것으로 (또는 몇몇 남아프리카공화국 사람들의 표현처럼, 경제적 아파르트헤이트의 종식을 의미하는 것으로) 간주됐더라면 어떤 일이 일어났을까?

귀가하기엔 언제나 너무 이르다. 완전히 실현되지 않았다는 의미에서뿐만 아니라 지속적으로 영향력을 펼쳐간다는 의미에서, 대부분의 위대한 승리는 미완성인 채 지속적으로 전개돼간다. 시민권 운동과 같은 현상은 지구 도처에서 활용될 수 있는 사회변화의 어휘와 도구 상자를 만들어내므로, 그 효과는 그 목표와 구체적 성취 —— 그리고 실패 —— 훨씬 너머까지 미친다. 국내적으로 보수주의자들은 여전히 시민권 운동과 싸우며 그것을 무력화하려고 애쓰고 있는데, 이런 사실이야말로 시민권 운동이 여전히 강력하다는 또다른 증거다. 좌파는 자신의 반응적 정치reactive politics(이미 존재하는 문제의 완화나 해소에 치중하는 정치로, 문제의 발생을 사전에 막는 데 치중하는 주도적 정치proactive politics와 상대되는 개념 —— 옮긴이)를 자책하길 즐기지만, 여러 전선 —— 출산권, 차별철폐 조처 등 —— 에서 (늘 성공적이진 않아도) 정작 반응에 나서는 건 우파다.

동성애자의 성교를 범죄시하는 법 가운데 마지막 남은 것을 폐기한 미국 연방대법원의 2003년 판결을 어떻게 해석할까? 관습적 서사는 권력이 아홉명 대법관의 손아귀에 있다고 주장할 것이고, 좀더 급진적인 모델을 제시하려는 입장에서는 소송을 압박하기 위해 자신들 생활을 여러해에 걸쳐 까뒤집어 보이는 선택을 한 텍사스의 게이 커플을 부각할 것이다. 그런가 하면 일종의 문화생태론적 입장에서는 국민들로 하여금 자신의 동성애혐오를 다시 생각하도록 만들어 (대법원으로서는 그저 승인한 데 불과한) 사회변화를 불러온 것이 무엇인지를 가늠해보려 할 것이다. 이들 모두가 중요하다. 고집스러운 몽상가들이 로스앤젤레스에서도 강이 되살아날 수 있다고 믿은 덕분에, 그리고 자연에 대한 변화된 이해가 행정가와 기술자에게까지 영향을 미친 덕분에, 로스앤젤레스강 ─ 도시를 관통하는 저 기다란 콘크리트 도랑 ─ 이 향후 몇십년에 걸쳐 복원될 계획이다. 그리 오래지 않은 사이에 우린 달라졌다.

12

HOPE IN
THE DARK

직접행동의 간접성에 관해

내 친구 제이미 코테즈는 희망과 신념의 차이를 고려해야 한다고 내게 말한다. 그의 말에 의하면, 희망은 증거에, 가능한 것에 관한 실적기록에 기초할 수도 있다. (이 책에서 나는 그 실적기록의 내용을 바꿔보려는 중이다.) 그에 비해 신념은 가까운 미래의 승리를 그려볼 길이 없는 경우에도 견뎌낸다. 신념은 그래서 좀더 신비롭다. 미국 좌파에게는 신념이 거의 없다고 생각하는 제이미는, 우리가 살아서 직접 경험하거나 혜택 보게 되는 것 너머, 세상사의 장기적 변화에 필요한 것이 신념이라고 생각한다. 한때 좌파가 차지하던 자리에 지금은 이례적인 인자들 ─ 토착민 지식인, 가톨릭 평화주의자 등 ─ 이 잔뜩 들어와 있어서, 우리도, 우리 가운데 몇몇도, 신념을 지녔을 만하다는 것이 나의 주장이다.

행동주의 운동은 미덥지 않다. 신속하지도 않다. **직접행동**이라는 표현이 가두시위, 법률 위반과 시민불복종을 포함하는 대치 상황에 쓰이긴 하지만, 대부분의 경우 행동주의 운동은 직접적이지 않다. 운동의 효과가 군대의 경우처럼 직접적이리라고 사람들이 상상하는 건 행동가들이 군대처럼 거리를 행진하기 때문인 듯하지만, 군대는 물리적 세계를 공격하고 그 세계를 물리적으로 확보한다. 반면, 운동가들은 거리를 되찾기도 하고 때로는 바스띠유 감옥을 점거하거나 베를린 장벽을 무너뜨리기도 하지만, 그들의 작전지역은 상징의 영역, 정치적 담론, 집단적 상상력 등, 대개 비물질적이다. 그들은 맹렬하게 대화에 끼어들지만 대화는 대화일 따름이다. 장차 어떤 일이 일어날지 모르는 까닭에, 모든 행위는 신념에 기초한 행위다. 그저 희망을 품은 채 목표를 이루는 데 가장 힘이 될 만한 지혜와 경험을 동원할 따름인 것이다.

내가 체험했기에 나는 이 모든 것을 믿으며, 내가 작가이기에 나는 이 모든 것을 체험했다. 20년 동안 나는 혼자 책상 앞에 앉아 문장들을 짜 맞추고 또 그 문장들을 내보내왔지만, 작가로서의 내 삶 대부분에서 글을 휴지통에 버리는 것과 출판하는 것의 차이는 미미했다. 하지만 지난 수년 사이 내 작업이 반응을 나타내기 시작했다. 아니 독자들이 반응을 나타내기 시작했다. 음악가, 무용가는 관객을 마주 보고 시각예술가들도 관객을 염탐할 수 있지만, 글읽기는 글쓰기나 마찬가지로 대체로 사적이다. 글쓰기는 외롭다. 글쓰기는 죽은 이들과의, 아직 태어나지 않은 이들과의, 부재하는 이들과의, 낯선 이들과의, 결코 존재하지 않을 수도 있는 독자들과의, 글을 읽게 된다고 해도 수 주일, 수년, 수십년 뒤에나 읽게 될 독자들과의 친밀한 대화다. 에세이 한편, 책 한권은 문화 또는 역사라고 부를 법한 기나긴 대화 속의 하나의 진술이다. 글쓰기는 오래전 침묵 속에 잠겼을 수도 있는 그 무엇에 답하거나 질문을 던지는 일이며, 내가 쓴 말에 대한 응답은 (어느 누군가 애당초 그 말을 듣기라도 한다면) 내가 사라지고 한참 뒤에 나올 수도 있고 내 귀에 닿지 않을 수도 있다.

아무튼 너무나 많은 중요한 책들, 처음 나왔을 당시에는 세상을 뒤흔들지 못했으나 나중에 가서 꽃처럼 활짝 피어난 책들이 그러했다. 이건 효과라는 것이 얼마나 간접적일 수 있는지, 얼마나 지연되고 눈에 띄지 않을 수 있는지를 이해하는 데 모델이 될 수 있다. 작가만큼 희망에 찬 사람도 없고, 작가만큼 대책 없는 도박꾼도 없다. 소로우의 1849년 에세이 「시민의 불복종」은 20세기에 와서야 마침내 독자를 만나, 책 속 생각이 세상을 바꾼 운동의 한 부분으로서 실천됐다. (소로우의 목소리는 그의 시대에서는 그다지 듣는 사람이 없었지만, 1960년대에 와서 대륙 전체에 울려퍼진 이래 우리 곁을 떠난 적이 없다. 에밀리 디킨슨, 월트 휘트먼, 발터 벤야민, 아르뛰르 랭보 등은 소로우와 마찬가지로 죽고 나서 한참 뒤에야, 그들 시대 베스트셀러 대부분의 무덤 위에 잡풀이 무성해지고 나서 한참 뒤에야, 심대한 영향을 발휘했다.)

책을 쓰는 건 씨를 뿌리는 것과 같다. 씨앗은 들쥐가 먹을 수도 있고 썩어 없어질 수도 있다. 캘리포니아에 있는 어떤 나무의 씨앗은 불이 난 다음에야 싹이 트기 때문에 수십년간 휴면 상태에 있는데, 그래서 불에 탄 산야가 더없이 풍성하게 피어나기도 한다. 샤론 샐즈버그는 『신념』에서 불교 승려 우 판디타의 가르침을 모아 책으로 내며 그 작업을 "작은 선행 범주"로 분류했던 일을 이야기하고 있다. 그러고 나서 한참 뒤, 미얀마 민주화 운동의 지도자 아웅산 수찌가 그 나라 독재자에 의해 가택연금 상태로 고립됐을 때 그 책과 명상에 관한 책의 가르침이 "저 몹시도 어렵던 여러해 동안 그의 영혼을 지탱해주는 주된 지주가 됐다"[31]는 것을 샐즈버그는 알게 됐다. 생각이 행동으로 실천되는 것이 순리가 되고 있긴 하지만, 그런 길이 직선으로 나 있는 건 아니다.

자기 행동의 귀결을 온전히 알 수 있는 사람은 아무도 없고, 역사는 세상을 의외의 방식으로 변화시킨 작은 행위들로 가득하다. 나는 1980년대 네바다주 핵실험장에 모였던 수천명의 행동가 중 한명이었다. 이 운동은 미국과 영국이 환경과 인간의 건강에 재앙적 결과를 빚어내면서 1천개의 핵폭탄을 터뜨렸던 곳(부시 행정부가 채 비준되지 않은 포괄적 핵실험 금지조약의 마지막 넝마 조각을 찢어발기며 원폭실험을 재개하고 싶어하는 곳)에서 여전히 펼쳐지고 있는 중요하고도 잊힌 역사다. 우리가 하루에 수천명씩 불법침입자로 체포될 각오로 그 장소에 걸어들어갔을 때, 미국 역사상 유례없는 대규모 시민불복종 행위 중 몇몇이 저질러졌다. 걷는 것 자체가 정치적 발언의 한 형태가 됐는데, 컴퓨터 앞에 앉아 있거나 회의에 참석하거나 전화를 걸거나 돈을 다루거나 하는 통상적 정치 활동의 수단에 절어 있는 사람들에게는, 걷는 일의 직접성이 즐거움이기도 했다. 체포된 사람들 중에는 퀘이커교도, 불교신자, 쇼쇼니족, 모르몬교도, 종교가 없는 사람, 무정부주의자, 퇴역군인, 물리학자 등이 있었다. 우린 미국에서는 거의 뉴스거리가 아니었다. 하지만 우리 존재는 세계의 반대쪽에서 감지됐다.

우리의 행위는 카자흐스탄 시인 올자스 술레이메노프로 하여금 1989년 2월 27일 생방송 중인 카자흐스탄 텔레비전에서 시 대신 선언문을, 카자흐스탄의 세미팔라틴스크에 있는 소련의 원폭실험장을 폐쇄하고 회합을 소집하라고 요구하는 선언문을 읽도록 영감을 주었다. 5천명의 카자흐스탄 사람들이 다음 날 작가조합에 모여 장차 핵실험장을 폐쇄하는 결과를 낳게 될 하나의 운동을 결성했다. 그들은 스스로를 '네바다—세미팔라틴스크 반핵운동'이라 이름 붙였고, 우리와 힘을 합쳐 활동을 벌였다. 우리 속에는, 우리의 행동을 승인하면서도, 우리와 미국 정부가 자신들 땅을 침범했다고 지적한 서西쇼쇼니족도 포함돼 있었다. 카자흐스탄 사람들은 이 토착민과 자신의 처지가 같다고 여겼다.

아무튼 소련의 핵실험장은 폐쇄됐다. 촉매제는 술레이메노프였으며, 네바다에 있는 우리가 그에게 영감을 주긴 했다지만, 그에게 발언 기회를 준 건 그가 시인을 사랑하는 나라에서 시를 썼다는 사실이었다. 호르헤 루이스 보르헤스가 지은 멋들어진 우화 하나를 소개하자. 13세기가 막바지로 다가갈 무렵, 신이 우리에 갇힌 표범에게 다음과 같이 말한다. "네가 이 감옥에 살다 죽게 되는 건, 내가 아는 어떤 인간이 널 몇번 본 뒤 잊지 않고, 네 형상과 상징을 우주의 얼개 안에 정해진 자리가 있는 한편의 시 속에 자리 잡도록 하기 위해서다. 너는 갇혀 고통을 겪지만, 너로 인해 그 시가 단어 하나를 얻게 될 것이다."[32] 그 시의 제목은 '신곡'이고 표범을 보게 되는 인간은 단테다. 어쩌면 술레이메노프가 그 모든 시를 쓴 건 어느날 텔레비전 카메라

앞에 서서 시가 아니라 선언문을 낭독할 수 있게 되기 위해서였는지도 모른다. 그리고 아룬다티 로이가 자신을 국제적 작가의 반열에 쏘아올린 매혹적인 소설『작은 것들의 신』을 쓴 것도 그가 댐과 기업과 부패와 지역성의 파괴를 반대하고 나섰을 때 사람들이 주목하게 만들기 위해서였는지 모른다.

아니 어쩌면 그들은 시詩도 세상에서 살아남도록 하기 위해 지구가 유린당하는 데 반대했는지도 모른다. 몇해 전 친구 하나가 편지를 보내 운동보다는 글쓰기의 서정적 목표에 초점을 맞추라고 권하기에, 다음과 같이 내가 답했던 적이 있다. "가려진 것, 말로 표현될 수 없는 것, 시장에 내놓을 수 없는 것, 경영의 대상이 될 수 없는 것, 지역적인 것, 시적인 것, 상궤에서 벗어난 것 등을 보호하기 위해서가 아니라면, 기업 주도 지구화에 저항하는 목적이 무엇일까? 그래서 그런 것을, 당장 실천하고 예찬하고 연구할 필요도 있는 거지." 나는 이런 행위 자체가 저항의 여러 형태가 된다고 덧붙일 수도 있었다. 이 둘이 반드시 별개의 실천은 아니니까. 핵실험을 반대하기 위해 네바다 핵실험장으로 갔던 그 여러해 동안, 나는 사막에서 야영도 경험했고 빛의 아름다움과 공간의 장려함, 우정과 발견에 관한 경험도 얻었다. 그 장소는 내가 그곳에 줄 수 있는 것보다 훨씬 더 많은 것을 내게 주었다. 저항은 대개 의무로 묘사되지만, 즐거움, 배움, 깨달음이 될 수도 있다.

　네바다―세미팔라틴스크 반핵운동이 탄생한 이듬해에 그 운동의 구성원 중 몇몇이 이미 우리와 함께 네바다 실험장 인근 평화캠프에 와 있을 당시, 네바다와 군부에 관한 워크숍이 그곳에서 열렸는데 내가 유일한 참가자였다. 워크숍 담당자는 실망한 기색이 역력했지만 나 한 사람을 위해 멋들어지게 워크숍을 진행해냈다. 우린 화창한 일요일 깊은 사막의 크레오소트 덤불에 앉았고, 그 대단한 네바다 조직가 밥 풀커슨은 핵실험의 폐해는 미국 내 총 군사용지의 5분의 1을 수용하는 그 주에만 국한된 것이 아니라고 일러주면서 핵실험의 광범위한 파급 효과에 대해 탐구해보자고 권유했다. 그는 지금도 내가 아끼는 친구이며, 몇 해 뒤에 자신이 세운 한 연합체의 대표로 일하고 있다. 그 연합체는 네바다 진보 리더십 연합인데, 이런 종류로는 가장 강력한 전국적 조직으로, 환경·노동·인권 단체들을 묶어내고 있다.

　밥의 권유에서 비롯된 것이 내 삶을 바꿨고 내 책『미개의 꿈』에 많은 영향을 줬다. 그 책 처음 절반은 네바다 실험, 그리고 세계를 가닥가닥 휘감고 있는 그 실험장의 역사를 다루는데, 책이 나오기에 앞서 네바다 실험장과 밥이 내게 가르쳐준 것을 에세이 형태로 쓴 것이 발행부수 50만 부 정도의 어느 잡지에 실렸다. 몇 해 전 또 한차례의

봄철 행동을 위해 네바다 실험장에 돌아갔다가 거기서 나
는 『미개의 꿈』을 수업시간에 읽고 네바다에 오기로 작정
한 워싱턴의 에버그린 칼리지에 다니는 학생들을 만났다.
운이 좋으면 우리는 저 버지니아 울프의 어둠 속으로 횃불
을 밝히며 들어가게 되고, 정말 운이 좋으면, 내가 그날 그
랬듯, 우리가 누구에게 그 횃불을 건네주었는지도 알게 된
다. (만약 예의를 아는 사람이라면, 그 횃불을 누가 건네주
었는지도 기억할 것이다.) 나는 그 에버그린 학생들이 훌
륭한 행동가가 됐는지 아니면 집으로 돌아가다 자동차 충
돌사고로 죽었는지 모르지만, 밥이 내게 그러했듯 내가 그
들에게는 그들 자신의 삶이라는 시에 나오는 한두마디 말
을 일러준 표범이었다는 건 안다. 보르헤스의 우화는 다음
과 같이 이어진다. 죽음의 자리에 누워 단떼는 자신의 삶
과 예술의 감춰진 목적이 무엇인지를 신으로부터 듣는다.
"단떼는 자신이 누구이며 무엇인지를 경이로워하면서 마
침내 알게 됐고, 자기 삶의 신산함을 축복했다."[33]

어느날 아우슈비츠에서 작가 쁘리모 레비가 단떼의 『신
곡』 중 「지옥」 편의 한 장章을 어느 동료 수감자에게 읽어
주었다. 지옥에 관한 시가 600년 전의 시간에서 손을 내밀
어 레비의 절망과 비인간적 고통을 덜어줬다. 그 장은 『율
리시스』에 관한 것이었는데, 비극으로 끝나지만 이런 구절
을 담고 있다. "그대는 짐승처럼 살 운명이 아니라/선善을

172

추구하고 세상을 이해할 운명이네."[34] 레비는 함께 걷던 사내에게 이 구절을 읊고 번역해줬다. 레비는 살아남아 기적 같은 책들을 썼으니, 정말 말뜻 그대로 아우슈비츠 이후의 시를 쓴 셈이다.

1940년 죽기 전 한 친구에게 보낸 마지막 편지에서, 저 비길 데 없고 독특한 독일계 유대인 에세이스트이자 문예 이론가 발터 벤야민은 이렇게 썼다. "우리가 오늘 무사히 발표하는 글 한줄 한줄은—우리가 그 글을 내맡기는 미래가 아무리 불확실하더라도—암흑의 힘에서 쟁취한 승리다."[35]

13

HOPE IN THE DARK

대체역사의 천사

벤야민이 늘 낙관적이었던 건 아니다. 「역사철학에 관한 테제」의 가장 유명한 구절에서 그는 이렇게 썼다.

> 역사의 천사도 이런 모습일 것이다. 그의 얼굴은 과거로 향해 있다. 우리가 사건의 연쇄를 보는 자리에서 천사는 파괴의 잔해를 연이어 쌓아올려 자신의 발 앞에 내던지는 단 하나의 재난을 볼 따름이다. 천사는 머무르면서 죽은 자를 깨우고 박살난 것을 온전하게 만들고 싶지만 낙원으로부터 폭풍이 불어온다. 날개가 너무도 거세게 폭풍에 휘말려서 천사는 날개를 접을 수가 없다.[36]

벤야민이 형상화한 역사는 벌어지는 일을 피동적으로

겪기만 하는 존재로서, 절망에 빠진 그 존재의 모습은 오로지 그 이미지의 숭고함에 의해서 구원받고 있을 따름이다. 그가 「테제」를 썼을 때 제3제국의 폭풍이 그에게 닥치고 있었고 그 폭풍이 그해 말 그를 죽음으로 몰아갈 터이므로, 벤야민이 왜 비극적이고 옴짝달싹 못 하는 역사를 그렸는지는 쉽게 상상이 된다. 게다가 비극은 유혹적이다. 누가 뭐래도 비극은 아름답다. 살아남는 건 우스꽝스럽다. 위대한 예술을 빚어내는 건 전자다. 하지만 나는 또다른 천사, 희극적 천사, 대체代替역사의 천사를 제안하고 싶다.

여러해 동안 나는 (밥 풀커슨을 만난 일의 또다른 결과로) 네바다주 전체를 기반으로 한 비영리 환경·반핵 단체 '시민 경보'의 이사로 일했다. 언젠가 나는 영화 「멋진 삶」을 모델로 삼아 그 조직을 위한 기금 모금 안내문을 쓴 적이 있다. 그 영화에 나오는 천사의 이름은 전혀 영웅답지 않게 클래런스Clarence였는데, 운이 없으면서도 기죽는 법이 없고 희망에 차 있는가 하면 실수투성이였다. 프랭크 캐프라 감독의 이 영화가 급진적 역사의 모델이 될 수 있는 건 주인공 자신이 없었더라면 세상이 어떤 모습일지 클래런스가 주인공에게 보여주기 때문인데, 이거야말로 (우리가 결코 누리지 못할) 우리 행위의 효과를 가늠해볼 수 있는 유일한 방법이다. 천사 클래런스의 얼굴은 결코 오지 않는 미래를 향하고 있다. 기금 모금 편지에서 나는 개발업자, 국방부, 동력부가 네바다주에서 벌이려고 하는 유카산 핵폐기장 건설을 위시한 여타 몹쓸 짓거리에 맞서 만약 이 조직이 싸우지 않는다면 이 주가 어떤 꼴이 될지 묘사했다. 어떻든, 대다수 환경운동의 승리는 마치 아무 일도 일어나지 않은 것 같은 모습을 띤다. 토지가 육군에 수용되지 않았다거나, 광산이 개발되지 않았다거나, 도로가 꿰뚫고 지나가지 않았다거나, 공장이 폐기물을 배출하지 않아 아이들이 천식에 걸려 숨을 헐떡이고 겁에 질리거나 화창한 날 집에 갇혀 지내는 일이 일어나지 않았다거나 하는 식이다. 그런 승리는 이야기를 통해서만 모습을 드러낸다. '시민 경보'의 가장 큰 승리는 거의 잊었다. '시민 경보'는 1980년에 MX 미사일 계획의 취소를 이끌어냈는데, 그 계획이 실현됐다면 네바다 동부와 유타 서부는 전면적 핵전쟁에서 소련 미사일을 빨아들이는 거대한 희생지역이 됐을 것이다. (그리고 오염되지 않은 사막은 미사일 이동로를 만들기 위해 포장됐을 것이다.)[37]

벤야민의 천사는 일어나는 일이 곧 역사라고 말하지만, 대체역사의 천사는 우리 행위가 중요하다고, 일어나는 일은 물론이고 일어나지 않는 일로 인해 우리가 늘 역사를 만들어가고 있다고 말한다. 그 천사만이 벌어지지 않은 몹쓸 짓을 볼 수 있지만, 결과를 좀더 꼼꼼히 살펴보는 법은 우리도 배울 수 있을 듯하다. 그러는 대신 우린 꼼꼼히 살피지 않으며, 발본적 변화도 너무 금방 당연한 현상現狀으로 받아들인다. 성추행과 데이트 성폭행이 새로운 인식 범주라는 것을 모르는 여성이 허다하고, 허드슨강과 같은 하천이 한때 얼마나 더 많은 독극물로 오염됐는가를 잊어버리는 사람이 대다수인가 하면, 1967년과 1977년 사이에야 천연두가 박멸됐다는 사실을 이야기하는 사람은 별로 없다.[38] 우리가 좀더 노력한다면 세상은 분명 더 나아질 테고, 때로는 세상이 더 나빠지는 것을 우리 노력이 막기도 했다.

시에라네바다 서쪽에는 시에라 클럽이 싸우지 않았다면 디즈니 소유의 거대한 스키장 복합시설 미네랄 킹Mineral King이 될 뻔했던 청정한 땅이 있다. 그 동쪽의 모노 호수는 지류가 복구됐고, 로스앤젤레스가 수십년간 물을 빼다 쓴 호수의 수위도 역사상 평균치를 절반 정도 회복했다. 모노 호수 위원회는 1979년부터 1996년까지 싸운 결과 호수의 물을 되돌려놓으라는 법원의 결정을 끌어냈고, 호수를 보호하기 위해 여전히 활동하고 있다. 거기서 남쪽에 위치한 올드우먼산 부근 모하비 사막에는 워드 밸리가 있는데, 이 워드 밸리는 온갖 피조물을 오염시켰을 저준위 핵폐기장 예정지였다. 다섯 지역의 부족과 반핵행동가들이 근사한 연합체를 구성해 과학적 사실을 들이대며 사막과 법정에서 10년간 투쟁한 결과, 몇해 전 결정적인 승리를 거두었다. 텍사스와 멕시코 서부 국경지대에는 씨에라블랑까라는 라틴계 사람들의 작은 마을이 있는데, 거기에도 또다른 핵폐기장 계획이 있었으나 물리쳤다. 동쪽으로 오클라호마에 이르면, 수년간의 활동 끝에 1993년 '깨끗한 환경을 위한 아메리카 원주민 모임'과 '체로키 민족'을 포함한 환경운동가들이 전세계 우라늄 생산량의 23%를 폐쇄했던 장소에 이르게 된다. 이 모든 장소는 부재의 장소, 또는 최소한 황폐화가 부재하는 장소로서, 아무것도 볼 것이 없는 수많은 장소 중 일부다. 그리고 승리는 종종 아무 볼 것도 없어 보인다.

역사의 천사는 "끔찍하다"고 말하지만, 대체역사의 천사는 "더 나쁠 수도 있었다"고 말한다. 두 천사 모두 옳지만, 후자는 우리에게 행동의 근거를 선사한다.

180

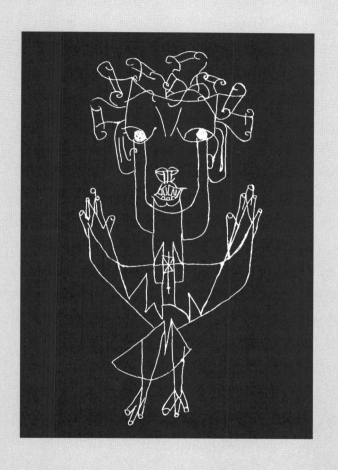

14

순록을 살리는 비아그라

HOPE IN THE DARK

구약성서의 신은 정적인 도덕 세계를 고압적으로 지배하지만, 나는 오히려 (신을 대체하는) 코요테 같은 존재가 이 세계를 주재한다고 믿는다. 코요테는 아메리카 원주민의 신인데, 불멸의 존재이면서 호색적이고 유쾌하며 임기응변에 능한 책략꾼으로, 어쩌다 실수로 재앙에 빠지기도 하지만 살아남는다. (그를 단순화해놓은 그의 증손자 —— 척 존스의 만화에 나오는 와일리 코요테 —— 와 좀 비슷하다.) 북아메리카의 창조신화는 태초부터 완벽한 세계를 그리지 않는다. 대신, 세계는 창조의 작업을 결코 마무리 짓지 않는, 결점을 지녔고 익살스러운 창조자들에 의해 만들어진다. 그 세계에는 은총의 상태도 없고 타락도 없으며 창조는 지속된다. (이것을 알고 나면, 백인들이 아메리카 원주민들을 타락 이전의 에덴동산이라는 얼어붙은 축소판 속에 위치 짓기를 좋아한다는 것이 아이러니나 희극으로 보인다.) 야훼의 세계에서는 선한 자만이 선행을 하고 미덕만이 보답을 받는다. 코요테의 세계는 좀더 복잡하다.

예를 들어, 비아그라가 멸종위기종에게 좋다는 것이 드러났다. 전통 중국 의학이 최음제나 발기부전 치료에 처방했던 (바다거북, 해마, 도마뱀붙이, 두건물범과 하프물범, 순록의 절반쯤 자란 뿔 등) 동물 신체의 일부가 새로 나온 약 덕분에 예전처럼 많이 쓰이지 않게 됐다. 비아그라의 궁극적 목적이 지구 언저리의 짐승들을 살아남게 하는 것일 수도 있음을 뜻하는 이런 상황보다 세상사가 얼마나 신비롭게 펼쳐지는가를 더 희극적으로 보여주는 것이 있을까? 이제 순록의 뿔은 그 우단 같은 털 아래 피가 수액처럼 돌면서 작은 나무인 양 자라고 있는 아직 연약한 상태에서 잘려나가지 않아도 되므로, 비아그라에 절어 있는 사람의 색정적 노고가 이기적인 것이 아니라 남몰래 순록을 위하는 일이라도 된단 말인가? 시로코 열풍은 아프리카 사막의 먼지를 유럽의 습한 지역으로 나르고, 코요테의 방귀처럼 강력하고 부도덕한 또다른 종류의 바람은 중국 침실에서 사용되던 물품들을 북극 툰드라로 돌려보낸다.

그리고 여러곳에 동물들이 되돌아오고 있다. 옐로스톤 공원에 늑대가 다시 살고 있는데, 내 친구 칩의 물음처럼,

우리가 한때 그처럼 늑대를 없애려고 애쓰던 곳에 다시 그들이 살게 하고, 한때 두려워하고 증오하던 이 짐승들의 모습과 소리를 보고 듣기를 갈망하다니, 인간이라는 좋은 도대체 어떻게 된 것일까?[39] 대평원에는 1870년대의 대학살 이래 어느 때보다 많은 들소가 살고 있으니 ─ 그리고 이 지역에 사는 인간의 수는 어떻든 줄고 있으니 ─ 수백, 수천 마일 길이의 '버팔로 목초지'를 형성하려는 구상이 실현될 수도 있겠다. 뉴잉글랜드 전역에서, 소로우의 시대나 심지어 로버트 프로스트의 시대에 농장이었던 땅이 사람 손을 타지 않게 돼 다시 숲으로 덮이자, 사슴, 무스, 곰, 퓨마, 코요테와 그밖의 다른 짐승들이 떼를 지어 돌아오고 있다. 코네티컷주의 외곽에 위치한 라임Lyme에서 이름을 딴 라임병이 전국적인 문제가 된 것도 사슴 숫자가 급격히 증가해 뉴잉글랜드부터 로스앤젤레스의 협곡에 이르는 모든 곳의 교외로 사슴이 번져갔기 때문이다. 예전 같은 미개지가 되진 않겠지만 ─ 나그네비둘기 떼가 그냥 맛보기삼아 하늘을 가리는 일은 없을 테지만 ─ 누구도 예상하지 못했던 일이 벌어지고 있다. 큰푸른왜가리great blue heron가 뉴욕의 센트럴파크와 샌프란시스코의 골든게이트파크 모두에 깃들였고, 코요테가 점점 더 많은 도시에 찾아들고 있으며, 갈까마귀 떼가 내 창밖 전선에 깃들였다.

늑대는 영국에서 18세기 중엽에 사라졌고, 곰은 그보다

몇세기 전에 사라졌다. 작년 영국에서는 사람들이 지난 여러 세기 사이에 사라진 큰 짐승들 — 늑대, 곰, 스라소니, 아메리카들소 등 — 의 복원을 논의하고 있는 사이 짐승들이 선수를 쳤다. 한떼의 야생 멧돼지가 딘숲의 경계를 벗어나 진정한 야생 생태로 돌아갔는데, 내가 읽은 바로는 그것이 네번째였다. 나는 두세기 전에 아일랜드에서 멸종된 늑대를 복원하려는 희망을 품은 아일랜드 황무지 관리자와 이야기를 나눈 적이 있고, 스코틀랜드의 대토지 소유주들이 자기네 땅을 이 육식 야생동물의 서식처로 만들려고 열심이라는 이야기도 읽은 적이 있다. 자연저술가 짐 크럼리는 "스코틀랜드 최후의 늑대는 아직 태어나지 않았다"[40]고 말한다. 환경역사학자 리처드 화이트는 시애틀의 워싱턴 호수에 수십만마리의 홍연어가 돌아왔고 사람들이 열렬히 그 연어 떼를 반겼다는 이야기를 전한다. 그가 덧붙이는 바에 따르면, 연어가 돌아온 건 오래된 귀소본능이 활성화되어서가 아니라, 워싱턴 대학 과학자들이 부화시킨 연어가 부화장으로 되돌아온 결과였다. 순수하고 오랜 과거가 되돌아오고 있는 건 아니지만 모종의 야생 상태를 포용하는, 가능한 미래의 모습 중 한가지였다. 화이트의 말마따나, "거기에 희망이 있고 그 희망을 위해 우린 순수성을 기꺼이 버릴 수 있다".[41]

　대체역사의 천사는 보이지 않는 것을 믿으라고 권하고,

코요테는 세계의 기본적인 별스러움, 그것의 유머감각, 탄력성을 믿으라고 권한다. 도덕적 세계관은 선이 덕성을 통해 성취된다고 믿지만, 때로는 육군기지가 사실상의 야생동물 보존구역이 되고 때로는 덕성도 실족을 하는 법이다. 때로는 라스베이거스식 카지노가 아메리카 원주민의 가시성을 높여주고 정치적 영향력을 선사하기도 한다(오하이오주의 로즈타운에 300만 달러를 들여 카지노와 휴양시설을 지으려는 동쇼니족Eastern Shawnee의 계획이 주지사의 제동으로 인해 2005년에 정치적 쟁점이 되기도 했다 ─ 옮긴이). 때로는 기업과 군대가 그들에게도 득이 되기 때문에 차별철폐 조처affirmative action를 요구한다.

인터넷은 미국 군부에서 발명됐지만 정보의 탈중심화된 소통과 시민행동의 조직화를 가능케 하기 때문에 우리가 미국 군부에 맞서는 데 아주 값진 무기라고 할 수 있다. 인터넷은 컴퓨터에 ─ 그리고 대개는 전기와 전화선에도 ─ 접근할 수 있어야 하고 사용법을 알아야 하기 때문에 엘리트적 도구라고 할 수도 있다. (하지만 떠돌아다니기를 좋아하는 내 친구 말에 따르면, 세계의 극히 가난한 지역 ─ 타이, 볼리비아 등 ─ 모든 곳에서, 급속도로 늘어나고 있는 인터넷 까페로 젊은이들이 모여든다고 한다.) 그러나 사빠띠스따는 인터넷을 진지하게 활용한 최초의 혁명이었고, 시애틀 세계무역기구 회의를 중단시킨 운동의 조직화는 인터넷 통신에 크게 힘입었으며, 2003년의 전세계적 반전행동도 마찬가지였다. 때로 절반쯤은 너절한 포르노 사이트로 이루어진 것처럼 보이면서도 이런 가능성에 문을 열어주는 인터넷이란 매체를 두고 뭐라 말할까? 코요테 가라사대, 도덕적 순수성과 경직된 정의定義 따위는 엿이나 먹어라, 뭐 이런 것?

15

HOPE IN THE DARK

낙원에서 후딱 벗어나기

완벽은 가능성을 두들겨 패는 막대기다. 완벽주의자는 그 어떤 것에도 흠을 잡는 능력이 있고, 이런 면에서라면 좌파보다 더 높은 기준을 지닌 이들은 없다. 2003년 1월, 일리노이주 공화당 주지사 조지 라이언이 167개의 사형선고를 뒤집으며 그 주 모든 사형수의 형 집행을 유예했을 때, 풋볼 챔피언이라도 된 듯 머리 위에 샴페인을 쏟아부었어야 할 상황임에도 그 조처의 세부사항에 흠을 잡고 투정을 한 급진적 논평가들이 있었다. 하지만 즐거움과 축제를 받아들일 줄 아는 이 새로운 운동과 저 고리타분한 명망가들의 간극은 점점 벌어지고 있다. 저들의 까다로움은 전면적 승리가 아닌 건 뭐든 실패라고 보는 완벽주의에서 오기 일쑤인데, 그런 전제는 처음부터 포기하거나 가능한 승리를 폄하하는 것을 손쉽게 만든다. 우린 땅 위에 산다. 땅이 하늘이 될 수는 없는 법이다. 잔인한 일은 언제나 벌어질 것이고, 폭력도 언제나, 파괴도 언제나 존재할 것이다. 지금도 엄청난 참화가 자행되고 있다. 이 책을 읽는 데 걸리는 시간 동안 열대우림 몇 에이커가 사라지고 생물 종 하나가 멸종할 것이며, 사람들은 강간, 살해당하고 가진 것을 빼앗기고 별것 아닌 이유로 죽어갈 것이다. 우린 모든 참화를 영원히 막을 수는 없지만 참화를 줄이고 불법화하고 그 원천과 기초를 막고 허물 수는 있다. 이런 것이 승리다. 더 나은 세상은 가능하나 완벽한 세상은 결코 가능하지 않다.

꽤 여러해 전에 나는 『맥시멈 로큰롤』이란 펑크 잡지에 특집기사를 몇차례 기고한 적이 있다. 그중 한편이 여성의 권리에 관한 것이었는데, 어떤 심사가 뒤틀린 독자가 전에는 남성이 1달러 벌 때 여성은 66센트를 벌었지만 지금은 여성이 77센트를 버는데 무슨 불평이냐고 편지를 보내왔다. 77센트가 66센트보다는 낫지만 77센트로는 충분하지 못하다는 걸 인정하는 것이 그렇게 복잡할 건 없어 보이지만, 우리의 정치는 양극단을 오갈 뿐이어서, 우린 이 일을 단지 두가지 방식으로만 말한다. 첫째, 77센트는 승리이고 승리는 입을 닫고 싸움을 멈추어야 할 지점이다. 둘째, 77센트는 너절하므로 운동은 아무것도 이루지 못한 셈이고, 따

라서 투쟁은 무의미하다. 그런데 이 둘 모두 정태적^{靜態的} 태
도이므로 패배주의적이다. 이 두가지 이야기 방식에서 빠
져 있는 건 길을 가고 있지만 채 도착하지 않은 상황, 자축
과 투쟁을 동시에 해야 할 이유가 있는 상황, 세계가 항상
만들어지는 와중에 있고 결코 완결되지 않은 상황을 인식
하는 능력이다. 빠져 있는 건 야훼가 아니라 코요테 식으
로 세계를 보는 감각이라고 할 수도 있겠다.

   남아프리카에서는 아파르트헤이트 체제가 수십년에 걸
친 온갖 영웅적 투쟁 끝에 전복됐지만 경제정의는 채 실현
되지 않았다. 말하자면 77센트짜리 승리였다. 바츨라프 하
벨은 공산주의자들에게는 대단한 골칫거리였지만, 체코슬
로바키아와 체코공화국의 대통령으로서는 77센트 정치가
에 지나지 않았다. 시애틀의 그라피티에는 "우린 이겼다"
가 아니라 "우린 이기고 있다"고 씌어 있었다. 이렇게 함
으로써 우린 성공하고 있다고 느끼면서도 자만에 빠지지
않을 수 있고, 도전받고 있다고 느끼면서도 패배감에 빠지
지 않을 수 있다. 승리는 대개 일시적이거나 미완성이거나
어떤 식으로든 흠을 지니기 마련이므로, 그런 승리도 어쩌
다 얻게 되는 놀라운 승리 못지않게 축하해야 옳다. 멈추
지 않는 것이 중요하다. 우리가 언젠가 1달러 대 1달러의
형평에 도달한다 해도 그건 이제 무언가 다른 일에 매달릴
여유가 생겼다는 뜻일 뿐이다. (가령, 미국 여성의 남성 대

비 임금은 상승했지만 대다수 노동자의 임금과 경제적 안정성은 1970년대 이래 전반적으로 하락했다.) "유토피아는 지평선에 걸려 있다"고 갈레아노는 선언했다.[42] "내가 두걸음 다가가면 유토피아는 두걸음 물러난다. 내가 열걸음 다가가면 유토피아는 열걸음 더 멀어진다. 유토피아가 왜 있는가? 이것, 즉 걷기를 위해 있다."

유대·기독교 문화의 중심적 서사는 낙원과 타락이다. 그건 완벽과 상실의 서사인데, 깊은 상실감은 완벽에 대한 믿음에서 비롯되는 것인지도 모른다. 보수주의자들은 과거에 현재를 투사해서 사람들이 전에는 모두 정직하고 신앙심이 두텁고 점잖게 차려입었고 핵가족에 만족했다는 이야기를 들먹이지만, 역사를 조금만 잘 읽어보면 그런 이야기는 사실과 다르다. 행동가들은, 유대·기독교 유산이야말로 우리가 은총을 상실한 결과라고 비난하는 사람들조차도, 낙원 이야기를 늘어놓는 경향이 있다. (그들의 낙원이 모계사회적이거나 채식지상주의적이거나, 아니면 고전적 사회주의 기술유토피아의 이면일 수도 있지만.) 그리고 그들은 가능한 것을 완벽한 상태에 거듭 견주면서 후자에 근거해 전자를 흠잡는다. 낙원은 정태적 장소로, 역사 이전이나 이후의 장소로, 쟁투와 파란만장한 사건과 변화 이후의 장소로 상상된다. 전제인즉슨 일단 완벽한 상태가 도래하고 나면 변화는 더이상 필요하지 않다는 것이다. 사람들이 구원과 귀가歸家를 믿고 운동은 일상적 실천이 아닌 위기에 대한 반응이라고 믿는 것도 이 완벽이라는 관념 때문이다.

　나방과 여타 야행성 곤충은 달과 별을 보고 방향을 가늠한다. 이 날벌레들은 지표면에서 결코 멀리 떨어지지 않지만, 그들이 길을 찾는 데는 하늘의 달과 별이 유용하다. 그러나 전구와 촛불이 길을 헤매게 만들고, 그들은 열기나 불 속으로 날아가 죽는다. 이 날벌레들에게는 목표에 도달하는 것이 곧 재앙이다. 행동가들이 하늘을 지표면의 이동에 필요한 하나의 관념이 아니라 도달해야 할 목표라고 오해할 때, 그들은 스스로 불에 타 사라지거나 전체주의적 유토피아를 세워 그 속에서 다른 사람들이 불에 타게 만든다. 전구를 달이 오인해서도 안 되고 우리가 달에 착륙하지 않는다고 달이 쓸모없다고 생각해서도 안 된다. 수천년 동안 달에 관한 시가 씌어진 뒤, 우주복을 입은 사내들이 30년 전 깃발과 골프채를 들고 달 표면을 육중한 걸음으로 거니는 모습은 참으로 썰렁했다. 달은 우리가 거기 착륙하지 않을 때만 신비롭다.

　낙원은 도착지가 아니라 그곳으로 향해 가는 여정 속에 있다. 때로 나는 승리가 일시적이거나 불완전해야 한다고 생각한다. 도대체 어떤 종류의 인간이 낙원을 견디고 살아남을 수 있을까? 산업화된 세계는 호사와 한적함, 관능미를 갖추고, 막다른 골목과 케이블 TV, 차 두대가 들어가는 널찍한 차고 등이 있는 교외의 저택을 통해 낙원을 흉내내려 애써왔지만, 결과는 차츰 절망과 영혼의 쇠약함으로 이어지는 나른한 권태였고, 낙원이 이미 강제수용소가 돼버렸음을 보여줬다. 수없이 많은 십대들이 그렇게 말할 것이다. 왜냐하면 낙원은 우리에게 용기와 이타심, 창의성과 열정을 요구하지 않으니까. 이야기에 나오는 낙원은 전부 수동적이고 정태적이며, 유심히 읽어보면 영혼이 없으니까.

바로 그래서 시인 존 키츠는 온갖 고통을 품은 이 세계를 "영혼을 빚어내는 계곡"[43]이라고 불렀고, 바로 그래서 위기는 종종 우리에게서 최선의 모습을 이끌어낸다. 몇몇 상상력이 풍부한 기독교적 이단자들은 낙원에서 우리를 해방시켰다고 해서 이브를 경배하는데, 이것이 곧 다행스러운 타락fortunate fall의 신화다. 이단자들은 타락 이전에는 우리가 제대로 인간답지 않았다는 것을 인식했다. 낙원에서 아담과 이브는 도덕성, 창조, 사회, 삶과 죽음 등과 씨름할 필요가 없었으며, 그들이 자신의 인간성을 깨닫게 되는건 불완전한 세계가 청하는 투쟁의 과정에서였다. 이라크 전쟁이 터지던 날 우린 샌프란시스코에서 도심을 막았고 거리와 다리, 고속도로와 기업 건물 들을 막았으며, 여러 주 동안 그 행동을 되풀이했다. 그 모든 확신과 그 모든 열정 가운데 내게 유난히 두드러졌던 것 한가지는 반전행동의 핵심 조직가 중 하나였던 고팔 다야네니가 어느 일간지로부터 왜 체포되는가라는 질문을 받았을 때 던진 대답이다. "나는 영혼을 지녔거든요."[44]

  행동주의 운동의 최근 경향은 승리가 멀리 있는 어떤 절대적 상태가 아니라 승리를 거두는 과정이라는, 달 착륙이 아니라 비행 과정이라는 깨달음에서 출발한다. 이런 깨달음에 충실한 많은 생각과 실천이 나타났다. 우리가 갈망하는 것을 우리 스스로 체현한다면 우린 이미 성공하고 있는 것이라는 생각을 나타내기 위해 '예표의 정치'politics of prefiguration라는 용어가 오래전부터 사용됐다. 행동주의 운동이 이미 민주적이고 평화적이고 창조적이라면, 세상의 한 작은 귀퉁이에서 이런 가치들이 승리를 거둔 셈이다. 이 모델에 따르면 행동주의 운동은 상황을 변화시키는 데 쓰는 도구 상자일 뿐만 아니라 거처로 삼고 신념에 따라 사는 집이기도 하다. 비록 그 집이 — 이 참여의 낙원, 이 영혼을 빚어내는 계곡이 — 임시적이고 지역적인 장소라고 하더라도.

  변화가 강압에 의해서뿐만 아니라 영감과 촉매에 의해서도 일어난다는 것을 인식하는 행동가들에게 이건 중요한 믿음이 돼왔다. 운동은 두가지 주된 경향을 가진 것으로 표현할 수 있을 텐데, 하나는 자기 바깥의 문제되는 상황을 바꾸려는 시도이고, 다른 하나는 좀더 나은 어떤 것을 건설하려는 시도다. 물론 그 두 경향은 되물릴 수 없이 그리고 필연적으로 뒤얽혀 있으며, 또 그것이야말로 예표의 정치의 요체다. 이런 생각 자체도 벤야민의 다음과 같은 말 속에 예표돼 있다. "계급투쟁은 (…) 고상하고 정신적인 것들이 존재하는 데 불가결한 조야하고 물질적인 대상을 둘러싼 싸움이다. 그러나 계급투쟁에서 고상하고 정신적인 것들은 승자에게 굴러떨어지는 전리품의 형태로 드러나지 않는다. 그것들은 이 투쟁에서 신뢰, 용기, 해학, 기지, 불굴성 등으로 나타난다."[45] 그것들은 여행 과정 내내 존재하며, 당도하는 일 자체는, 적어도 영혼에 이로운가 여부를 따진다면, 고작해야 무의미하거나 최악의 경우에는 해로울 수도 있다. 1990년대 후반 영국을 떠들썩하게 했던 운동 '거리를 되찾아라'는 이 점을 멋들어지게 체현했다. 항의 대상이 고립, 사유화, 소외 등이라고 한다면, 모든 사람에게 무료로 개방된 파티를 개최하는 건 단지 항의일 뿐만 아니라 해결책이기도 하다는 것이 그 운동이 벌인 거리 파티의 전제인 것처럼 보인다. 이 해결책은 하킴 베이가 '일시적 자율지구'라고 불렀던 방식이다. (베이는 이런 해방의 순간을 통념적 혁명과 견주면서, 후자는 "혁명, 반동, 배신, 더 강력하고 더 억압적인 국가의 건설 등으로 이어지는 예상되는 곡선, 즉 여론의 승인을 받은 궤도로 나아간다. (…) 이 곡선을 따르지 않음으로써, 들고일어남

up-rising은 알고 보면 악순환에 지나지 않는 헤겔의 '진보'의 나선운동 바깥과 너머에 운동의 가능성이 존재한다는 것을 암시한다"[46]고 했다.) '거리를 되찾아라' 운동과 도로 반대 운동이 떠맡고 나섰던 것은 영국의 탈산업화라고 할 수 있는 문제, 즉 일상적 삶의 민영화, 그리고 여전히 살아 숨 쉬는 자연경관과 지역사회에 괴물 같은 도로와 고속도로를 떠안기는 문제였다.

몇몇 아름다운 순간도 있었다. 나무가 잘려나가는 것을 막기 위한 전술로 사람들은 나무 위에 거처를 잡고 거기에서 우편물을 받음으로써 나무를 합법적 주거지로 만들었다. 어떤 '거리를 되찾아라' 운동 파티에서는 사람들이 고속도로의 고가도로에 몰려가, 레이브 음악을 크게 틀어 소리를 감추고, 몰래 들여온 휴대용 착암기를 장대걸음하는 노부인의 거대한 종 모양 스커트 밑으로 숨겨 콘크리트 바닥에 대고 구멍을 뚫고는 거기에 나무를 심었다. 런던 도심에서는 전세계 행동가들과 연계함으로써 지구적 반자본주의 시위가 된 대규모 거리 파티들이 열렸다. 해학, 창조성, 터무니없음, 흥청거림 등이 '거리를 되찾아라' 운동의 징표였다. 이 운동이 전성기를 맞은 다음 중단된 것도, 상황이 진전되고 초점도 다른 데로 옮아갔다는 인식의 반영으로, 일종의 승리였다. 그 대신, 이 운동의 도발적 사육제 정신과 지구적 인터넷 소통, 그리고 일시적 승리의 전술은 뒤이은 지구적 정의운동이 구사하는 어휘의 일부분이 됐다. '거리를 되찾아라' 운동이 분해된 흙에서 새 꽃이 피어난 것이다.

캘리포니아에서 어느날 나는 아일랜드에서 온 선불교 주지가 아르헨띠나인 보르헤스를 인용하는 것을 듣는다. "낙원의 순간이 없는 날은 없다." 그리고 나날은 이어진다.

거대한 분수계를 가로질러

시인이자 논객인 준 조던이 언젠가 이렇게 썼다.

　우리 영혼의 보석을 하나라도 잃지 않도록 조심해야 한다. 우리 지금 세계를 갈라놓아 불필요한 갈등에 빠지게 하는 백색의 이분법을 거부해야 한다. 예컨대 맬컴 엑스와 킹 박사 중 한 사람만을 택하는 건 비극적이면서 우스꽝스럽다. 그 두 사람은 저마다 우리가 처한 곤경의 매우 다른 양상에 맞서는 데 온몸을 던졌고, 두 사람 다 아직 지속되고 있는 우리의 투쟁에 말 그대로 목숨을 바쳤다. 우린 모든 사람이 필요하고 우리의 모든 것이 필요하다.[47]

조던은 패배를 자초하는 원인인 분열, 차이는 필연적으로 적대관계라고 전제하는 분파주의를 버리라고 요구한다. 현재의 행동주의 운동도 마찬가지를 요구한다.

내가 윤곽지으려 했던 새천년의 도래는, 다른 방식으로 이야기하자면, 우리가 세계를 상상하는 기준이던 이분법과 적대관계의 사라짐이라고 할 수 있다. 소비에뜨권의 종말은 더이상 자본주의와 공산주의가 오랫동안 동서의 대립으로 묘사돼온 차이의 세계 또는 정치적 교착 상태를 규정하지 않음을 뜻했다. 사빠띠스따는 5년 뒤 자본주의도 공산주의도 아닌 정치를 내걸고 등장했지만, 개인과 공동체와 지역으로부터 권력을 앗아가는 수단이라는 점에서 그 두 체제를 은연중에 같은 위치에 놓았다. 대립관계는 환상이기 일쑤다. 예컨대 아리스토텔레스주의자와 플라톤주의자 간의 해묵은 구분은 이 두 진영이 도교나 무당의 입장에서는 매우 유사해 보인다는 사실을 간과한다. 젠더는 한때 명확한 대립항들의 쌍으로 상상됐지만, 지금은 해부학적 구조와 친연성과 끌림의 연속적 스펙트럼으로 새롭게 상상되고 있다.

시효가 지나버린 또 하나의 이분법은 우파와 좌파다. 이 용어들은 여전히 아무 때나 동원되는데, 이것들이 나타내는 건 무엇인가? 이 용어들은 1789년 혁명 뒤 프랑스 국민의회 좌석 배치 방식에서 나왔다. 좀더 급진적인 인사들이 왼쪽에 앉았고, 그리하여 이후로는 늘 급진주의자들은 좌파가 됐다. 그러나 좌석 배치는 18세기 이래 바뀌어왔다. 지난 15년간은 크게 바뀌었다. 아니, 우리 모두 마침내 자리에서 일어나 새로운 곳, 미지의 곳으로 이동하기 시작한 것인지도 모른다. '좌파'라는 용어에는 급진주의자와 혁명가의 됨됨이를 더이상 규정하지 않는 (그다지 규정한 적도 없는) 사회주의, 유토피아주의, 그리고 때로는 권위주의 같은 함축의 꾸러미가 따라다닌다. 무정부주의자와 공산주의자의 차이는 플라톤주의자와 아리스토텔레스주의자의 차이보다 훨씬 클 수도 있다. 좌파 강령에 담긴 모든 항목을 받아들이면서도 좌파 및 그 유산과 동일시되는 것만큼은 거부할 성싶은 사람들도 많이 있다.

공화당원들이 관습상 우파적이라고 생각됐을 만한 것에서 약간 더 전체주의적인 어떤 것으로 이동하고, 새 노동당 행정부가 한때의 좌파정당치고는 중도적인 입장에 진을 치자, 양쪽 모두에 반대자들이 나타났다. 이전에도 기이한 경우들이 줄곧 있었다. 동물 권리 행동가들이 반환경적 목표를 좇는가 하면, 페미니스트들이 낙태반대자들과 도색작가의 언론자유를 제한하는 것을 지지하기도 했는데, 이 모든 건 둘보다 훨씬 많은 정치적 입장이 존재하며 낡은 용어는 우리를 눈멀게 할 따름임을 보여준다.

저 우파, 좌파의 배지 없이 어떤 동맹관계, 친연관계가 발생할 수 있을까 하는 것이 나는 종종 궁금했다. 예를 들어 최근의 미국 민병대 운동은 가부장적·복고적·민족주의적·호전적 성향을 띠고 유엔에 대한 갖가지 기이한 환상을 품고 있지만, 지역성을 중시하고 그것이 초국적인 것에 의해 삭제될까 두려워한다는 점에서 우리와 공통되는 면도 있다. 총을 들고 훈련을 하던 그 사내들은 우리의 동맹이 되기에는 너무 기이해 보였을지 모르지만, 그들은 단지 자신들의 생계와 공동체가 망가지는 것을 지켜보아야 하는 사람들의 소외감, 의구심, 두려움의 거대한 파도 위에 뜬 허연 거품일 따름이었다. 만약 우리가 그 파도 속 사람들에게 직접 말을 건넬 수 있었다면, 만약 우리가 공통된 기반을 찾을 수 있었다면, 만약 우리가 우파나 좌파가 아니라 진정한 풀뿌리를 자신의 입장으로 삼을 수 있었다면 어떤 일이 일어났을까? 지역의 힘을 누가 어떻게 빨아먹고 있으며 그에 어떻게 대처해야 하는지에 관한 다른 해석을 그들에게 내놓을 수 있었더라면 어떤 일이 일어났을까? 우린 그들이 필요하다. 우린 넓은 기반이 필요하다. 그리고 우린 근래 좌파들이 말을 건네고 대변한 것보다 훨씬 더 많은 사람들에게 호소력을 지닐 수 있는 수사가 필요하다.

1960년대 후반에 유년시절을 보낸 사람에게는 그 시기가 90중 추돌사고 같은 혼란의 극치로 보이거니와, 그 이야기를 길게 할 것도 없이, 대항문화적 좌파가 진보적 정치를 공중납치한 다음, 대다수 노동자를 멀어지게 만들 게 거의 확실한 어떤 것으로 바꿔치기한 게 아닌가 하는 생각이 강하게 든다. 나는 남부의 가난한 백인 노동자들을 '레드넥 백인 쓰레기'라고 멸시하도록 부추기는 좌파 사이에서 자랐다. (일부 남부 백인 노동자의 인종주의는 다른 지역 중산층이 스스로 진보적이라고 느끼며 계급전쟁을 수행하는 데 편리한 구실이 됐다.) 행동가들은 백인 급진주의자들이 설치던 1960년대를 바탕으로 대중매체들이 만들어낸 고정관념을 — 우리 모든 행동가들이 버릇없고, 냉소적이고, 비애국적이고, 때로는 난폭하기도 한 성급한 사람들이라는 이미지를 — 벗어버리려고 지금까지 애쓰고 있다. 물론 오늘날의 행동주의 운동은, 잘 알려진 시민권 운동가들이나 여전히 활동 중인 많은 풀뿌리 행동가들 등, 1960년대의 여러 다른 모습에 빚지고 있다.

이런 점도 1999년 시애틀이 그처럼 뜻깊은 이유 중 하나다. 시애틀의 조직연합들은 미국의 블루칼라 노동자들이 환경운동가, 무정부주의자, 원주민행동가, 한국에서 프랑스에 이르기까지 여러 나라에서 온 농민들과 적어도 어느 정도 가까워지고 있다는 사실을 보여주었다. 전세계 농민들은 자유무역으로 인해 유린되고 있으며, 이런 상황은 그들 중 다수가 급진적 경향을 띠게 만들면서 새로운 연합체, 새로운 운동, 1억의 구성원을 지닌 100개 국가의 연합체인 비아 깜뻬씨나 같은 운동을 낳았다. 행동가이자 이론가인 존 조던의 지적에 따르면, 멕시코 좌파가 치아빠스로 가서 토착민들과 공통되는 기반을 발견했을 때 멋들어진 연합체가 태어났던 것과 마찬가지로, 농민 조제 보베와 그의 동료들은 프랑스 농촌에서 이와 유사한 연결관계를 형성한 혁명가들이었다. 미국 서부에서도 이와 유사한 어떤 것 — 이와 똑같이 열린 마음을 지닌 어떤 것, 낯선 사람들이 한 침대에서 각자의 차이를 조정해가며 행복하게 지내는 경우처럼 정치적 동거관계의 최선의 모습을 띠는 어떤 것 — 이 일어나고 있는 중이다. 좌파라고 불리는 세력은 올바름을 징표로 삼기 일쑤였는데, 정파적 정의正義에 불과한 이 올바름도 몇몇 근사한 새 전술, 운동, 연합에 자리를 내주며 사라지고 있다.

네바다주 벽지 유리카에서 열린 '시민 경보'의 1996년 이사회 때, 달리 맥주 마실 술집이 없었던 탓에 반환경론자가 운영하는 술집에서 우리 모두 한잔씩 하게 됐다. 바 뒤쪽에 판매용으로 펼쳐놓은 자주색 랭글러WRANGLER 티셔츠에는 '랭글러'가 무엇의 약어인지 쓰여 있었다. 그건 '쓰잘 데 없는 좌파 환경운동가 급진똥대가리들에 반대하는 서부 목장주들'Western Ranchers Against No Good Leftist Environmentalist Radical Shitheads이었다. 그날 저녁 나는 환경운동가들이 자기를 미워한다고 여기는, 큰 모자를 쓴 젊은 목장주 옆자리에 앉게 됐다. 알고 보니 그의 집안은 그 지역에서 여러 세대에 걸쳐 목장을 운영하고 있었고, 근사한 새 용어로 표현하지는 못했지만 그는 지속 가능한 순환방목법에 대해 꿰뚫고 있었으며, 자신이 싫어하는 약탈식 방목 방식을 쓰는 목장주들 또는 그보다 더 싫어하는 광산업자들과는 달리 자기 목장 풀로 소의 배를 불린다고 자랑했다. 저녁 술자리가 끝나갈 무렵, 나는 그에게 그가 하는 정도면 괜찮다고 여기는 환경운동가들도 있을 거라는 확신을 주었으며, 그는 내게 위스키를 사고 있었다.

그는 피해망상 환자가 아니었다. 민병대 운동과 마찬가지로 '현명한 사용' 운동과 사유재산권 운동은 진보주의자나 환경운동가보다 훨씬 더 성공적으로 농촌사회로 뻗어나갔다. 오랫동안 숱한 환경운동가들은 목장주를 악마 취급했다. 소떼가 미국 서부를 유린하고 있다는 것이 정설로 통했지만, 마침내 여러곳의 환경론자들도 때로는 목장주들이 개발제한지역을 지켜내고 있다는 사실을 깨닫게 됐다. 목장주들이 밀려나고 나면 개발이 시작됐던 것이다. 어떤 방목 방식은 풍경을 황폐하게 만들고 있었지만, 또 어떤 방식은 좀더 잘 운영되고 있었고, 강기슭 보호, 순환방목법, 화재 생태 등에 관한 새로운 발상 및 여타 방목장 관리 방식으로 목초지를 돌보는 방법을 개선해나가고 있었다.

  목장주 가족들은 일반적으로 자신들의 토지를 사랑하고, 환경운동가는 엄두도 낼 수 없을 만큼 그 토지를 소상히 알고 있다. 어떤 가족은 거기에서 한세기 동안 살았고 한세기를 더 살고 싶어한다. 그리고 그들 역시 전세계 농민들과 마찬가지로 지구화와 농촌의 산업화(육류, 채소 및 곡류를 생산하는 공장식·기업적 체계)로 인한 가격 하락 때문에 고통을 겪고 있다. 이미 농민이 운동의 주축이 된 다른 많은 나라와는 달리, 대다수 미국 목장주는 지구적 정의운동에 아직 합류하지 않았다. 지난 수십년 사이, 토지재단land trust과 보존지역권保存地役權(자격요건을 갖춘 기관이나 정부가 환경보존 등을 위해 해당 지역 토지 소유권자의 권리 행사를 제한할 수 있는 권한 — 옮긴이)을 형성하기 위해 목장주들과 공동으로 작업하고 있는 자연보존위원회 같은 단체에서부터 환경운동가와 목장주의 연합체에 이르기까지, 미국에서는 많은 연합관계가 형성됐다. 와이오밍주에서는 광범위한 탄층 메탄가스 채굴 작업이 많은 목장들을 황폐하게 만들면서 공화당원인 목장주들을 환경운동가들과 연합하도록 압박했고 콜로라도주, 뉴멕시코주, 애리조나주에서도 전원주택 및 휴양지 개발, 농업용수 위기, 지력이 고갈된 토지를 되살려야 할 필요 등으로 인해 목장주들과 환경운동가들이 연합했다.

과거 환경운동가들은 '인간의 손을 타지 않은 자연' 대 '유린당한 자연'이라는 순수주의적 기준을 갖고 일해왔다. 하지만 목장주들과 함께 일하는 가운데 중도적 입장의 가능성이 열렸다. 이 입장에서 보면 범주들은 서로 겹치기 마련이었고, 인간도 풍경 속에 ─ 화이트칼라가 휴가를 즐기는 풍경뿐만 아니라 노동이 있는 풍경 속에 ─ 저마다의 자리를 잡게 되며, 운동도 반드시 반대만 할 필요가 없게 된다. 이건 한때 화이트칼라가 압도적 다수로서 주도하던, 그곳에 실제로 살면서 해당 자원으로 일하는 사람들을 소외시키는 데 상당히 능했던 환경운동의 계급정치에 큰 변화가 일어났음을 의미한다. 서부에서 이건 거대한 이분법의 해체, 거대한 문화전쟁, 변화가 작동하는 방식의 새로운 창안을 뜻한다. 우리 모두에게 이건 매우 다른 집단들이 서로 공유하는 것에 기초해서 연합하고, 차이는 제쳐둘 수 있는 새로운 종류의 운동을 의미한다. 컬트와는 달리 연합에는 차이가 요구되는데, 때로는 이전 운동들의 이데올로기적 리트머스시험이 운동들을 극단적인 종파주의로 몰아가기도 했던 것처럼 보인다.

　'급진적 중심'radical center이라는 용어를 만들어낸 사람은 맬파이 경계지역 집단의 공동창립자로 애리조나 환경운동가이자 목장주인 빌 맥도널드인 듯한데, 이 개념은 목장주, 환경운동가, 정부 담당자가 함께 작업하는 가운데, 농촌 생계의 보호와 토지 자체의 보존이 동일한 목표임을 알게 된 공간을 뜻한다. 뉴멕시코의 키버러 연합이 가장 두드러진 예지만, 서부 전역의 많은 작은 조직이 이 중심에서 일하고 있다. 콜로라도주 스팀보트스프링 부근에서 목장을 운영하며 '콜로라도 목장주 농지재단'을 이끄는 린 셰러드는 이렇게 회상한다. "환경운동가들과 목장주들은 서로 적대하고 있었는데, 우리가 싸우는 사이 개발업자들이 계곡을 앗아가더군요. (…) 우리에게 차이보다 공통점이 훨씬 더 많다는 것을 알게 됐지요."[48]

고전적 환경운동은 개입과 반대 위주여서, 다른 쪽의 행동을 막기 위해 압력과 법과 소송을 활용한다. 저술가이자 뉴멕시코의 토지 경영자인 윌리엄 드비스의 정의에 따르면, 급진적 중심은 "늘 하던 방식을 버리는 것이다". 그리고 그것은,

편협하지 않다. 무슨 뜻인가 하면, 이런 종류의 일을 하기 위해서는 누가 어디 출신이며 어떤 종류 모자를 썼는지를 묻지 않고, 그 사람이 기꺼이 가고 싶어하는 곳이 어딘가, 상호이익이 되는 문제에 건설적으로 매달릴 뜻이 있는가 하는 데 초점을 맞춘다. 급진적 중심의 작업은 다양한 도구를 사용하는 데 적극적 관심을 보인다. 일을 하는 데 한가지 방식만 있는 건 아니다. 우린 커다란 도구 상자들을 확보하고 대가 없이 도구를 빌려주고 또

빌릴 필요가 있다. 급진적 중심의 작업은 실험적이다. 작업 도중 모든 단계에서 계속 새로운 대안을 개발한다. 약간의 수정도 가할 수 없을 만큼 완벽한 건 없고, 수리하려는 시도가 무의미할 만큼 형편없이 망가진 것도 없다.[49]

소송을 일삼던 기존 운동이 적으로 여기던 상대를 잠재적 동맹 세력으로 여긴다는 점에서 희망찬 실천이다. 기존 운동의 호전적 개입 방식과 대조적으로 평화를 불러오는 실천이다. 모든 것에 대한 올바른 해답이 되지는 않지만 ── 그 어떤 것도 그럴 수 없거니와 ── 뜻깊은 새 모델이다.

오하이오의 전설적 농장노동자 조직가 볼디머 빌라스케즈의 전복적 전술도 마찬가지다. '농장노동자 조직 평의회'의 창설자인 빌라스케즈는 말한다. "먼저, 나는 어느 누구든 반대편으로 여기지 않아요. 잘못된 정보를 지녔거나 잘못된 교육을 받았거나 아니면 그냥 생각이 잘못된 거지요. 나는 그런 식으로 사람을 바라봐요. 우리가 하는 일, 다시 말해 이주노동자에게 정의를 찾아주는 건 선하고 올바른 일이어서 모든 사람이 우리 편이 될 수밖에 없다고 믿죠."[50] 빌라스케즈는 반대편이라고 여겨질 법한 사람들에게 직접 말을 건네고 때로는 그들을 자기 편으로 만드는데, 이건 캠벨수프 및 여타 식품기업에 대한 불매운동이 그랬듯, 숱한 조직화 싸움에서 그에게 큰 힘이 돼준 전술이다. "무엇을 차려내느냐가 중요한 것이 아니라 어떻게 차려내느냐가 중요하지요"라고 그는 내게 말했다. "사람들을 내 쪽으로 끌어들이려면 그들에게 낯익은 어떤 관점에서 정보를 제공해야 합니다."

예를 들면, 오하이오주 털리도의 어느 기독교학교에 다니는 기독교도 공화당원의 아이들을 끌어들일 때 그는 성경말씀을 인용했다. 안수받은 목사인 빌라스케즈는 그때 경험을 이렇게 묘사한다.

강당에 모인 고등학생, 중학생으로 이루어진 500명쯤 되는 거대한 회중 바로 앞에서 성경을 펼치고는 이렇게 말했지요. '하나님 말씀에 어떻게 나와 있는지 보도록 합시다. (…) 성서상의 전 역사에서 하나님께서 간절히 보살피시는 세 무리의 사람들이 있다고 나와 있어요. 고아, 과부, 이방인이군요. 여러분 가운데는 하나님께서 간절히 보살피시는 이들 세 무리 사람에게 무언가 해주고 싶은 사람이 얼마나 되지요?' 강당에 모인 아이들이 전부 손을 들더군요. 그래서 내가 그 아이들에게 세가지 일을 하라고 일렀지요.

그는 아이들에게 점심시간에 금식하게 만든 다음 점심 값을 이 나라에서 참혹하게 죽어간 멕시코 출신 공장노동자의 부인과 아이 들을 위해 헌금하게 했다. 그는 아이들로 하여금 제 부모와 교회 회중을 설득하도록 했고, 멕시코 산간지대 나우아틀 인디언 마을에 사는 가족에게 모은 돈을 전달하는 데 아이들 중 8명을 동행케 했다. 그 마을에서 아이들은 멕시코 사람들을 미국으로 이주하게 만드는 궁핍의 현장을 직접 목격했다. 그다음에 그는 농장노동자들 투쟁의 표적이었던 오이절임 제품을 파는 슈퍼마켓에 항의하는 데 이 보수적 기독교도의 아이들을 300명 넘게 동참하도록 만들었다. 그는 싸움에서 이겼고 그 결과 많은 슈퍼마켓이 그 제품을 진열하지 않게 됐으며, 그에 따라 오이 생산자들은 계속 오하이오주에서 오이를 재배하는 한편 농장노동자를 물납소작인이 아닌 피고용인으로 대할 수밖에 없게 됐다. 그는 국제적 노동 쟁점, 환경정의 쟁점, 농장노동자의 노역을 조건 짓는 좀더 큰 관계망 등에 관심을 품고 작업해왔다. 하지만 그가 남다른 건 이처럼 쟁점들을 서로 연결할 뿐만 아니라 서로 다른 편들을 연결해낸다는 점이다.

17

이데올로기 이후, 또는 시간관념의 변화

미국 전역에서 일어나고 있는 이 의기에 찬 행동주의 운동의 잔물결은, 여러 중요한 의미에서, 지구적 정의운동 및 사빠띠스따와 유사한 모습을 보인다. 이데올로기를 누가 같은 편이고 어떻게 더 나은 미래를 만들 것인가에 대한 철갑을 두른 선입견이란 뜻으로 쓴다면, 심오한 의미에서 반이데올로기적인 즉흥적·협업적·창조적 과정을 이들 셋은 공유한다. 이 과정에는 열린 마음, 희망참, 기꺼이 변하고 신뢰하려는 자세가 따른다. 코넬 웨스트는 재즈 자유투사라는 개념을 들고 나오면서 재즈를 다음과 같이 정의했다. "음악예술 형식의 용어라기보다 세계에 존재하는 방식을 가리키는 용어로서, 현실에 대해 변화무쌍하고 유동적이며 탄력적인 태도를 보이고, 양자택일식 관점을 불신하는 즉흥적 양식이다."[51] 이분법적 논리와 경직된 이데올로기를 넘어서려는 유사한 여정이 그처럼 상이한 영역에서 진행되고 있다는 건, 우리가 하나의 운동에 대해 이야기하면서도 특정한 주민 집단이나 특정한 의제가 아닌 하나의 시대정신 또는 변화의 기운에 대해 이야기하고 있음을 암시한다.

아니, 어쩌면 우린 하나의 운동 또는 여러 운동들이 아니라 운동 그 자체에 관해 이야기해야 할지 모른다. 이 엄청난 변화를 파악하는 건 마치 하고많은 인간 집단이 오랫동안 눌러앉아 있던 자리에서 털고 일어나 이리저리 움직이는 모습을 보는 것과도 같다. 찰스 더버는 이것을 '세번째 물결'이라고 부르면서, '첫번째 물결'인 1960년대식 운동과 두번째 물결인 파편화된 정체성의 정치를 이 세번째 물결이 잇는다고 주장한다. "세번째 물결은 지구적 대안에 관해 심각한 새로운 정치적 고민을 시작했지만, 첫번째·두번째 물결과는 달리 기본적으로 반교리적이다. 이건 지구적 지지 세력의 엄청난 다양성을, 그리고 그들의 여러 쟁점과 관점을 수용할 필요를 반영한다. '당 노선'에 저항하는 것이 이 운동을 한데 묶어왔다."[52] 반교리적인 자세란 새롭고 기대치 않은 동맹관계, 권력의 새로운 관계망에 마음을 여는 것이다. 그건 즉흥적 여정을 선호하고 정태적 유토피아를 거부하는 것이다. 환경운동이 자연의 체계에 대한 엄청나게 더 세련된 이해로부터 혜택받았듯, 행동주의 운동도 과거의 운동들이 남겨준 과오, 영감, 도구 들에게서 혜택을 받는다.

나오미 클라인은 몇해 전 지구적 정의운동 행동가에 관해 이렇게 말했다.

> 비판가들이 항의 운동 세력에게 비전이 없다고 말할 때 그들이 정말 말하고 싶은 건 두루 합의된 포괄적 혁명철학──맑스주의, 민주사회주의, 심층생태론, 사회적 무정부주의 같은 철학──이 없다는 것이다. 그건 전적으로 사실이고 이 점에 대해 우린 무척 고마워해야 한다. 지금도 반기업적 거리행동가들은 특정한 목적을 위해 이 행동가들을 보병으로 징집하고 싶어 안달인, 지도자가 되려는 자들에게 둘러싸여 있다. 여태껏 이런 의도들을 막아내왔고 너나없이 헤프게 내미는 선언문 따위를 거부해왔다는 건 이 젊은 운동에 대한 신뢰를 더해준다.[53]

다른 곳에서 클라인은 마르꼬스와 사빠띠스따의 특징에 대해 무정부주의적인 지구적 정의운동 행동가들의 느슨한 관계망에 정확히 들어맞는 용어를 써서 "비계서적 의사결정, 탈중앙화된 조직 방식, 심층적 공동체 민주주의"라고 묘사했다.[54] 이것도 이데올로기라면 이데올로기지만, 권위의 출현으로 상상력과 참여와 적응력이 제약받는 것을 막으려는 절대적 민주주의의 이데올로기이므로, 이데올로기에 맞서는 이데올로기인 셈이다. 기존 운동의 물결들이 순수주의적이거나 청교주의적 경향을 지녔다면, 이건 넉넉하고 기쁨에 찬 불순함을 띠는데, 이 불순함은 뒤섞고 순환시키고 마구 휘젓는 데서 나온다.

멋들어진 저술가이자 행동가이며 '거리를 되찾아라' 운동에 가담했고 지금은 지구적 정의운동에 참여하고 있는, 런던에 진을 친 내 친구 존 조던이 그같은 활동 내부 깊숙한 곳에서 이렇게 써서 보냈다.

우리 운동은 전통적 좌파정치의 온갖 확신에 도전하는 정치를 창출하려고 애쓰는 중입니다. 그런 확신 대신 새로운 확신을 내놓으려는 것이 아니라, 물샐틈없거나 보편적인 해답, 계획 또는 전략이 있다는 생각을 불식하려는 거지요. 사실 우리 전략은 물과 같아야 하며, 고정되고 딱딱하고 경직된 모든 것을 유동성과 지속적인 움직임과 진화로 허물어야 합니다. 우린 과정의 정치를 건설하려고 노력 중인데, 이 정치에서 유일하게 확실한 건 올바른 때 올바른 곳에서 올바르다고 느끼는 것을 행하는 것이지요. 이 정치는 기다리지 않고 (흥미롭게도 스페인어에서 '기다리다'와 '희망하다'를 뜻하는 단어는 같지요) 바로 행동하며, 미래에 무엇을 만들어내려 하지 않고 현재 무언가를 해내려 하므로, 지금 이곳의 정치이지요. 새로운 세계를 어떻게 건설할 거냐는 질문을 받으면 우리 대답은 '우린 모르지만 함께 건설합시다'입니다. 요컨대 우린 목적이 수단만큼 중요하지 않다고 말하는 셈이며, 수단을 목적 앞에 놓고 맥락을 이데올로기의 정면에 내세우며 순수성과 완벽성을 거부함으로써, 수백년 묵은 정치적 형식과 내용을 뒤집어엎고 있지요. 사실 우린 미래에 등을 돌리고 있습니다.

그건 엄청난 도전이지요. 혼돈에 빠진 세계에서 사람들은 무언가 매달릴 것, 무언가 붙잡아줄 것이 필요한데, 만약 모든 것이 불확실하다면, 만약 불확실하다는 것만이 유일하게 확실한 것이라면, 뿌리 뽑힌 사람들, 연약한 사람들, 자신의 삶에 의미를 부여해줄 무언가를 갈망하는 사람들은 불확실한 우주의 홍수 같은 물살에 하릴없이 씻겨가고 맙니다. 그들은 흔히 희망을 확실성에서 찾지요. 예측 가능한 미래에 뿌리박은 확실성이어야만 하는 건 아니지만, 자신들이 제대로 살아가고 있다는 확신은 있어야지요. (…) 과거의 대다수 정치운동이 걸었던 매우 곧고 좁은 길의 끝에 있는 목표는 권력 장악이었지요. 미래를 통제하는 것이 거의 모든 역사적 사회변혁 전략의 뿌리에 자리 잡고 있었지만, '놓아버리는 것'——권력을 두고 떠나 자유를 찾는 것——이 우리가 할 수 있는 가장 강력한 것이라고 믿는 운동을 우린 건설하고 있습니다. 사람들에게 창조적 주체성을 되돌려주고 세계에 직접 개입할 수 있는 그들의 잠재력을 재가동하는 것이 그 과정의 핵심입니다. 주체성과 의미를 되찾고 나면 내일을 지금 그려보는 것이, 그리고 오직 미래에만 채울 수 있는 욕구를 경계하는 것이 어쩌면 가능해질 테지요. 그같은 창조의 순간에는 확실성에 대한 요구가 실천의 즐거움 속에 묻혀버리고 실천은 의미로 채워지지요.[55]

조던의 비전은 널리 공유되고 있다. 철학자 알퐁소 링구스는 "우리는 해방과 혁명의 개념을 어떤 다른 종류의 사회를 영속적으로 건설한다는 생각으로부터 진정 풀어줘야 한다"고 말한다.[56] 마르꼬스 부사령관은 이전의 혁명운동이라면 승리라고 간주했을 것이 사빠띠스따에게는 패배에 해당하리라는 점을 잘 이해하고 있기 때문에, 사빠띠스모를 "이데올로기가 아니라 통찰"이라 부른다. 사빠띠스따 연구가 존 홀러웨이는 '권력을 장악하지 않고 세계를 변혁하라'는 제목으로 선언문 성격의 책을 냈는데, 이 책은 혁명은 그 자체가 목적이며 혁명이 다음 차례의 제도적 권력이 된다면 그 정신과 이상이 꺾이고 만다는 유사한 주장을 담았다. 지구적 정의운동의 조직가인 내 동생 데이비드는 홀러웨이의 입장을 다음과 같이 정리한다.

선거를 통해서건 봉기를 통해서건 권력위치를 장악하겠다는 생각은 혁명의 목표가 권력관계를 근본적으로 바꾸는 데 있다는 점을 놓치고 있다. 국가에 초점을 두지 않고 권력위치를 확보하는 것을 목표 삼지도 않으면서 세계의 변혁을 지향하는 직접행동의 광범위한 영역이 존재한다. 한마디로 누가 국가를 통제하는가 하는 문제는 관심의 초점이 아니므로, 개혁과 혁명의 낡은 구분은 이 영역에서 더이상 유효해 보이지 않는다.[57]

일시적 자율지구, 예표의 정치, 결과가 아니라 과정이 중요하다는 명제 등을 통해 끈질기게 추구돼온 것도 바로 이것으로, 우리가 여하한 실수를 저지를지라도 그 실수는 과거의 것과는 다르리라는 약속과 아울러, 혁명의 성격에 혁명을 일으키자는 것이다.

싼디니스따 시인 지아꼰다 벨리는 싼디니스따 반군이 니까라과의 쏘모사 정권을 무너뜨렸던 1979년 7월 18일과 19일은 "신비롭고 오랜 세월을 거친 주술이 우리를 사로잡아서 창세기로, 세계 창조의 바로 그 장소로 데려간 듯했던 이틀이었다"라고 썼다.[58] 혁명의 의미에 관한 이런 다른 해석은 애써 세계를 창조하는 것이 목표가 아니라 그 창조의 시간 속에 사는 것이 목표라는 암시를 담고 있다. 그럼으로써 방점은 제도적 권력에서 의식의 힘과 일상생활 속의 실천으로, 완벽에 관한 관념을 제도화하는 것에서 저마다 세계 창조에 참여할 자유를 열어주는 혁명으로 이동한다. 벨리가 밝히듯, 혁명의 순간은 특별한 치열함 — 역사 속에 살고 있다는 치열함, 자신의 삶을 창조하고 세계를 창조하는 능력을 느끼는 치열함, 제약하고 분리하던 질곡에서 해방된 사람들 사이의 일체감을 느끼는 치열함 ─ 을 지닌다. "혁명의 순간은 개인의 삶이 갱생된 사회와 하나되는 것을 찬미하는 사육제다"라고 상황주의자 라울 바네이헴은 썼다.[59] 그렇다면 문제는 어떻게 세계를 창조할 것이냐가 아니라 그 창조의 순간을 어떻게 살려나갈 것이냐며, 창조는 결코 끝나는 법이 없고 사람들은 창조자로서의 힘을 나누어 갖는 저 코요테의 세계, 미완의 상태로 즉흥과 참여에 열려 있기에 희망찬 세계를 어떻게 실현할 것이냐다. 내가 윤곽 지어본 혁명의 나날은 희망이 더이상 미래에 붙박이지 않는 나날이며, 희망이 현재 속에 요동치는 힘이 되는 나날이다.

18

HOPE IN THE DARK

지구적 지역성, 또는 장소관념의 변화

나는 한 10년 전쯤 이모에게 1955년에 열렸던 블록버스터 전시회로서, 출품작들이 책으로도 나온 '인간 가족'The Family of Man(뉴욕 현대미술관 사진 부문 책임자 에드워드 스타이컨이 기획한 대규모 사진전. 도록은 책으로도 출간돼 현재까지 400만부가 팔렸다 ― 옮긴이)에 관해 당시 회자되던 비판을 그대로 읊어 드린 적이 있다. 두루뭉술하게 윤색된 보편적 인간성에 관한 주장, 모성이나 투표 또는 노동이 어디서나 궁극적으로 같다는 암시를 담은 사진 등이 포스트모더니즘과 다문화주의가 이미 강조한 차이점을 무시했다고 해서 '인간 가족'을 비난하는 것이 당시에는 유행이었다. 이모께서 부르짖으셨다. "넌 몰라, 그때 어땠는지. 우리가 얼마나 갈라져 있었는지, 전쟁과 대량학살 이후 인종주의가 여전히 기세를 떨치던 그때 공통된 기반을 찾는 것이 얼마나 중요했는지 넌 몰라." 지역성에 초점을 맞추는 최근 경향은 보편성을 담보하는 '진실'이라는 모더니즘적 관념에 대한, 그리고 동질화하고 권력을 공고화하는 기업문화, 기업영농 세력에 대한 균형추로 작용해왔다.

그런데 정치논평가 대니 포스텔이 썼듯, "이집트의 사회학자이자 반체제 운동가 사드 에딘 이브라힘이 지적한 것처럼 여러 다른 나라에서 온 행동가들이 한데 모여 생각을 교환해보면, 넓은 지리적·문화적·종교적 간극이 있음에도 자신들이 많은 경험을 공유하고 매우 공통된 어법을 사용한다는 사실을 예외 없이 발견한다."[60] 대다수 양자택일식 질문의 정답은 양쪽 모두다. 역설에 대한 최선의 답은 정합성을 얻기 위해 둘 중 하나를 잘라내는 대신 양쪽 모두를 포용하는 것이다. 지역성과 지구성 간의 유지 가능한 관계를 모색해야지, 둘 중 하나를 택하고 나머지는 버릴 것이 아니다.

우리 시대의 지구적 정의운동을 정의하는 방식 중 하나는 이 운동을 지역성 ── 지역의 음식, 노동과 자원에 대한 지역의 관할권, 지역의 생산, 지역의 문화, 길들여진 것이건 야생이건 지역의 생물학적 종, 지역적일 수밖에 없는 환경 ──을 방어하는 지구적 운동으로 보는 것이다. 지역성은 초국적기업의 공격을 받고 있는 대상을 묘사하는 하나의 개념이지만, 저항은 지구적으로 연계돼 있기 일쑤이므로, "지구적으로 사고하고 지역적으로 행동하라"는 낡은 구호는 "지역적으로 사고하고 지구적으로 행동하라"로 뒤집어놓을 수 있겠다. 우리 시대 급진주의의 상당부분은 지역성을 예찬하고 방어한다. 하지만 지역성을 선善과 등치하는 건 지나치게 단순한 생각일 듯하다. 흑백을 분리하고 흑인을 위협하고 투표에서 배제하던 미국 남부의 지역적 관습을 해체하는 데 시민권 운동이 연방정부 입장에서 얼마나 매력적이었는지를 생각해보라. 또는 오늘날의 예를 들면, 즐기고 이윤을 취할 목적에서 지역의 환경을 공격하는 것이 당연한 권리라고 여기며 연방정부의 간섭을 싫어하는 허다한 서부 사람들을 생각해보라. 때로는 공간적으로 좀더 광범위한 세력이 해로운 지역성을 맞받아치기도 한다.

이모가 말했던 시기에는 인종주의적·민족주의적 지역주의가 세계를 황폐하게 만들었다. 우리 시대에는 황폐화의 많은 부분이 초국적기업에 의해, 그리고 초국적기업을 위해 자행되고, 지역성은 그에 대한 균형추 구실을 한다. 지역성은 인간적 차원, 다시 말해 사람들의 주장이 경청되고 의미를 지니며 사람들이 권력의 동역학을 이해하고 권력에 책임을 지울 수 있는 차원, 곧 민주화의 충동을 의미한다. 1970년대에 대체로 농촌지역에서 ― 그리고 대체로

서부 해안 지역에서 ── 생지역주의bioregionalism라는 운동 또는 경향을 통해 일부 사람들이 (여타 문화권은 결코 저버린 적이 없는) 지역성으로 되돌아가 그것을 재사유하려고 시도한 적이 있다. 그건 특정 지역의 잠재적 의미, 공동체, 한계 및 장기적 전망 안에서 삶을 영위하려는 시도였으며, 지역의 방식으로 살고 지역 식품을 먹으며, 자신이 살고 있는 곳을 정확히 알고 그곳을 보살피는 법을 이해하려는 시도였다. 그건 타고난 권리로서가 아니라 의식적으로 참여함으로써 한 장소에 속하려는 시도였다. 강제가 아닌 적응의 시도였다는 점에서 생지역주의는 어떤 의미로는 현재의 반이데올로기적 운동을 예표하며, 지역성을 강조했다는 건 수정 없이 수출할 수 있는 어떤 복음을 설교한 게 아님을 뜻한다. 강제는 권력의 강화와 관련되고, 내가 관심 가진 지역성은 그 권력의 분산과 관련된다.

10여년 전, 환경저술가이자 책략가인 짐 도지는 "생지역주의에 순수하게 지켜야 할 교의가 따로 있기나 한지 나는 잘 모르겠다. 그건 일반적인 좌파의 유토피아행 고속도로이기보다는 (아마도 오르막 같아 보이는) 어떤 방향에 대한 감각이다"[61]라고 언급했다. 생지역주의는 인간의 삶이 생태적·사회적으로 역사의 대부분에서 유지해왔던 상태로 복귀하려는 시도이면서, 복고적인 것이 아니라 근본적인 복귀를 시도한 것으로, 이것 또한 미래일 수도 있다는 생각, 이것이 유일하게 지속 가능한 미래라는 생각이었다. 요즘은 생지역주의에 대한 논의가 별로 들리지 않지만, 슬로푸드 운동, 미국과 영국 도처에서 생겨나고 있는 농민시장 같은 데서 생지역주의의 이상이 살아 있다. 아울러 지역에서 난 음식을 제철에 먹는 것, 환경적으로 안전한 건설 관행을 세우는 것, 도시설계의 지속 가능성 및 쓰레기, 용수, 전력 등을 관리하는 체계의 지속 가능성을 강조하는 데에도 생지역주의의 이상이 살아 있으며, 기업 주도 지구화의 문화적 효과인 동질화 속에서 지역의 문화와 기억을 예찬하고 유지하려는 되살림 운동 속에도 그 이상은 살아 있다.

도지는 무정부주의가 생지역주의의 본질적 요소라고 주장한다. 무정부주의란 "우리가 공동체로서 또는 공동체들의 긴밀한 소규모 연맹으로서 우리의 일을 스스로 챙길 수 있고 우리의 개인적·공동체적 삶에 관한 결정을 내릴 수 있으며 그 결정의 책임과 결과를 기꺼이 받아들인다는 확신"이다. 이건 지난 20년의 행동주의 운동을 환기시킨다. 아니 그보다 더 거슬러올라간다. 현대의 무정부주의 조직 작업에서 친연집단, 즉 직접행동의 기초 단위를 구성하는 5명에서 15명으로 이루어진 다소간 자율적인 연합체는 스페인 내전기 무정부주의자들의 탈중앙화된 모델에서 따왔다. 윌리엄 예이츠는 "중심이 견디지 못한다"고 했고,

이어서 "순전한 무정부 상태가 세계를 휩쓸었다"고 했지만, 권력집중을 신뢰하지 않던 무정부주의자와 지역주의자에게는 이윽고 그런 상태가 좋은 상태처럼 보이기 시작한다. (그렇게 보인 것은 특히, 저 "피로 어둑해진 물살"〔예이츠의 시 「재림」에 나오는 구절. 앞의 두 구절도 마찬가지 ─ 옮긴이〕이 휩쓴 게 다름 아닌 중앙집중된 권력을 장악한 당국자들 탓이었기 때문이다.)

바꿔 말해 그들은, 아니 우린, 무정부주의자들이며, 이 조직 양식은 친연집단 및 여론에 따른 의사결정 과정을 활용한 대표자평의회를 통해 직접민주주의가 확립됐던 1980년대 반핵운동에서 직접 나왔다. (대표자평의회는 회원 친연집단이 저마다 한명씩 대표를 보내는 회의체다.) **무정부** anarchy란 단어는 논란을 불러오기 십상이어서 제쳐두는 편이 나을 수도 있을뿐더러, 이 개념은 이를테면 여러 전통적 참여문화를 포괄하지 않는 유럽 중심적 역사에서 나왔다. 새 문화의 원천으로서뿐만 아니라 현존하는 실체로서도 중요한 이 전통적 문화들 안에서는 공동체 구성원이라는 사실이 개인의 권리 행사에 균형추와 방향타가 돼준다. 이 이름 없는 운동 중 다수는 반계서적 직접민주주의 ─ 권력의 분산 또는 국소화 ─ 의 부활로 표현될 수도 있다. 2001년 12월 이래 심한 경제위기를 겪은 뒤 실패한 제도를 대신하려는 근린 및 공동체 집단들이 활기차게 생겨났던 아르헨띠나에서는 이 운동을 **오리손딸리따드**horizontalitad, 즉 수평성이라고 불렀다. 어쩌면 그저 가장 강력한 상태의 민주주의라고 하는 편이 옳을지도 모르겠다.

지역의 힘을 포용하는 것이 반드시 지방색주의, 고립주의, 편협성으로 이어지는 건 아니며, 그건 오직 좀더 큰 세계와 교섭할 튼실한 토대일 뿐이다. 지구적 정의운동의 기발한 연합체들, 그리고 한자리에 앉은 목장주와 환경론자의 모습에는 굳이 차이를 제거할 필요가 없다고 편히 받아들이는 태도, 기본 원칙과 목표가 충분히 강력하다면 함께 일할 수 있다는 생각, 차이는 어쩌면 강점이지 약점이 아닐지도 모른다는 생각이 엿보인다. 그런가 하면, 지역 상황에 기초한 정체성을 지니고 지구적 대화에서 제 역할을 하고 관계망에 대한 관심을 갖는 한편, 뚜렷한 경계가 실재한다는 믿음을 버릴 수 있다는 생각도 엿보인다. 그리고 이런 지구적 대화의 존재는 지역성에 기여한다. 뉴질랜드의 마오리족이 자신들의 언어를 되살리는 데 상당한 성공을 거두자, 하와이 원주민은 마오리족을 본떠 자신들의 언어 프로그램을 만들었으며, 이건 또 북미 원주민 전체의 언어를 보존하고 보급하려는 물결의 모델이 됐다. 그래서 이 또다른 지구화, 소통과 구상의 지구화는 체인점과 상표와 기업의 확산이 불러오는 동질화 및 권력 공고화의 안티테제가 될 수 있다. 그건 작은 것이 거대한 것에 맞서는 일이 될 수도 있는데, 아룬다티 로이는 "거대한 것 ─ 거대한 포탄, 거대한 댐, 거대한 이데올로기, 거대한 모순, 거대한 영웅, 거대한 실수 ─ 의 해체"를 거론한 다음, "어쩌면 금 세기는 작은 것의 세기일는지도 모른다"고 썼다.[62]

단일체적 제도나 기업에 저항하는 최선의 길은 단일체 적 운동이 아니라 바로 다중성multiplicity이다. 물론 미국에 는 폭스 뉴스라는 루퍼트 머독의 영어권 미디어 제국, 이 딸리아에는 수상 베를루스꼬니의 미디어 독점체제 등 거 대언론이 강고하게 버티고 있지만, 인터넷상의 수십만 웹 사이트, 리스트서브, 블로그, 모체母體 사이트 '시애틀 1999' 와 연계해서 생겨난 세계 전역의 수백 독립매체 사이트 등 작은 언론도 존재한다. 몬산토사의 유전자공학과 농산물 특허에 맞서는 데는 반유전자변형작물, 반특허 운동 및 입 법화만이 유일한 길은 아니다. 지역농민, 농민시장, 종자 다양성, 유기농 작물, 통합적 충해 관리 등 소규모로 이루 어졌을 때 가장 효과적인 실천들도 중요하다. 하나의 농민 시장에서 지역농민의 작물을 판매하는 것이 충분한 해결 책은 아니지만, 1만개의 농민시장이면 충분해지기 시작한 다. 이것이 창출하는 대안은 훨씬 눈에 덜 띄고 개별적으 로는 훨씬 덜 강력하다. 몬산토의 시장 지배는 뉴스거리가 되지만 농민시장에 햇고추나 햇배가 나온 건 그렇지 않다. 적어도 내게 행동주의 운동과 예술의 목적은 사람들이 의미의 소비자가 아니라 생산자가 되는 세계를 만드는 것이다. 그리고 이 일이 희망의 정치와 어떻게 연결되고 세계를 창조하는 날들인 저 혁명의 나날과는 어떻게 연결되는지 이 책을 쓰면서 이제 알게 됐다. 탈중앙화와 직접민주주의는 사람들이 미완성의 세계에서 힘과 비전을 지닌 생산자가 되는 이같은 정치라고 정의해볼 수도 있겠다.

19

HOPE IN THE DARK

텍사스 세배 크기의 꿈

오래전부터 나는 콜럼버스의 아메리카 대륙 도착 500주년 기념일인 1992년 10월 12일에 매혹됐다. 콜럼버스 500주년의 원래 계획은 그 행사의 식민주의 예찬에 대한 반대에 압도당했다. 서반구 전역의 토착민들은 그 기회 — 단하루만의 일이 아니며, 오래전에 시작됐고 지금도 지속되고 있는 논의 — 를 활용해, 아메리카 대륙을 발견된 장소가 아니라 침략된 장소로 보는 자신들의 아메리카 역사를 피력했다. 많은 것을 상실했지만, 500주년을 기회 삼아 여러 원주민 집단이 자신들이 여전히 존재한다고, 자신들이 기억한다고, 이 역사가 끝나지 않았다고 주장했으니, 그들은 침략당했으되 정복당한 건 아니었다.

　　그리하여 500주년은 많은 비원주민들이 아메리카 대륙

의 대량학살 역사를 다시 배우고, 때로는 그 역사가 아직 우리와 함께하는 부분 — 원주민들의 주권, 가시성, 대표권, 보상, 토지에 대한 권리 등의 문제 — 에 관심을 보이는 계기가 됐다. 그리하여 과거를 기억하는 것이 현재의 변화를 빚어내는 근거가 됐다. 그리하여 문화가 정치가 된다. 마침내 그날은 한 시대의 시작을 기념하는 것이 아니라, 미묘한 방식으로 그 시대의 종말을 알리게 됐다. 어쩌면 나는 1992년 10월 12일을 새천년의 핵심적 순간 가운데 하나로 쳤어야 했을지도 모른다. 하지만 극히 중요한 일이 그날 하루만이 아니라 그외의 날들에도 일어났기에 그렇게 하지 않았다.

2차대전 후 아메리카 원주민의 정체성을 희석하고 그들의 힘을 약화시키고 그들을 자신들 땅의 기반에서 떼어놓으려는 계획 중 하나는 도시에 이주시켜 동화시키는 것이었다. 많은 원주민의 경우 도시는 오히려 새로운 자원 및 정부와 접근할 수 있는 기회를 주었고 부족 간의 정치적 연계를 북돋았다. 그 결과 1968년 미니애폴리스에서 '아메리카인디언운동'이 생겨났다. (이것이 시민권 운동이 제공한 정의正義에 대한 희망 및 그것을 실현하는 전술, 그리고 1960년대 말의 축제적 분위기에 힘입은 건 물론이다.) '아메리카인디언운동'의 1974년 회합에서 '국제인디언협정회의'가 생겨났다. 1977년 이 '협정회의'는 유엔에 진출

해서, 비정부기구NGO 지위를 요청하고 획득한 최초의 토착민기구가 됐다. 그리하여 콜럼버스 500주년은 조우遭遇와 반응과 실현의 갈지之자 길을 따라, 1974년, 1968년, 또는 따지자면 1492년까지 거슬러올라간다.

'협정회의'의 행동가 록산 던바오티즈는 1980년의 유엔 총회 자리에 있었는데, 당시 스페인은 1992년을 '문명 간 조우의 해'로 선포하자고 제안했다. 그는 다음과 같이 전한다. "정말 놀랍게도 모든 아프리카 정부 대표들이 자리에서 일어나 걸어나가기에 나도 걸어나갔지요. 그 대표들이 토착민들 생각을 했던 건 아니지만, 1492년은 노예제의 출발점이었고 그들은 물론 그 점을 인식하고 있었던 거죠."[63] 남아프리카의 아프리카민족의회와 아프리카의 비정부기구들은 유엔에 기반한 토착민의 권리를 위한 투쟁에서 중요한 동맹 세력임이 장차 드러나게 된다. 콜럼버스 도착 500주년은 스페인이 제안했지만, 토착민 권리 행동가들이 그 제안을 스페인의 의도와는 정반대로 바꿀 참이었다.

"대중매체는 우리에게 단 한줄의 관심조차 보이는 법이 없었어요"라고 던바오티즈는 초기 몇년에 관해 말한다. 우리 생각을 알리는 건 "정말 힘든 작업"으로, 예컨대 연사들이 보호구역, 단체, 회의장을 돌아다니고, 시인 사이먼 오티즈가 편집하는 소식지를 발간함으로써 수행됐다. 말이

240

퍼져나가면서 생각도 바뀌기 시작했다. 던바오티즈가 내게 말했다. "이런 일이 일어나는 것을 볼 때, 사람들이 얼마나 진실에 굶주려 있는가를 볼 때, 바로 그때 희망이 생기지요. 진실을 건네주면 사람들은 움켜잡지요." 법적 승리조차도 변화된 상상력과 다시 쓰인 역사의 기초 위에서 획득된 듯하므로, 아메리카 토착민의 지위를 변화시키는 데는 진실이 최소한 법률만큼 중요했다. 콜럼버스의 날은 과거를 다시 생각하는 계기가 됐고, 과거를 다시 생각하는 건 다른 미래로 가는 길을 열었다.

토착민이 아닌 아메리카인들은 그런 변화 이전에 두개의 모순되고 그다지 사실이 못 되는 이야기를 받아들였다. 그 하나는 아메리카 원주민이 전멸했다는 것으로, 허약하고 정적인 종족이 진보의 과정에서 멸절됐다는 식의 이야기가 때로 비감한 투로 전해졌지만, 그 이야기를 의심하는 사람은 거의 없었다. 심지어는 급진주의자도 이런 비극에 애정을 품은 듯했고, 실제로는 사라지지 않은 어떤 종족이나 민족이 사라졌다고 섣불리 주장하는 일도 여러 책에서 되풀이된다. 우리가 흔히 듣는 '도피로의 끝'(「도피로의 끝」은 1894년 제임스 얼 프레이저가 제작한 조각상의 제목이기도 한데, 이 조각상은 지친 말 위에서 창을 아래로 떨어뜨린 채 고개를 푹 숙이고 앉아 있는 패배한 인디언 전사의 모습을 통해 인디언 역사의 종말을 형상화하고 있다 — 옮긴이), '모히칸족의 최후', 사라져가는 종족,

죽어가는 민족, 불운한 종족 등, 원주민에 관한 이야기들은 과거를 단죄하되 우리로 하여금 채 종결되지 않은 갈등에 무관심하게 만든다. 또 하나의 핵심적인 이야기에 의하면 우리가 오기 전 대륙은 인간의 손을 타지 않은 자연 그대로의 미개척지였고 따라서 아메리카 원주민은 존재한 적이 없는 셈이 되는데, 이런 식의 이야기는 자연을 인간과 무관한 영역, 별도의 장소로 간주했던 환경론자들에게는 각별히 값진 것이다. 아메리카 원주민들을 그림 속으로 되돌려놓는 건 자연이 무엇이고 자연 속 인간의 위치가 무엇인지를 근본적으로 다시 정의하는 것을 뜻했다. (이건 자연적인 것과 인위적인 것을 갈라서 보는 또 하나의 이분법을 해체하는 것으로 환경운동에 함의하는 바가 큰데, 환경운동은 이런 의미 수정을 아직 제대로 감당하지 못한다.) 그들을 현재 속에 놓는 건 인디언 전쟁이 끝나지 않았음을 뜻한다. 달라진 점은 최근 몇년 사이 아메리카 원주민이 때로는 이겨 무언가를 얻어내기 시작했으며, 지금은 토지는 물론이고 교과서, 소설, 영화, 기념물, 박물관, 마스코트 등을 둘러싼 전쟁이 대개 법정이나 의회에서 벌어진다는 사실이다.

500주년은 콜럼버스의 도착이 의미했던 것 — 침략, 식민주의, 대량학살 — 과 그의 도착이 맞닥뜨렸던 것 — '500년간의 저항'이란 구호에 압축된 것 — 을 재천명할 기회가 됐다. 학술담론에서부터 미국 전역에 아메리카 원주민의 카지노가 생겨나게 만든 법원 판결(1988년 연방대법원이 인디언게임규제법을 통해 인디언보호구역 내 인디언이 운영하는 도박장의 개설을 허가한 건 도처에 인디언 소유의 대규모 카지노가 생겨나는 계기가 된다—옮긴이)에 걸친 여타 요인도 원주민들의 가시성과 역사적 기억의 양상을 변모시켰다. (소멸한 민족에게 속옷까지 몽땅 잃게 할 수는 없는 노릇 아닌가?) 그러나 15개월 뒤 사빠띠스따로 하여금 '바스따'(그만 됐어)라는 말과 함께 모습을 드러내기로 결정하게 만든 건 500주년이었다. 노벨상위원회가 과떼말라 토착민 인권행동가 리고베르따 멘추에게 노벨평화상을 주게 만든 것도 과떼말라의 잔혹한 내전과 아울러 500주년 관련 논의였을 가능성이 크다.

그 이래로 토착민의 힘의 파도는 꼴롬비아, 에꽈도르, 뻬루, 볼리비아를 포함한 라틴아메리카 국가에서 정치의 양상을 변모시켰다. 예컨대 2000년 에꽈도르의 루시오 구띠에레스 장군은 수만명의 토착 에꽈도르인의 반정부 시위를 진압하라는 명령을 받았다. 그러나 장군은 오히려 취사장을 만들어 시위대를 먹였고, 그들이 의회를 점거하도록 내버려두었으며, 새 정부 수립을 선언하는 데 토착민 지도자와 힘을 합쳤다. 장군은 이런 불복종 덕분에 투옥되고 군에서 축출됐으나, 2002년 선거에서 대통령으로 선출

됐다. 서반구에서 토착민이 그처럼 큰 힘을 행사하기는 처음이었다. 완벽과는 거리가 먼 사람이지만, 그는 여전히 관건적 권력 이동의 표상이다.

구띠에레스가 대통령으로 선출된 건 콜럼버스 도착 510주년 한달 뒤였는데, 그날은 캐나다에서 칠레까지 서반구 전체를 아우르는 또 하나의 특별한 날이 됐다. 유까딴주 토착민 농민들이 주도한 깐꾼의 승리 열달 전의 일이었다. 미국에서도 여러 전선에서 진전이 있었다. 박물관에 소장돼 있는 토착민들의 시신과 유골을 돌려받게 됐는가 하면, 토착민 부족 것인 수십억 달러를 그 돈과 관련된 자료와 함께 '유실한 것'(1996년 아메리카 원주민은 자기네 몫의 토지사용료를 연방 관리들이 한세기에 걸쳐 잘못 관리함으로써 수억 달러의 손실을 입은 것에 대한 보상을 요구하는 소송을 제기했다 —옮긴이)에 대한 책임을 물어 내무부를 상대로 소송들이 제기되기도 했다. 아메리카 원주민으로 신원을 밝힌 사람의 수는 2000년 인구조사에서 1990년 인구조사의 두배로 늘었는데, 이건 부분적으로는 새 인구조사가 인종혼합적 신원을 인정했기 때문이지만, 한때 혐구^{嫌口}의 대상이었던 정체성을 기꺼이 인정하는 사람이 크게 늘어났기 때문이기도 하다. 스러져가는 인종으로 치부되던 미국의 토착민족들은 성장하는 세력이 됐다.

코스트미워크족은 내가 그들의 영토에서 자랄 때만 해

도 소멸된 것으로 여겨졌지만, 1992년 연방의 인정을 받아내기 위한 싸움을 시작했고, 2000년에는 부분적으로 미워크족 피가 섞인 재능 있는 소설가 그레그 새리스를 앞장세워 그 목표를 달성했다. 미답의 자연이란 개념의 요람인 요세미티 국립공원에서는 공식적 기록 — 공원의 표지 체계, 공원의 역사, 토지관리 정책 등 — 에서 소멸됐던 원주민들이 (쟁투의 대상이었던 저 문화유적지에) 지난 십년 사이 다시 나타났다. 그리고 그들은 공원 안에 자체적인 문화안내소를 세울 권리를 획득했는데, 이건 그들에게는 작은 승리지만 연간 400만의 탐방객을 상대로 자연이 무엇을 의미하는지를 정의하고 누가 자연을 정의할 건지를 정하는 데서는 커다란 변화였다. 데스밸리 국립공원이 있는 곳에 자리 잡았던 팀비셔쇼쇼니족은 더 많은 것을 획득했다. 1994년 그들은 소멸되지 않은 권리를 지닌 부족으로서의 지위를 연방정부로부터 인정받았고, 2000년에는 공원 바깥의 광대한 땅과 아울러 공원 안 8천 에이커 가까운 땅에 대한 관할권을 확보했다. 네즈퍼스족은 120년간의 추방 생활을 접고 오리건 동부의 자기 땅으로 돌아와 거기 살고 있는 백인들과 화해했다.

그런데 이런 정도는 다른 승리들에 견주면 약과다. 이누이트족 행동가 존 애머골릭의 기억에 따르면, 1960년대에는 기자들이 자신이 사는 북극 땅에 와서 그 땅이 "아무도 살지 않는 황지荒地"라는 식으로 썼다는 것이다. "이누이트가 하나의 민족으로서 살아남지 못할 것이라는 합의가 그들 사이에는 존재했어요. 그들은 모두 이누이트 문화와 언어가 '사라질 것'이라고 생각했던 거지요."[64] 1999년 4월 1일 이누이트는 자신들의 땅을 되찾았다. 그들은 캐나다 정부로부터 자신들의 자치주 누나부트를 획득했는데, 누나부트는 텍사스의 세배, 영국의 열배, 캐나다의 5분의 1에 해당하는 크기의 북동쪽 끝 광대한 땅덩어리다. 문화적 대화의 변화와 텍사스 세배의 땅덩어리 사이의 공간을 어떻게 측정할까? 그런 희망과 그것의 실현 사이의 공간을 무엇이 다리 놓았을까? 상상력과 의지력을 무엇으로 잴 수 있을까? 운동 자체에는 조속하고 확실한 대가가 거의 따르지 않는데도, 수없는 작은 행동으로 세상을 바꾼 사람들을 지탱해준 건 무엇일까? 그처럼 점진적이고 그처럼 미완성이고 또 그처럼 예사롭지 않은 변화를 어떤 관점에서 보아야 할까? 이런 이야기들은 신자유주의와 신보수주의가 권력의 횃대로 기어오르는 사이에 그와 나란히 진행됐다. 그리고 이런 심오한 변화는 입법뿐만 아니라 변화된 지식과 상상력을 통해서 일어난 것이기도 하므로, 정치를 형성하는 문화의 힘에 대한 증거이기도 하다. 아니 오히려, 역사와 정의에 대한 이런 다른 해석을 부정하기 어렵다는 사실을 현실권력이 알게 됐을 때 비로소 입법이 이루어졌다.

아메리카 대륙 토착민의 부활은 많은 것을 의미한다. 우선, 불가피하고 명백해 보이는 것에도 대개 어딘가 균열이 존재한다는 사실이다. 또 토착민족들은 영성과 정치를 연결 짓는 데서는 물론이고 사회적·경제적 체제를 상상하고 운영하는 데서도 매우 독특한 방식을 보이기 일쑤이므로, 가능성의 범위가 자본주의와 국가사회주의로 한정되지 않는다는 사실이다. 역사의 묘지로 내쳐졌던 그들이 사빠띠스따와 마찬가지로 또다른 미래의 탄생에 영감을 불어넣었다. '또다른 세계가 가능하다'가 구호가 됐거니와, 어떤 의미에서 이 세계는 그들의 세계, 온갖 악조건을 견디고 되살려낸 또다른 과거에서 이끌어낸 또다른 미래다. 이들의 부활은 또한 변화가 계걸음 치는 여러 방식을 보여준다. 제네바에서 벌어진 논란에서 캐나다 북부의 땅덩어리로, 과거에 대한 비판에서 미래를 향한 새 길로, 생각과 말에서 땅과 권력으로. 역사는 이렇게 만들어진다. 그런 뜻밖의 질료에서, 그리고 희망에서.

20

의혹

HOPE IN THE DARK

하지만 누나부트 중심부에 있는 엘즈미어섬의 얼음이 녹자, 사냥하려면 여름에 얼음이 필요한 북극곰이 심각한 곤경에 빠졌다. 게다가 화학물질 오염이 일부 북극곰을 자웅동체로 바꾸고 있다. 기온이 상승 중인 극북지역에 날아드는 낯선 새들을 부를 단어가 원주민의 언어에는 없고, 이누이트족은 지구온난화의 주범들을 상대로 소송을 준비 중이다. 작은 유럽국가만 한 북극 얼음 덩어리들이 바다로 떨어져내리면서 해상수면은 세계의 작은 섬들 일부의 존재 자체와 그 섬들의 문화를 위협하기에 충분할 정도로 높아지고 있다. 지구온난화는 테러리즘보다 더 많은 목숨을 앗아가고 있다. 도처에서 악몽 같은 일이 벌어지고 있으며, 그 사실을 부정하는 것이 내 목적은 아니다. 만신창이가 된 이 세계에서 희망의 근거는 무엇일까?

지구온난화의 책임이 유달리 큰 미국은 그 문제에 가장 소홀한 행정부가 통치하고 있다. 이 나라는 정면충돌할 기세로 내달리는 기차 같아 보이기 일쑤다. 잘 속고 정치에 무관심하고 쉽게 주의를 딴 데로 돌리고 텔레비전의 정치적 왜곡과 인간 삶에 대한 역겨운 관점을 포식하는 국민, 치솟는 소비율, 세계 도처에 폭력으로 개입하는 정부, 악의적인 국내 근본주의, 늘어나는 감옥과 궁핍에 절어 제정신이 아닌 주민, 쇠퇴하는 민주주의 등, 꼽아보자면 문제가 끝도 없다. 미국의 발본적 변화를 상상하는 건 어렵지만, 그 필요성은 쉽게 알 수 있다. 나는 두려운 마음으로 내 나라를 바라보며 많은 시간을 보낸다.

그리고 많은 시간을 "그러나…"라고 말하며 보낸다. 그러나 어떤 식물은 중심이 죽어가면서 바깥쪽으로 자란다. 다른 곳, 특히 언저리에서, 그리고 이 나라의 주변부에서조차 아름다운 반란이 꽃피고 있었으므로, 미국 당국은 번성하는 세계의 썩은 중심부 같았다. 미국의 선거정치는 기대할 게 그리 많지 않은 영역이지만, 재앙 같은 현실 그 자체가 때로는 가능성을 제공한다. 부시 행정부는 이전의 모든 행정부가 신중하게 기피했던 일 ─ 불합리한 자기 이익을 너무도 무모하게 추구한 나머지 미국의 국제적 지위와 그 지위의 기반이던 경제를 잠식하는 일 ─ 을 저지르고 있는 것처럼 보인다. 2003년 2월 15일의 거대한 평화행진은 말하자면 그 정부에게 지구적으로 '똥침을 놓는' 것이었고, 한달 뒤 유엔안전보장이사회가 이라크 전쟁 승인을 거부한 것도, 깐꾼의 저항도 마찬가지였다. (미국 정부의 지구화 의제 실행 과정에서 다음 단계인 2003년 11월 북남미자유무역지역의 마이애미 회의에서는 합의가 모두 연기되거나 그 실속이 제거됐다.) 이것이 어떤 신속한 결과를 불러오지는 않겠지만, 극지방의 얼음과 마찬가지로 낡은 제휴관계는 갈라지고 있으며, 이 경우 갈라짐은 해방에 기여하는 것으로, 철저한 미지의 영역인 멋진 신세계가 열림을 뜻한다.

그리고 바로 이 미지의 상태가 내게 희망을 준다. 버지니아 울프는 수백만 젊은이가 참혹하게 죽어가던 1차대전 와중에 이렇게 말했다. "미래는 어둡지만, 내 생각에 미래는 대체로 그게 최선이다." 그들은 죽어갔으나 모든 것이 죽진 않았다. 울프는 다음 세계대전 중에 자살하지만 죽기 전에 비범한 아름다움과 힘을 지닌 작품세계를 창조했거니와, 울프가 죽은 뒤 그 힘은 여성들이 스스로를 해방하는 데 쓰였고, 그 아름다움은 늘 정신에 불을 댕긴다.

여러해에 걸쳐 매년 암울한 소식을 전하는 중요한 자료 가운데 하나는 월드워치연구소에서 펴내는 『세계의 현상태』라는 보고서였는데, 지난해 보고서에는 몇가지 놀라운 입장이 담겨 있다. 이 보고서에서 이름도 적절한 크리스 브라이트는 이렇게 쓰고 있다.

우리 자신을 새롭게 창조하는 데 가장 큰 장애는 바로 희망의 마비 같은 것일 수 있다. 우리의 현재 경제가 해악이 많고 거대한 규모로 파괴적이며 엄청나게 불공평하다는 것을 매우 정확히 인식하는 것——그리고 이 모든 것을 이해하면서도 효과적 개혁을 구상하는 데 여전히 어려움을 겪는 것——은 가능하다. (…) 우린 존재의 일상적 세부사항이 항상 변하는 데 익숙하지만, 현상태의 기본 구조는 언제나 바꿀 수 없는 것으로 보인다. 하지만 그렇지 않다. 성공의 극히 일반적 결과 중 하나는 당연시되는 것이기 때문에 성공을 인식하는 것이 어려울 수는 있지만, 더 나은 상태를 향한 심대한 변화는 실제 일어난다. 기정사실이 되고 나면 철저하게 일상적으로 보이는 것도 그전에는 기적처럼 보이기 일쑤였을 것이다.[65]

내 생애에 잇달아 일어난 예사롭지 않은 변화들을 나는 윤곽지어왔다. 아니, 브라이트 식으로 말하자면, 기적들을. 그리고 나는 최근 세계의 거의 모든 지역에서 갓 시작된 이 광대한 이름 없는 운동을——정치운동이라기보다 지구적 들썩임, 상상력과 욕구의 곳곳에 스미는 변화를——윤곽지으려고 애써왔다. 내 생각에 이 운동은 이제 막 시작된 까닭에, 세계 도처에서 헤아릴 수 없이 많은 작은 승리를 이루어내긴 했지만 그 창조력과 힘이 장차 무엇을 이루어낼지는 아직 상상하기 힘들다. 나는 지구적 정의운동을 거듭 거론했지만 다른 많은 현상도 주목할 만하다. 예를 들면 남아프리카의 '진실과 화해 위원회'는 보복 아니면 묵인 또는 침묵이라는 이분법을 넘어서는 새로운 방향을 제시했으며, 다른 곳에서도 그것을 모델로 따르고 있다. 우리 자신을 새롭게 창조할 상상력의 엄청난 힘이 온 세계에서 움직이고 있다. 그 힘이 신자유주의, 근본주의, 환경 파괴, 만연한 무관심 등의 막중한 하중에 어떻게 대처할지는 미지수이지만. 하지만 희망은 기대의 내용과는 별개다. 희망은 세계의 본질적 불가지성, 현재로부터의 단절, 뜻밖의 상황 등을 포용하는 일이다. 아니, 기록을 좀더 세심히 살펴보면 우린 어쩌면 기적을 기대하게 될지도 모른다. 시간과 장소가 기대와 다를지라도, 놀라운 일을 겪게 되리라는 것, 알지 못한다는 사실을 알게 되리라는 것을 우리가 기대할 수 있을지도 모른다. 그리고 이것이 행동의 근거다. 도전 행위로서의 희망, 또는 지속되는 일련의 도전 행위들 ── 원칙에 따라 살아가며, 우리가 희망하는 것을 일부라도 실현하는 데 필요한 행위들 ── 의 기반으로서의 희망을 나는 믿는다. 투항 말고는 대안도 없다. 투항은 미래를 포기할 뿐만 아니라 영혼마저 포기한다.

마르꼬스 부사령관은 이렇게 말한다.

 권력이 쓴 역사는 우리가 졌다고 가르쳤다. (…) 우린 권력이
가르쳐준 것을 믿지 않았다. 저들이 순응하고 백치가 되라고 가
르칠 때 우린 수업을 빼먹었다. 우린 근대성 수업에 낙제했다. 우
린 상상력과 창조성과 미래의 힘으로 하나가 됐다. 과거 속에서
우린 패배를 만났을 뿐만 아니라 정의에 대한 욕구와 더 나아지
리라는 꿈도 찾았다. 우린 거대자본의 낚싯바늘에 매달린 회의
주의를 버렸고, 믿을 수 있다는 것을, 믿는 것이 값어치가 있다
는 것을, 믿어야 한다는 것을 알게 됐다. 우리 자신을. 모두들 건
강하시길. 그리고 꽃들도 희망과 마찬가지로 수확이 필요하다는
것을 잊지 마시길.[66]

 그리고 꽃들은 어둠 속에서 자라난다. 소로우는 이렇게
덧붙인다. "숲과 들판과 곡식이 자라나는 밤을 나는 믿는
다."[67]

미래는 어둡지만, 미래는 현재에서 시작한다. 내가 사는 도시와 태평양이 마주 보는 곳, 서양 문명이 한자락 백사장으로 끝나고 고래와 상어의 영역이 시작되는 곳에서. 이 바다, 그리고 다른 바다에서 어족의 수는 급격히 줄고 있지만, 해안을 따라 조금 내려가면 사냥으로 멸종할 지경에 이르렀던 해달이 바다 속 켈프층으로 되돌아온 곳에 이르게 되고, 북쪽이나 남쪽으로 가면 역시 멸종 직전에 있던 바다코끼리가 매년 겨울이면 돌아와 서로 싸우고 짝을 짓고 새끼를 기르는 곳에 이르게 될 것이다. 하지만, 세번째로 만나게 되는 태평양 동물 종, 역시 거의 사라질 뻔했다 되돌아온 갈색 펠리컨을 택해, 펠리컨 한마리가 내 도시, 우리 대륙 서쪽 가장자리 오션 비치에서 출발해 그려내는 궤도를 상상해보자.

익룡처럼 육중한 선사시대적 우아함을 과시하며 펠리컨이 폴턴 거리를 따라 날아오르는 광경을 상상해보라. 거리는 해변에서 시작해 골든게이트파크 북면과 나란히 달리다 공원이 끝나는 곳에서 동쪽으로 이어져 오래된 아프리카계 미국인 동네를 통과한 다음, 아직 남아 있는 복음 교회들과 폐업한 이발소들을 거쳐 전쟁기념관과 오페라하우스 사이의 작지만 격식 갖춘 정원에 당도했다가, 거대한 금빛 돔이 거리 위에 걸터앉은 (그리고 4천쌍의 동성 커플이 2004년 혼인을 했던) 시청으로 곧장 들어간다. 1961년 반공주의적 숙청에 항의하는 학생들이 소방호스가 쏜 물에 맞아 대리석 계단 아래로 씻겨내려갔던 울림 좋은 중앙홀을 통과해 다른 쪽으로 떠올라 동쪽으로 향한 다음, 펠리컨은 폴턴 거리가 도시의 대동맥인 시장거리에서 끝나는 유엔광장으로 날아간다. 이곳이 지금 내가 서서 과거와 미래를 마주하는 곳, 이야기들이 합류하는 곳, 세계의 수많은 중심 가운데 한곳이다.

광장 바로 앞에는 조상과 부조, 캘리포니아 역사를 당시 관점에서 요약해놓은 애국적 비문 따위를 빅토리아풍으로 섞어놓은 거대한 구조물인 릭 모뉴먼트가 있다. 서쪽에는 사나운 여신의 형상을 한 캘리포니아가 마주 보고 있고, 그 발아래에는 예술품과 캘리포니아주 깃발에만 남아 있는 회색곰이 서 있다. 1894년 추수감사절에 헌정된 이 기념물은 주위의 다른 모든 건물이 무너지고 불탔던 1906년의 지진을 견뎌낸 다음, 10년 전쯤 새 도서관이 개관할 당시 자리를 옮겼다. 그 기념물의 자리를 옮길 당시 몇몇 아메리카 원주민이 실물 크기로 조각된 여러 무리들 중 하나에 문제를 제기했는데, 문제가 된 건 납작 엎드린 모습으로 보아 항복한 듯한 인디언 위로 멕시코 정복자와 신부가 험상궂게 버티고 서 있는 모습이었다. 그들은 그 조각상을 제거하는 데는 성공하지 못했지만 캘리포니아 역사에 관한 열띤 공론을 불러일으켰고, 대량학살과 식민주의의 사연을 새겨넣은 청동판을 문제가 된 부분 아래 덧대게 하는 데 성공했다. 그것은 작은 역사 다시 쓰기, 약간의 변화였다.

그 기념물 남쪽으로는 1877년 샌들랏 폭동 현장에 세워진 새 공립도서관이 있다. 샌들랏은 자유로운 연설의 공간이었으나, 1877년에는 야비한 연설이 횡행하면서 중국인에 대한 공격과 방화를 선동하기에 이른다. 미국이 향후 그 어느 때보다 전면적 계급전쟁에 가까이 다가갔던 그해 여름에 온 나라로 퍼져갔던 대규모 반反철도 폭동의 전락한 모습이었다. 하지만 바로 북쪽으로는 일종의 보상으로서, 또는 미국 내 이 지역 아시아인들의 변화하고 있는 지위에 대한 예우로서, 근사한 새 아시아예술박물관이 낡은

260

샌들랏을 노려보고 있다.

거리를 가로질러 본 광장에는 남아메리카의 해방자 씨몬 볼리바르가 앞다리를 치켜든 말에 올라탄 모습의 청동상이 서 있는데, 때로는 갈매기들이 그의 머리에 날아 앉는가 하면, 1년에 하루는 한 무리의 남아메리카 사람들이 존경의 뜻으로 꽃을 남기고 가기도 한다. 서쪽 끝에 볼리바르의 동상이 위용을 떨치고 있는 그 광장은 1945년에 몇 블록 떨어진 전쟁기념관에서 유엔이 창립된 것을 기념한다. 포석에는 창립헌장의 서두가 커다란 금빛 글자로 또박또박 박혀 있다. "우리 연합국 국민들은 (…) 전쟁의 재앙에서 다음 세대를 구하고, 기본적 인권, 인간의 존엄 및 가치, 남녀 및 대소 각국의 평등권에 대한 신념을 재확인하며…"라고 헌장은 시작된다. 두줄의 열주를 이루는 돌기둥 가로등에는 회원국 이름과 각각의 가입일이 새겨져 있다. 이 기념물들 사이에는 일종의 은밀한 대화, 해방에 관한 대화가 진행된다. 불완전한 해결과 미완의 혁명에 관한, 그러나 항상 해방에 관한 대화가. 그리고 이곳에는 좀더 실질적인 생계의 문제도 존재한다.

매주 수요일과 일요일에는 광장에 농민시장이 선다. 멋진 판매대를 갖춘 시장이 아니라, 슈퍼마켓이 없는 도심지역에 거주하는 가난한 사람들이 다투어 구입하는 적당한 가격의 식품이 넘쳐나는 커다란 난전으로, 라오스 사람들,

라틴계 사람들, 늙수그레한 그 지역 토박이 백인 등이 길러서 파는 식료품이 거래되고 도시와 농촌 간 랑데부가 이루어지는 작고 실용적인 유엔 같은 곳이다. 장이 서는 날이면 그곳은 부산하고 활기에 차서, 장미, 버찌, 보랏빛과 라벤더빛의 중국 가지, 꿀, 당근, 피망, 해바라기, 여러 녹색 물품 등의 빛깔로 넘치고, 농산물이 든 자루를 흔들거나, 흥정을 하거나, 소리쳐 손님을 끌거나, 인사를 나누거나, 유엔헌장의 글귀 위로 걸어다니거나 하는 사람들로 넘친다.

장이 서지 않을 때 광장은 대개 노숙자들 차지여서, 나는 일주일에 한번은 농민에게서 식품을 사러, 또 한번은 궁색한 사람들에게 그 식품을 건네주러 이곳에 온다. 화요일이면 나는 샌프란시스코 선禪 센터의 젊은 승려와 함께, 볼리바르의 발아래나 광장의 화단 가장자리나 주변의 지저분한 거리에 앉아 있는 사람들에게 먹을 것을 주러 이곳에 온다. 때로는 거창한 정치적 대의명분이 너무도 추상적이고 너무도 동떨어진 것 같아서, 따뜻한 음식을 만들어 중국 식당의 마분지 도시락에 싸서 50명, 60명의 사람에게 끼닛거리로 나누어주는 것이 차라리 옳겠구나 싶다. 우리가 이런다고 얼마나 달라지는지는 모르지만, 배고픈 사람들, 축복으로 우리에게 고마움을 표하는 사람들, 서둘러 가느라 바쁘거나 값싼 코카인에 취해 식욕을 잃었거나 고통 때문에 돌아버려서 우리에게 등을 돌리는 사람들을 우린 만난다. 1980년대 이전에는 미국의 노숙자 인구가 심각할 정도로 많지 않았다는 것을, 레이건의 신사회·신경제가 거리에 나앉는 사람들 수를 이처럼 크게 불렸다는 것을 기억하는 사람은 몇 없다.

시청에서도 유엔광장에서 시장거리를 가로지르는 곳에 있는 검은색, 흰색, 은색으로 이루어진 화가 리고 23의 벽면 작품에 거대한 글자로 '진실'TRUTH이라고 또박또박 씌어 있는 것을 볼 수 있다. 진실이야말로 이 온갖 별처럼 많은 역사의 피안이 아닌가. 리고는 앙골라 3인조 ─ 루이지애나의 앙골라 교도소에 수감 중인 아프리카계 미국인 정치범들 ─ 에게 이 벽면 작품을 헌정했다. 그들 중 하나가 헌정식에 참석했는데, 로버트 윌커슨이란 이 죄수는 저지르지도 않은 살인죄 때문에 독방에서 29년을 썩은, 목소리가 나지막한 사람이었다. 정치운동을 한 탓에 죄를 뒤집어쓴 그는 나머지 두 사람의 사건에 여태껏 매달리고 있는 자원변호사들의 노고 덕분에 2001년에 풀려났다.• 샌프란

• 허먼 윌러스는 죽기 직전 2013년에 석방됐다. 앨버트 우드폭스는 수차례 상소 끝에 2015년 6월 8일 즉각석방 직접명령을 받아냈다. (우드폭스는 2016년 2월 마침내 석방됐다. ─ 옮긴이) 로버트 킹 윌커슨은 현재 로버트 힐러리 킹이란 이름을 쓴다. 그의 벽면 작품은 여전히 그 자리에 있다.

시스코에서 벌어지는 많은 행진과 시위가 이곳에서 시작해 이곳에서 끝나는 까닭에, 음식을 사고 또 나눠주기 위해, 평화와 정의를 위해, 나는 이곳에 오고 또 왔다. 세계는 내게 이 유엔광장, 절반쯤 잊힌 승리와 새로 닥친 재앙, 농민과 마약중독자, 산더미처럼 쌓인 사과, 세상을 바꾸고 진실을 말하려는 사람으로 가득 찬 이 유엔광장 같아 보인다. 언젠가는 이 모든 것이 폐허가 되고 그 위로 펠리컨들만 날아다니게 될 수도 있겠지만, 지금으로서는 이곳이 역사가 여전히 펼쳐지고 있는 장소다. 오늘은 창조의 날이기도 하다.

HOPE IN
THE DARK

돌아보며 | **평범한** 사람들의 **비범한** 성취

수년 전 맨해튼에서 2,600명이 목숨을 잃었고, 뒤이어 수백만명이 자신들의 이야기를 잃었다. 알카에다의 쌍둥이 타워 공격은 뉴욕 사람들을 꺾지 못했다. 그 공격은 건물을 파괴하고 그 지역을 오염시키고 수천명을 죽이고 세계 경제를 혼란에 빠뜨렸다. 하지만 그것이 시민들을 정복하진 못했다는 사실은 극명하다. 시민들은 정신적 탄력을 도둑맞았을 때에야 비로소 꺾였는데, 그 도둑질은 갖가지 클리셰, 시민들이 그 비범한 아침에 이룬 성취의 불가시성不可視性, 그들이 — 또는 우리가 — 모두 공포에 질렸다는 암시를 담은 '테러리즘'이라는 말 그 자체 등이 공모한 결과였다. 실제 일어난 일을 왜곡하고 심지어 지워 없애는 작업은 이라크 전쟁과 그에 수반됐던 시민적 자유 및 민주적 원칙의 상실에서 절정에 이르는 추잡한 대응을 시작하는 데 필요한 예비 단계였다. (사실 그 전쟁은, 우리들 중 어떤 사람들은 그 사실을 아직 모르고 있지만, 우리가 패배한 전쟁이기도 하다.)

오로지 우리만이 우리 자신을 공포에 질리게 할 수 있다

실제 무슨 일이 일어났는지 기억해보자.

비행기가 미사일이 되고 쌍둥이타워가 횃불처럼 타오르다 산산이 부서져 먼지구름이 됐을 때 많은 사람들은 두려워했지만, 위험에서 멀리 떨어져 있었던 대통령을 제외하고 공황 상태에 빠진 사람은 거의 없었다. 다른 곳도 아닌 펜타곤이 공격당했음에도 군부는 즉각 대응하지 못했으며, 그날의 유일한 저항은 93번 기 내부에서 일어났다. 그 항공기는 워싱턴으로 향하던 중 펜실베이니아의 어느 들판에 추락했다.

11번 기와 175번 기가 쌍둥이타워에 충돌했다. 수십만명이 서로를 구하고 스스로를 구하며 건물에서 빠져나와, 처음 몇분 그리고 몇시간, 주위 사람의 도움을 받아 그 지역에서 대피했다. 'PS 150 초등학교', 그리고 '리더십과 공공봉사 고등학교' 학생들도 성공적으로 — 사상자 없이 — 대피했다. 많은 경우 교사들이 학생들을 집에 데려다주었다.

경찰이 징발한 요트며 역사적 가치가 있는 소방선 등으로 이루어진 자발적으로 규합된 작은 선단이 30만에서 50만명을 로어맨해튼으로 대피시켰는데, 이건 2차대전 초기 됭케르크Dunkirk에서 일개 군 병력을 영국군이 대피시켰던 것에 맞먹는 규모의 수상작전 성과다. 즉, 이 작은 선단은 영국 선단이 며칠에 걸려 구조한 것만큼 많은 사람을 몇시간 만에 구조했다. (영국군 작전이 독일군의 포화 속에 진행됐다는 사실은 인정해야겠지만, 뉴욕의 연락선 선원들과 유람선 선장은 많은 사람들이 곧 폭력 사태가 닥칠 거라고 생각했던 그날 유독성 구름 속으로 배를 몰았다.)

애덤 메이블럼은 북쪽 타워 87층에서 몇몇 동료와 함께 걸어내려온 직후 인터넷에 이렇게 썼다. "그들은 우리를 공포에 질리게 하지 못했다. 우린 침착했다. 너희가 우릴 죽이고 싶다면, 우리가 알아서 할 테니 우릴 그냥 내버려 둬라. 너희가 우릴 더 강하게 만들고 싶다면, 공격해라. 그럼 우린 뭉칠 것이다. 이것으로 미국에 대한 테러는 궁극적으로 실패했다."

하지만, 지구 반대편에서 온 작은 패거리가 하지 못했던 일을 우리 자신의 정부와 언론매체가 수행하도록 내버려두었을 때, 우리는 실패했다. 그 말은 우리 중 일부가 실패했다는 뜻이다. 왜냐하면 다양한 반응이 있었으며, 일부는 더 급진적이고 더 헌신적이고 더 각성된 존재가 됐으니까. '뉴욕 커피·설탕·코코아 교역'의 사장 마크 피히텔은 9월 11일 그 아침, 피신하는 군중에게 밀려 넘어지는 통에 양 무릎에 심한 찰과상을 입었는데, "몸집 작은 나이든 여성"의 부축을 받아 일어났다. 아무튼 그는 그 다음 날 회사 운영을 재개했지만, 여섯달 뒤 사업을 접고 이슬람에 대해 공부하기 시작했고, 얼마 뒤에는 이슬람에 관해 가르치는 일을 시작했다.

에이다 로사리오돌치 교장은 9월 11일 아침, (타워에서 죽게 되는) 동생 웬디 앨리스 로사리오 웨이크포드에 대한 걱정을 접어둔 채, 사건 현장에서 두 블록 떨어진 곳에 위치한, 자신이 봉직하는 '리더십과 공공봉사 고등학교' 학생들을 대피시켰다. 2004년에는 아프가니스탄으로 가서 헤라트에 학교를 헌정했는데, 그 학교에는 동생을 기리는 정원이 꾸며졌다.

이타성의 먼지폭풍 속에서

할리우드 영화나 정부의 전국적 유행성 질환 대응책에는 우리들 대다수가 겁쟁이거나 짐승이라는 전제, 위기와 혼돈의 순간에 우리가 공황 상태에 빠지고 서로 짓밟고 미쳐 날뛰고 무기력하게 얼어붙는다는 식의 전제가 여전히 굳건하게 깔려 있다. 이런 전제는 인간이란 종種에 대한 근거 없는 비방이자 실상을 지워 없애는 것이며, 재난에 대비하는 우리 능력을 불구로 만드는 타격이지만, 우리 대다수는 그걸 믿는다.

할리우드가 이런 관점을 선호하는 건 그것이 웬 슈퍼맨이 전면에 등장하고 한떼의 단역들이 우르르 도망치며 울부짖는 영화가 성공하는 길을 열어주기 때문이다. 구해줘야 할 멍청하고 무기력한 인간들이 없다면 영웅은 쓸모가 없어진다. 달리 말해, 그런 인간들을 빼고 나면 우리 모두가 (비록 피히텔을 일으켜세워준 나이든 여성처럼, 판에 박힌 영웅은 분명 아닐지라도) 영웅이라는 사실이 밝혀진다. 할리우드와 비슷한 이유로 정부도 암울한 관점을 선호한다. 용감하고 강력한 시민들의 협력자가 아닌, 억압적·통제적·적대적 세력으로서의 자기 존재를 정당화해주니까.

뉴욕 사람들이 침착성을 유지하지 못했거나, 위험에 처한 건물과 초토화된 지역을 서로 도와 벗어나지 못했거나, 무너져내리는 건물과 먼지구름에서 사람들을 빼내려고 손길을 내밀지 않았다면, 훨씬 더 많은 사람이 9월 11일에 죽었을 수도 있다. 그날 아침 쌍둥이타워에 있었던 사람 수가 평소보다 적었던 건 선거일이었기에 출근길에 나서기 전 투표하러 갔던 사람이 많았기 때문이다. 민주적 권한을 행사하고 있었던 까닭에 그처럼 많은 사람이 목숨을 건졌다는 건 상징적이다. 다른 이들은 공감 능력과 이타적 행위의 능력을 행사했다. 쌍둥이타워를 소개시키는 과정에서, 하반신 마비가 있는 회계사 존 아브루초를 동료들이 69층 아래로 안아 내렸다.

대학 시절 운동선수였던 청년 존 길포이는 9·11 당시 사람들이 대피하던 과정을 이렇게 회상한다.

달리기 시작하며 뒤돌아봤던 기억이 나요. 아주 짙은 연기가 그 일이 일어났던 바로 거기, 알잖아요, 몇블록 떨어진 그곳을 덮고 있었어요. 저 속에 있는 사람은 누구든 죽겠구나, 뭐 그런 생각을 했던 기억이 나요. 무슨 방법도 없었고요. 질식할 텐데, 연기가 우리를 쫓아오고 있었죠. 그냥 달리던 기억, 사람들이 울부짖던 기억이 나요. 난 어느정도 침착했고 다른 동료들보다 약간 빨랐기 때문에, 멈추며 속력을 약간 늦춰 서로 놓치지 않도록 사람들을 기다려야 했죠.

재난영화에 나왔다면 그 순간 그는, 우리 모두가 재난을 당하면 그런다고들 이야기되듯, 이기적이고 사회적 다윈주의적인 어떤 방식으로 다른 사람을 제치고 살아남으려고 몸부림치거나 그야말로 공황 상태에 빠지거나 했을 법하다. 9월 11일의 현실에서, 절체절명의 위험한 순간, 그는 연대의식을 느끼며 속력을 늦췄다.

그날 많은 뉴욕 사람들은 크나큰 위험을 무릅쓰고 연대의 개가凱歌를 올렸다. 사실, 내가 읽은 수백개의 구술역사 전부와, 내 책『이 폐허를 응시하라』의 자료조사차 행했던 여러 대담에서, 그 대단한 탈출의 과정에서 버림받았다거나 공격당했다고 말한 남성이나 여성은 전혀 찾아볼 수 없었다. 사람들은 두려워하며 신속히 움직였지만 공황 상태에 빠지진 않았다. 세심한 연구 끝에 재난사회학자들은 (고정관념과 상반되는 여러 재난사회학적 연구결과 중 하나로) 재난 상황에서의 공황 상태는 아주 드문 현상이며, 우리가 허약하다는 치밀한 신화의 일부분일 뿐이라는 발견에 도달했다.

파키스탄 출신 청년 우스만 파만은 이렇게 전했다. 그가 쓰러졌는데, 하시디즘을 믿는 어느 유대인 남성이 멈춰 서서 그의 펜던트에 새겨진 아랍어를 살펴보더라는 것이다. 그러더니, "짙은 브루클린 어투로 말하더군요. '형제여, 실례지만, 저기 유릿가루 구름이 우릴 쫓아오고 있소. 내 손을 잡으시오. 얼른 여길 빠져나갑시다.' 그 사람이 날 도와주리란 생각은 꿈에도 하지 않았을 겁니다. 그 사람이 아니었다면 부서진 유리 조각과 파편이 아마도 날 삼켰겠지요." 그런가 하면, 두 여성이 어느 앞 못 보는 신문판매상을 안전한 곳으로 안내하자, 또다른 여성이 브롱크스에 있는 그 맹인의 집으로 바래다주기도 했다.

소방관 모집 담당으로 일하는 에롤 앤더슨은 타워 바깥에서 먼지폭풍에 휘말렸다.

몇분간 난 아무 소리도 듣지 못했어요. 내가 죽어서 다른 세상에 있거나, 또는 나 혼자만 살아남았다고 생각했지요. 난 불안하고 공포에 질려 어째야 할지 몰랐어요. 앞을 볼 수가 없었거든요. 한 4~5분 뒤, 내가 이리저리 길을 찾으려 애쓰고 있는데, 젊은 여성의 목소리가 들렸어요. 울면서 말하더군요. "제발, 주님, 저를 죽게 내버려두지 마소서. 절 죽게 내버려두지 마소서." 이 여성의 목소릴 듣게 돼 기뻤어요. 내가 말했죠. "계속 얘기하세요, 계속 얘기해요. 난 소방관이에요. 말소리를 듣고 어디 있는지 알아내겠습니다." 마침내 우린 서로 만났고, 자기도 모르는 새 상대방의 품으로 정말 달려들었어요.

그 여성이 그의 혁대에 매달렸고, 마침내 다른 사람들도 합류해 인간 사슬을 형성했다. 그는 사람들이 브루클린 다리로 가는 걸 도와준 다음, 무너진 건물들이 있는 현장으로 돌아갔다. 그 다리는 수만명에게 도보대피로가 됐다. 몇시간 동안 사람들이 강물처럼 쏟아져들어 다리를 건넜다. 다리 건너편에서는 하시디즘을 믿는 유대인들이 난민에게 물병을 나눠줬다. 인근에서 ── 그리고 며칠 뒤에는 나라 곳곳에서 ── 온 자원봉사자 무리가 로어맨해튼에 모여들어, 용접을 하고 땅을 파고 간호하고 음식을 만들고 청소하고 고해성사를 듣고 하소연을 받아주겠다고 나섰다. 그리고 실제로 그 모든 일을 해냈다.

8년 전 그날 뉴욕 사람들은 승리했다. 침착성, 용기, 관용, 즉흥성, 친절의 면에서 그들은 승리했다. 이 승리는 그때 그곳에서만 있었던 무슨 특별한 일이 아니었다. 1906년 대지진 당시의 샌프란시스코 사람들, 2차대전 영국 대공습 당시의 런던 사람들, 허리케인 카트리나 강타 이후의 대다수 뉴올리언스 사람들 등, 사실상 대다수 장소, 대다수 재난에서, 대다수 사람은 바로 이런 식으로 우아하고 위엄 있게 행동했다.

다를 수도 있었다

8년 전 그 아침으로부터 어떤 다른 것이 생겨날 수 있었을지 상상해보라. 저 쌍둥이타워가 무너지고 난 뒤, 나머지 우리들에게 해악을 끼치는 한편, 부시 행정부의 의도에 부응했던 틀에 박힌 생각, 거짓말, 왜곡, 그리고 공포선동 등이 난무하지 않았다면 어땠을지 상상해보라. (나머지 우리란 미국 사람, 이라크 사람, 아프가니스탄 사람, 그리고

276

다른 많은 사람을 뜻한다. 90개국 출신의 사람들이 그날 공격에 죽었고, 그보다 더 많은 나라 출신의 사람들이 '그라운드 제로'라 불리게 되는 그곳에서 아마도 살아남았을 테니까.)

얼마 전 나는 당시 뉴욕에 살고 있던 멕시코계 미국인 공연예술가 로베르또 씨푸엔떼스와 이야기를 나눈 적이 있다. 다른 많은 뉴욕 사람과 마찬가지로, 그는 비극의 한가운데서 경험한 그 짧지만 거의 유토피아적인 열림의 순간에 아직도 경탄한다. 그 순간 모두들 의미에 관해, 대외 정책에 관해, 역사에 관해 이야기하길 원했으며, 실제로 공공장소에서 낯선 사람들과 더불어 그런 것을 이야기했다. 그건 다 함께 더없이 중요한 문제와 열정적으로 씨름하는 순간이었다. 씨푸엔떼스는 피부색이 아랍 사람과 흡사하다는 이유로 위협받았고 또 공격도 몇번 당할 뻔했지만, 그 대단한 열림의 순간 시작된 위대한 공공적 대화에 또한 감동받았기에, 기쁜 마음으로 동참했다.

5년간의 조사 과정에서, 그리고 20년 전 샌프란시스코 베이 지역에서 발생했던 로마 프리에타 지진을 직접 경험하면서, 나는 재난이 일쑤 기이한 환희의 순간이기도 하다는 사실을 깨달았다. 내 친구 케이트 조이스는 당시 열아홉살로 뉴멕시코에 살고 있었는데, 2001년 9월 11일 바로 그 아침에 뉴욕에 도착한 다음, 정기적 모임장소가 된 14번가의 공원 같은 광장 유니언스퀘어에서 여러날을 보냈다.

우리가 좀더 완벽한 일체감을 누리던 그 나날에 유니언스퀘어가 경이로운 토론의 장이 되곤 했다는 사실을 그는 기꺼워했다. 나중에 그는 편지에서 내게 이렇게 썼다. "우리는 우리 삶에 영향을 미치는 당대적·역사적 갈등, 모순과 연관관계 등에 대해 열정적으로 이야기했어요. 애도의 마음으로 겸허하게, 변혁적 현재라는 황홀경 속에서, 몇시간씩, 밤을 새우며, 일주일 내내, 우리는 못 박힌 듯 꼼짝 않고 열띤 토론을 이어갔죠." 그런 대화가 도처에서 벌어졌다.

우린 그런 좀더 완벽한 일체감을 누렸지만, 얼마 뒤 저들이 그걸 훔쳐가는 걸 묵과했다.

9월 11일, 많은 사람이 죽거나 남편을 잃거나 부모를 잃었지만, 패배당한 사람은 아무도 없었다. 그날에는 그런 사람이 없었다. 우리가 패배당하지 않고 버티려면, 그런 사태는 지극히 끔찍하긴 하나 우리 미국 사람들이 상상하는 것처럼 그리 드문 일도, 극복할 수 없는 일도 아니라는 사실을 인식했어야만 했다. (몇가지 사례를 들면, 9·11 이래 2004년 인도양 쓰나미, 2008년 미얀마 태풍, 그리고 물론 아프가니스탄과 이라크와 콩고의 전쟁 등에서 그보다 훨씬 더 많은 사람이 죽어갔다.) 미국에서는 그날 이후 그보다 더 많은 사람이 가정폭력으로 죽었다.

9·11의 폭풍이 덮친 뒤 재난을 당한 뉴욕의 민간인들은 희생자로 간주됐고, 4년 후 카트리나가 몰아친 뒤 뉴올리언스의 사람들은 짐승으로 묘사됐다. 두 도시 모두, 재난을 당한 사람들 대다수는 사실 무기력하지도 야만적이지도 않았다. 그들은 뭔가 다른 것이었다. 시민이란 말을 우리가 시민권자의 신분이 아닌 시민적 참여라는 뜻으로 쓴다면, 그들은 시민이었다. 두곳 모두, 평범한 사람들은 비범하게 슬기롭고 너그럽고 친절했으며, 몇몇 경찰관, 소방관, 구조대원, 그리고 극소수 정치인 들도 마찬가지였다. 두 경우 모두, 다수의 정치인은 우리를 엉뚱한 데로 이끌었다. 9월의 그 순간, 정치인들은 방해가 되지 않고 사람들은 뉴스와 뉴스거리를 만드는 자들을 좀더 의심했더라면 더 바랄 나위 없었을 것이다.

언론매체도 사태 분석에 끼어들어 전쟁과 영웅에 관한 상투적인 이야기들을 풀어놓고 '대테러 전쟁'이란 기만적 관념을 선선히 받아들이는가 하면, 사우디가 산란(産卵)한 근본주의적 알카에다가 사담 후세인의 세속적 이라크 정부와 어떻게든 연결됐으며 이라크의 실체 없는 '대량살상 무기'를 두려워해야 한다는 행정부의 주장에 도전하길 거부했다. 그럼으로써 매체는 우릴 저버렸다. 언론매체들은 사실 1991년 이래 우리가 이라크를 지속적으로 폭격해왔다는 사실을 거의 언급하지 않았다.

9·11 이후 모든 것이 달라질 수 있었다. 심히 달라질 수 있었다. 그랬더라면, 꾸바에 있는 우리 강제수용소에는 기소나 석방 날짜도 없이 수감된 어린아이들도 없었을 것이고[68], 아프가니스탄의 농촌 벽지나 이라크의 사막에서 결혼식에 참석한 사람들을 살육하는 무인항공기도 없었을 것이고[69], 사지 중 두셋을 잃거나 두뇌와 정신에 심각한 손상을 입고 미국으로 돌아오는 병사들도 없었을 것이다. (랜드연구소에 따르면, 이라크와 아프가니스탄에 2008년 초까지 배치됐던 병사 중 32만명이 외상성 뇌손상을 입었다.)[70] 그랬더라면, 또 한차례 숱한 미국 사람이 — 현재까지 이라크에서 4,334명, 아프가니스탄에서 786명이 — 죽지 않았을 것이고, 전쟁기업을 살찌우기 위해 수조 달러를 건설적 사업에서 빼돌리지 못했을 것이고, 권리장전의 극단적 침해도, 행정부가 권력을 찬탈하는 일도 없었을 것이다. 어쩌면.

우리가 기념비다

모든 것이 지금과 다를 수 있었다. 이제 너무 늦었다. 하지만 9·11 사태, 그리고 부시 시대의 또다른 거대한 사건인 허리케인 카트리나를 우리가 기억하고 기념하는 방식을 바꾸고, 그리하여 미래의 재난에 대비하는 일은 너무 늦지 않았다. 결코 너무 늦을 수 없다.

그 허리케인이 2005년 8월 29일 멕시코만을 강타하기 전 99년간, 미국 역사에서 가장 큰 도시 재난은 내가 사는 도시 샌프란시스코에서 발생했다. 건물 2만 8천채를 포함한 도시 절반이 파괴되고, 약 3천명이 아마도 목숨을 잃은 듯하다. 1906년 4월 18일 아침 일찍 발생한 지진이 큰 피해를 입혔지만, 화재로 인한 피해가 더 컸다. 일부 화재는 붕괴한 건물과 부서진 가스 본관에서 발생했지만, 도시 북쪽 끝 프레시디오에서 육군 부대들이 몰려들어와 어리석게도 방화대를 쌓는 통에 오히려 화재가 번지기도 했다.

감독관이었던 프레더릭 펀스턴 준장은 대중이 즉각 혼돈 상태에 빠질 것이며 질서 회복이 자신의 임무라고 지레짐작했다. 재난이 일어나고 첫째날, 실제 상황은 대체로 정반대였다. 육군과 주州방위군은 시민들이 화재와 싸우며 재산을 수습하는 것을 막고, 사람들을 ── 구조대원과 불구경꾼까지도 ── 약탈자 취급해 총격했으며, (카트리나 이후 '구조 작업'을 감독하던 일부 관료들이 그랬듯) 대중을 통상 적으로 간주했다. 많은 재난사고에서 그렇듯, 외부요인에서 비롯된 참화가 엘리트들의 공포와 제도적 실패라는 내부요인 때문에 악화됐다. 그럼에도 샌프란시스코 사람들은 자체적으로 스스로를 훌륭하게 조직했고, 능력껏

화재와 싸웠으며, 공동의 부엌을 넉넉히 갖췄고, 헤어진 가족들이 만나도록 도왔고, 재건 작업을 시작했다.

아직도 매년 우리는 로타의 분수에서 지진 발생일을 기념한다. 그 분수는, 9·11 이후 유니언스퀘어처럼, 폐허가 되다시피 한 다운타운에서 샌프란시스코 사람들의 회합장소가 됐다. 그 회합에는 수백명이 여명에 모여들어 그 바보 같은 노래 「샌프란시스코」(저넷 맥도널드가 1934년에 부른 곡으로, "샌프란시스코여 골든게이트 다리를 열어라"라는 도입부를 갖고 있다—옮긴이)를 부르고, 적십자가 나눠주는 무료 호루라기를 받는가 하면, 몇 남지 않은 생존자(1906년 지진 피해자 중 두명이 2012년까지도 각각 106, 107세의 고령으로 생존해 있었다—옮긴이)들에게 경의를 표한다.

이제 샌프란시스코는 다음에 닥칠 재난에 우리가 대비해야 한다는 전언을 지진 발생 기념일을 활용해 전파한다. 국토안전부가 9·11 이듬해에 퍼뜨린 것과 같은 (두려움, 배관용 테이프, 복종, 그리고 더 많은 두려움 따위로 재난대비가 이루어진다는 생각을 담은) 지침이 아니라, 구급용품과 전략에 관한 실질적 대책이 담긴 전언이다. 심지어 나의 도시 샌프란시스코는 인증받은 NERT—좀 맹하게 들리는(nerdy) '근린긴급대응팀'Neighborhood Emergency Response Team의 약자—의 회원이 되고 싶은 사람은 누구든 훈련을 시키기도 하는데, 배지를 달고 안전모를 소유한

NERT 회원이 (나를 포함해) 약 1만 7천명이다.

재난을 이미 겪었거나 장차 겪게 될 모든 도시는 기억과 대비를 위한 이런 기념일을 갖는 것이 좋다. 우선 그건 샌프란시스코 사람들이 모든 면에서 과거에도 패배하지 않았고 현재도 무력하지 않다는 사실을 기리는 의미가 있다. 또한 그건 아무리 짧은 순간이라 하더라도 재난 속에서 우리는 흔히 최고의 모습을 보인다는 사실, 그리고 많은 사람이 그런 시간과 날들에 공동체와 굳은 결의와 힘을 최고로 맛본다는 사실도 일깨워준다. (이 정도면, 책임자라고 하는 자들 여럿을 두려움에 떨게 할 만하다.) 허리케인 카트리나의 네번째 기념일에 뉴올리언스 사람들은 종을 울리고 화환을 바치고 기도하고 슈퍼돔을 — 허리케인과 홍수로 궁지에 몰린 사람들이 마지막으로 의지한 저 처참한 피신처를 — 에워싸고, 거리의 주된 행렬 뒤에서 물론 음악도 듣고 춤도 추고, 아울러 자원봉사와 재건 작업을 지속해달라는 청을 받았다. (어쩌면 그 재난의 가장 간과된 양상은 정부의 도움이 없을 때 굉장히 많은 시민 자원봉사자가 그 도시를 도우러 왔고 또 지금도 돕고 있다는 사실일지도 모른다.)

뉴욕은 9·11 기념일이면 빛기둥을 쏘아올리고 희생자 이름을 읽는 행사를 벌이지만, 시민들에게 자신의 힘을 실감하고 다음에 닥칠 재난에 대비하라고 청하지는 않는 듯하다.● 하지만 샌프란시스코에도, 뉴욕에도, 뉴올리언스에도, 그리고 아마도 이 나라, 그리고 다른 나라의 아주 많은 대도시, 소도시에도 —— 극단적 기후는 요동치고 경제는 격변하는 이 시대에 —— 또다시 재난이 닥칠 것이다.

재건된 도시, 마침내 갖춰진 재난대비 태세, 일상생활을 향유하는 사람들 —— 이런 것이야말로 참화를 극복하기 위해 과거 샌프란시스코에게 필요했고 현재 모든 도시에 필요한 기념비다. 뉴욕 사람들은 무슨 일이 있어났는지 기억하기 위해, 진실로 기억하기 위해, 영웅은 꼭 남성이나 제복 입은 사람만이 아니며, 그날 모든 곳에 있던 거의 모든 사람이 영웅이었다는 사실을 기억하기 위해, 유니언스퀘어나 다른 곳에 모일 수도 있지 않겠는가.

그 한주일 동안 그랬듯 그들은 가슴과 마음을 열고, 환희, 죽음, 폭력, 권력, 허약함, 진실과 허위에 관해 토론할 수도 있지 않겠는가. 그들은 안전과 안보는 무엇으로 이루

● 물론 이 대목은 허리케인 샌디 이전에 쓴 것이다. 그때 많은 뉴욕 사람들은 재난의 뒷감당을 훌륭하게 해냈다. 그들 중 많은 이들은 '월스트리트를 점거하라' 운동 당시 형성된 네트워크에 속했으며, 그 운동의 정신과 전술 중 일부를 끌어다 썼다. (그 결과, 반권위주의는 단순한 경향성을 넘어서 DIY식 상부상조의 틀이 대세를 이루는 데 불가결한 요소로 작용했다.) 지역공동체 조직, 종교적 거점, 그리고 근린집단과 형성된 제휴관계는 지속돼나가면서 몇몇 장기적 기획과 제휴관계로 분화되기도 했다.

어지는지, 이 나라에 어떤 대안이 있는지, 이 나라 외교정책과 에너지정책이 이런 문제들과 무슨 관련이 있는지를 검토할 수도 있지 않겠는가. 그들은 함께 거리를 행진하며 뉴욕은 여전히 위대한 도시요 뉴욕 사람들은 두려워 숨거나 공적·도회적 삶에서 도피하지도 않는다는 사실을 입증해 보일 수도 있지 않겠는가. 어쩌면 미국 사람들 중 최고일지도 모르는 자신들이 일상적으로 행하는 것을 좀더 의식적이고 좀더 격식을 갖춰 행할 수도 있지 않겠는가. 갖가지 피부색과 국적과 계급과 견해가 마구 뒤섞인 와중에 대범하고 개방적으로 공존하면서, 낯선 사람들에게 말을 걸고 공공의 삶을 살아가는 것을 꺼리지 않을 수도 있지 않겠는가.

죽은 사람들은 기억되어야 마땅하지만, 살아 있는 사람들 ─ 평상시에는 평화롭게 공존하고 비상시에는 서로를 구해주는 살아 있는 사람들 ─ 은 기념비다. 그날 아침 시민사회는 완전한 영광 속에 승리를 거뒀다. 보라, 그리고 기억하라. 그때 우린 이랬고, 지금도 우린 이럴 수 있다는 사실을.

〔2009〕

내다보며 | 모두 **허물어질 때** 모두 **모여든다**

HOPE IN
THE DARK

내가 본 공문 중 가장 감격적인 그 공문은 딱 한가지 이유로 날 흥분시켰다. 그건 프랑스혁명력 6년 떼르미도르Thermidor(열월熱月이란 뜻으로, 7월 20일부터 8월 17일까지의 한 달―옮긴이) 21일자 문서였다. 적갈색 잉크로 두터운 종이에 작성된 이 문서는 지금 달력으로 치자면 1798년 늦여름경 프랑스 중심부에서 진행된 토지경매를 증빙하고 있었다. 그런데 첫장에 기록된 날짜는, 프랑스혁명이 일상적 삶을 지배하는 현실이었고, 권력 배분 및 정부의 성격과 같은 근본적 사안들이 일상 속에서 경이로운 방식으로 재구성됐던 시기에 그 문서가 작성됐다는 사실을 말해줬다. 1792년, 사회 자체를 새롭게 시작한다는 뜻에서 1년으로 시작하는 새 책력이 채택됐다.

샌프란시스코의 어느 조용한 거리에 있는 작은 고물상에서 나는 지난 천년의 위대한 봉기 중 하나의 유물 한장을 집어들었다. 그건 나로 하여금 빼어난 페미니스트 환상문학 작가 어슐러 K. 르귄이 몇주 전에 했던 말을 떠올리게 했다. 어떤 수상소감에서 그는 이렇게 말했다. "우린 자본주의 사회에서 살고 있습니다. 자본주의의 힘은 피할 길이 없어 보입니다. 신성한 왕권도 그랬지요. 그 어떤 인간의 권력도 인간의 저항으로 바꿀 수 있습니다."[71] 내가 5달러에 구입한 그 문서는, 프랑스 사람들이 신성한 왕권은 불가피하다는 생각을 극복하고, 죄를 물어 왕을 처단하고, 과거와는 다른 어떤 정부 형태를 시도한 지 몇해 뒤 작성된 것이었다. 흔히들 그 실험은 실패했다고 말하지만, 프랑스는 절대군주제로 되돌아가거나 그 정당성을 다시 믿게 될 정도로 혁명에 역행한 적이 없었거니와, 그 실험은 세계 도처에서 또다른 해방운동을 고취했다. (그리고 군주들과 귀족들을 두려움에 떨게 했다.)●

● 데이비드 그래버는 2013년의 글에서 이렇게 썼다. "이매뉴얼 월러스틴의 지적에 따르면, 프랑스혁명 당시 단일한 세계시장이 이미 존재했고 단일한 세계정치 체제도 점점 구축돼가고 있었으며, 이들 세계시장과 정치체제는 거대 식민제국들의 지배하에 있었다. 그 결과, 빠리 바스띠유 감옥 습격은 덴마크나 심지어 이집트에도 프랑스 자체에서만큼 ── 경우에 따라서는 그보다 더 ── 심대한 영향을 당연히 미치게 된

미국 사람들은 세상만사는 변할 수 없고, 앞으로도 변하지 않을 거고 우리에겐 세상사를 변화시킬 힘이 없다는 식의 무사안일과 절망이 뒤섞인 상태에 빠지는 데 능하다. 기억상실증이 있거나, 적어도, 역사는 물론이고 눈앞의 사건에 대해서까지 무지하지 않고서야, 이 나라와 이 세계는 항상 변해왔고 지금도 거대하고 끔찍한 변화 속에 있으며, 때로는 민중의 의지와 이상주의적 운동을 통해 변화되기도 했다는 사실을 어찌 보지 못하겠는가. 기후 상태를 생각하면, 우리는 힘을 끌어모아 화석연료 시대를 (그리고 아마 그와 더불어 자본주의 시대의 일부분도) 끝장내야 한다.

다. 그래서 월러스틴은 '1789년 세계혁명'에 뒤이은 '1848년 세계혁명'을 거론하는데, 후자의 경우, 왈라키아에서 브라질에 걸친 50개국에서 거의 동시적으로 혁명이 발발했다. 어느 경우에도 혁명 세력이 권력을 장악하진 못했지만, 그후 프랑스혁명의 영향 아래 형성된 제도──특히 보편적 초급교육 체제──가 거의 모든 곳에서 자리 잡았다. 이와 흡사하게 1917년 러시아혁명은 소련 공산주의뿐만 아니라 뉴딜 정책과 유럽 복지국가들의 태동에 궁극적 작용을 한 세계혁명이었다. 이들 일련의 혁명 중 마지막으로 일어난 것이 1968년 세계혁명이었는데, 1848년 혁명의 경우와 마찬가지로 중국에서 멕시코에 걸쳐 거의 모든 곳에서 혁명이 발발했고, 어느 곳에서도 혁명 세력이 권력을 장악하진 못했지만 그래도 모든 것을 바꿔놓았다. 이건 국가관료 체제에 맞선, 그리고 개인적 자유와 정치적 자유의 합일을 실현하려는 혁명이었는데, 현대 페미니즘의 탄생이 아마도 이 혁명의 가장 오래 지속되는 유산이 될 것이다.

거인을 쓰러뜨리는 법

르귄의 말을 빌리자면, 물리 현상은 피할 수 없다. 대기 속에 이산화탄소를 더 많이 방출하면 지구는 더워지고, 지구가 더워지면 각종 혼란과 황폐화가 발생한다. 반면에 정치는 피할 수 없는 것이 아니다. 예를 들어보자. 몇년 전만 해도 현재 미국 세번째 대기업인 셰브런이 캘리포니아의 정유공장 도시 리치먼드를 자신들의 개인 영지처럼 다스리는 것은 불가피해 보였을 법하다. 셰브런의 신성한 권리는 불가피해 보인다고 할 만했다. 하지만 사람들은 그런 걸 믿으려 들지 않았고, 10만 7천명의 대체로 가난한 비백인 주민으로 이루어진 이 도시는 저항에 나섰다.

근년에 들어 한 무리의 진보주의자들은 셰브런이 막대한 비용을 쏟아부었음에도 시의회선거에서 승리하고 시장자리를 차지했다. 셰브런은 에콰도르 해변과 브라질 근해에 엄청난 양의 기름을 유출하고 나이지리아 연안에서는 석유 플랫폼 폭발사고를 냈으며, 캐나다의 타르 샌드에서 나온 역청을 리치먼드 정유공장까지 철도로 운송하기도 한 기업이다. 게일 매클로플린 시장과 그의 동지들은 높은 범죄율과 셰브런 정유공장의 유독성 배출물[72]로 이름났다고 해도 과언이 아닌 작은 도시에서 혁명을 일으켰다. 그

배출물 때문에 주기적으로 위급 상황이 빚어져 모든 사람들은 집으로 피신해야만 했다. (그러고는 집 안에 있으니 독극물 피해를 입지 않은 척 가장해야 했다.)

매클로플린은 시장 재임 시절에 이렇게 말했다.

> 우린 정말 많은 걸 이뤘습니다. 오염을 줄여 좀더 나은 공기를 숨 쉴 수 있게 됐고, 좀더 깨끗한 환경과 좀더 깨끗한 일자리를 만들었고, 범죄율도 낮췄거든요. 우리 도시의 살인 사건 수는 33년 만에 가장 낮아졌고, 1인당 태양광발전 설비율도 샌프란시스코 베이 지역에서 제일 앞섭니다. 우리 도시는 이민자보호도시입니다. 우리는 또한 압류와 퇴거를 막기 위해 주택소유자들을 변호하고 있어요. 그리고 우린 셰브런이 1억 1,400만 달러를 더 납세하게 만들었습니다.[73]

지구에서 두번째로 큰 석유회사는 2014년 11월 선거에서 매클로플린과 그밖의 진보적 후보들을 꺾고 자신들의 후보를 당선시키려고 공식적으로 310만 달러를 지출했다. 그 금액은 유권자 한명당 180달러에 해당하지만,[74] 리치먼드 정치에 오랫동안 관여했던 내 동생 데이비드의 지적에 따르면, 셰브런이 지역정치에 영향을 미치려고 지출하는 갖가지 다른 비용을 감안하면 총액은 그 열배에 달할 수도 있다. 셰브런은 졌다. 그들의 후보는 단 한명도 당선되지 않았으며, 광고판, 대량우편, 텔레비전 광고, 웹사이트 등 엄청난 자금을 지원받은 인신공격 선거운동이 고안해낼 수 있는 갖은 수단을 동원해 꺾으려고 했던 풀뿌리 진보주의자들이 이겼다.

지역의 작은 풀뿌리연합이 2,289억 달러 가치의 대기업에 맞서 이길 수 있다면, 지구적 연합은 화석연료 거인들에 맞서 이길 수도 있을 법하다. 리치먼드의 싸움이 쉬운 것은 아니었고 싸움이 지구적 규모가 된다고 쉬울 리는 없지만, 불가능하지도 않다. 리치먼드의 진보주의자들은 현재 상황이 불가피하거나 영속적이지 않으리라 상상했고, 또 그 상상을 현실이 되도록 만드는 작업에 나섰기 때문에 승리했다. 억만장자와 화석연료 기업은 자기네는 맹렬히 정치에 개입하면서 우리는 방관자로 머물리라 기대한다. 여러 운동에 대한 그들의 반응을 보면, 우리가 깨어날 때, 우리가 떨쳐나설 때, 우리가 그들을 대적해 힘을 행사할 때, 우리를 두려워한다는 사실을 알 수 있다.

프랑스 사람들이 절대군주 시대를 끝장냈듯 우리는 화석연료 시대를 끝장내야 한다. 우리는 그것이 불가능하거나 가능하다고 단언할 수 없으며, 무엇이 가능한지 자체는 빠르게 변해왔다.

세가지 영웅

에너지 엔지니어를 보노라면 ─ 지금은 엔지니어가 이름 없는 영웅이 된 시대 같기도 한데 ─ 미래가 굉장히 흥미로워 보인다. 얼마 전만 해도 기후운동은 과학기술이 우리를 구원할 수 있으리라는 막연한 희망을 품고 있을 뿐이었는데, 40만명이 참가한 2014년 9월 21일 기후행진에 등장한 여섯개의 커다란 깃발 중 하나에 적혔듯, "우리는 해결책을 찾았다". 풍력발전, 태양력발전 및 여타 발전 기술이 신속하게 확산되고 있는데, 설계도 좋아지고 비용도 싸지고 품질도 여러면에서 놀랍도록 향상되고 있으며, 이런 추세는 앞으로 상당 기간 지속될 것이 분명하다.

미국과 세계 여러곳에서 청정에너지는 화석연료보다 저렴하다. (급작스런 유가 하락은 이 경향을 얼마간 발목 잡을 수도 있지만, 유가 하락이 과도한 원료가공 탓에 오염이 심한 원유추출 방식의 비용효율을 적정치 아래로 끌어내리는 멋진 부수효과를 유발하기도 한다.) 과학기술이 매우 저렴해지고 널리 퍼진 까닭에, 현명한 재정 자문들은 화석연료와 전통적 중앙집중식 발전소를 나쁜 투자 대상이라 부르는가 하면 탄소거품carbon bubble(기후변화를 막으려면 이산화탄소 배출량을 줄여야 하는데, 그렇게 되면 에너지기업이 보유한 화석연료를 모두 사용할 수 없게 되므로 이 기업들의 시장가치는 폭락할 수밖에, 즉, 탄소거품이 터질 수밖에 없다 ─ 옮긴이)을 거론하기도 한다. (이건 투자 철회 운동이 화석연료 산업의 실질적·윤리적 문제에 대한 관심을 환기하는 데 성공했다는 신호다.) 과학기술 전선은 고무적이다.

이것이 행동을 촉구하는 당근이라면, 채찍도 있다.

우리 시대의 또다른 영웅집단인 과학자들을 보노라면 새로운 소식을 듣는 게 점점 더 두려워진다. 주요 대목은 아마도 다들 이미 알고 있을 법하다. 혼돈 상태의 날씨, 날씨 기록 경신, 올 들어 이어지는 기록상 가장 더운 달, 355개월 연속된 평균 이상의 기온, 더 광범위하게 녹아가는 빙하, 점점 악화되는 해양 산성화, 생물 멸종, 열대병 확산, 기근을 수반하는 식량 생산 감소 등. 너무나 많은 사람이 지금 인류가 어떤 상황에 직면해 있는지 이해하지 못하는 이유는, 지구와 그 체계에 관해 생각하지 않거나, 마지막 빙하기가 끝난 뒤 풍요롭고 고요한 지구가 출현한 이래 지상의 모든 것을 지탱해온 섬세하고 복잡한 상호성과 상호균형을 이해하지 못하기 때문이다. 이 문제는 대다수 사람에게 현실성을 띠지도 선명하게 체감되지도 않을뿐더러, 심지어는 눈에 잘 띄지도 않는다.

기후 관련 분야에 종사하는 대다수의 과학자는 이 문제를 절감한다. 많은 경우 그들은 두려움을 느끼고 슬퍼하며, 기후변화가 인류 및 인류가 의존하는 체계에 미치는 재난적 영향을 완화하기 위해 긴급행동에 나서야 한다는 사실을 뚜렷이 알고 있다. 기후 관련 분야 바깥에 있는 다수의 사람은 무언가 하기엔 너무 늦었다고 생각하는데, 때 이른 절망이 늘 그렇듯 그런 생각은 아무것도 하지 않을 핑계가 되어준다. 다양한 견해가 존재하지만, 상당수의 내부자는 최선의 시나리오와 최악의 시나리오의 차이는 막대하고 미래는 아직 쓰이지 않았기 때문에 지금 우리가 하는 행동이 굉장히 중요하다고 생각한다.

40만명이 참가한 2014년 7월의 기후행진 후 나는 350운동350.org의 공동주창자이자 홍보이사인 내 친구 제이미 헨에게 현시점을 어떻게 보느냐고 물었다. 그는 "모두 허물어질 때 모두 모여들지"라고 답했는데, 끔찍한 과학 보고서의 어두운 그림자 속에서 들려오는 엔지니어와 활동가의 고무적 소식을 아름답게 요약한 표현이다. 이제 세번째 영웅집단, 과학자나 엔지니어와 달리 특별한 자격요건이 필요없는 사람들, 즉 행동가들 이야기를 할 차례가 됐다.

새 과학기술은 실제로 도입돼 (탄소를 배출하는) 낡은 과학기술을 점차 퇴출하고 폐지해야만 해결책이 될 수 있다. 우리는 화석연료 대부분을 땅에 남겨두고 석유시대에서 멀어져야 한다. 그것이 과학자들이 비교적 최근 행한 계산의 결론인데, 행동가들은 (대체에너지 체계를 설계하는 엔지니어들 덕분에 아마도 상상 가능하게 된) 그 결론을 널리 알리고 또 추진해나간다. 목표는 지구 온도 상승을 섭씨 2도(화씨 3.5도)에 묶어두는 것인데, 섭씨 1도 상승이 이미 미치고 있고 또 지속적으로 미치게 될 효과에 경각심을 품은 과학자들은 몇년 전 세운 그 목표조차 너무 한가롭다며 문제 삼고 있다.

화석연료 경제를 해체하면 석유가 세계정치와 일국 정치를 왜곡해온 힘의 큰 부분을 동시에 해체하는 멋진 부수효과를 얻을 수도 있다. 그 힘을 행사하는 자들은 물론 혹독한 전투 없이는 그 힘을 내놓으려 들지 않을 것이다. 기후운동은 바로 그 전투를 지금 여러 전선에 걸쳐 ─ 투자철회 운동, 수압파쇄공법 반대 투쟁, 키스톤 XL 송유관 저지 운동, (그리고 그와 유사한 여타 운동으로) 타르 샌드 투쟁 및 미국 내 기존 석탄 화력발전소를 폐쇄하고 추가 건설을 막는 상당히 성공적인 운동 등에서 ─ 벌이고 있다.

전쟁 동안 당신은 무엇을 했는가?

기후문제에 열정적 관심을 갖고 있고 핵심적 시기에 우리가 살고 있다는 사실을 진정으로 이해하고 있는 모든 사람들이 기후운동에 참여한다면 경이로운 일들이 일어날 수 있다. 현재 일어나고 있는 일은, 위기에 대처하는 데 아직은 충분치 못하더라도, 이미 주목을 끌 만하다. 몇해 전만 해도 화석연료 투자 철회 운동은 존재하지도 않았지만, 지금은 수백개 대학 캠퍼스와 여타 기관에서 활발히 전개되고 있으며, 비타협적 관료체제가 강력한 세력으로 온존하는 가운데 여러 특기할 만한 승리를 거뒀다. 석유산업 출현에 주도적 역할을 한 존 D. 록펠러의 부를 기반으로 덩치를 키운 록펠러 재단은 9월 말, 자산가치로 8억 6천만 달러의 화석연료 투자를 철회하기로 약속했는데, 이 재단은 스코틀랜드에서 뉴질랜드, 시애틀에 걸쳐 전세계적으로 지금까지 투자 철회를 약속한 800개가 넘는 기관 ─ 교회 교단, 대학, 도시, 연금기금, 각종 재단 ─ 중 하나다.

행동가들이 문제삼지 않았더라면 KXL 송유관은 요란한 관심을 불러일으키지 않고 몇해 전부터 가동됐을 수도 있다. 송유관은 대중의 깊은 관심을 끄는 뜨거운 쟁점이 되었고, 최근 몇년간 대통령이 나타나는 곳이면 거의 어디서나 시위의 주제가 됐다. 이 대소동의 과정에서 (나를 포함한) 매우 많은 사람들이 오니汚泥(오염물질이 든 진흙 ─ 옮긴이), 아스팔트, 독극물 호수로 이루어진 앨버타 타르 샌드라는 이름의 거대한 화농성 종기의 존재를 인지하게 됐다. 캐나다 사람들, 특히 송유관 주변의 토착민들은 이 내륙의 오염물질이 정유와 수출을 위해 해안까지 운송되는 것을 저지하기 위해 여타 송유관을 차단하는 대단한 일을 해냈다. 그 일부분이 이제는 철도로 운송되기도 하지만, 열차 운송비가 송유관 비용보다 상당히 높은 데다 유가의 극적 하락까지 겹친 상황에서 송유관이 없다는 건 곧 많은 타르 샌드 사업이 이윤이 없다는 뜻이므로, 결국은 사업 취소로 이어졌다.

기후운동은 성년을 맞았다. 그리고 그 운동은 얼마 전만 해도 불가능하다고들 단언하던 여러 일을 이루어냈다. (2016년의 시점에서 보완하자면, 새로 뽑힌 캐나다 총리 쥐스땡 뜨뤼도는 캐나다 북서부 해안의 유조선 통행을 금지함으로써 앨버타 타르 샌드를 위한 또다른 송유관 노선을 결과적으로 차단했다. 그 소식은 여타 획기적 결정의 와중에 들려왔다. 북극에서는 대통령령으로 시추가 금지됐고, 유타주에서는 석유 및 가스 채굴을 위한 공유지 신규 임대가 중단됐으며, 오리건주 포틀랜드에서는 화석연료 기반시설의 추가 설치가 금지됐다. 오리건주의 금지 결정은 여타 기후 관련 지역 입법에 본보기가 될 만하다. 그런가 하면 상원에서는 공유지와 일부 연안 수역의 석유 및 가스 채굴을 위한 신규 임대를 일체 금지하는 (추정컨대 통과 가능성은 없어도, 관점의 변화를 보여주는) 법안이 상정됐고, 뉴욕주에서는 두건의 획기적 승리가 있었다. 뉴욕 행동가들은 2014년에 수압파쇄공법을 뉴욕주에서 금지시키는 역사적 성과를 올린 적이 있는데, 이번에는 주지

사로 하여금 천연가스 해저기지 승인을 거부하도록 만들었다. 그리고 엑손이 기후변화의 향후 영향에 관한 정확한 정보를 확보하고도 은폐했다는 사실을 밝혀낸 탐사 저널리즘은 뉴욕 검찰총장을 재촉하여 세계 최대 석유기업에 대한 범죄수사로 이어질 수 있는 소환장을 발부하도록 만들었다.)

기후운동은 한눈에 들어오는 단일한 운동이 아니어서 그렇지, 실상 겉보기보다 더 크고 더 효과적이다. 자세히 들여다보면 그 운동은 한편으로는 지구적 사안과, 다른 한편으로는 수압파쇄공법 등과 같은 숱한 지역적 사안과 씨름하는 극히 다양한 집단의 혼합체다. 나라 안으로 보면 이 운동은 텍사스주 덴턴에서 2014년 11월 선거기간에 벌어진 수압파쇄공법 반대 운동이나, 미국 최초로 해당 주 전체에서 수압파쇄공법을 금지하는 성과를 낸 뉴욕주 수압파쇄공법 반대 운동 행동가들의 경이로운 작업을 뜻할 수 있다. 대학 내 투자 철회 캠페인을 벌이거나, 효율성을 제고하고 청정에너지를 도입함으로써 기후문제에 대처하게끔 주 법령을 개정하는 운동을 벌이고 있는 사람들을 뜻할 수도 있다.

기후운동은, 밴쿠버 근처 버너비산에서 한달에 걸쳐 진행된 농성과 시민불복종, 많은 사람이 체포된 끝에 태평양 해안으로 이어지는 타르 샌드 송유관을 설치하기 위한 터

널 굴착을 현재로는 막아낸 브리티시컬럼비아의 행동가들을 뜻할 수도 있다. 체포된 이들 중 한 사람은『밴쿠버 옵저버』에 실린 기사에서 이렇게 말했다. "하지만 감방에 앉아 있으면서 무거운 짐을 두 어깨에서 내려놓는 기분이 들었어요. 내가 지금껏 여러해 동안 마음 한켠으로만 의식해온 짐 말이죠. 캐나다가 쿄오또협약에서 탈퇴하고 기후변화 문제에 점점 더 야비한 태도를 취하는 게 창피했거든요. 만약 이런 게 우리 사회의 가치라면 그런 사회에서 난 무법자가 되겠어요."[75]

미래 만들기

환경운동은 괄목할 만큼 성장했다. 하지만 위기에 제대로 대처할 수 있으려면 훨씬 더 성장해야 한다. 바로 그래서 당신의 참여가 필요하다. 아직 참여하지 않았다면 말이다. 일상의 고요한 합창은 역사의 부름을, 위대한 미래를 위한 순간에 행동에 나서라고 요청하는 목소리를 묻어버린다. 내가 중차대한 역사적 순간에 참여하지 않았던 때, 무슨 일이 그리 화급해 보였는지 기억조차 나지 않지만, 설사 지금 그때와 마찬가지 일들이 화급해 보이더라도 그중 일부는 제쳐둬야 한다는 걸 이제는 안다.

기후행진 직전 나는 지금부터 반세기나 한세기 뒤의 사람들이 우리를 어떻게 볼까, 기후변화를 인식했으니 그것에 대처하는 많은 조처 ─ 우리가 이미 취한 것보다 훨씬 더 많은 조처 ─ 를 취할 수도 있었던 우리를 어떤 눈으로 볼까,라는 생각을 하게 됐다. 후대 사람들은 우리를 증오하고 경멸하지 않을까? 노름으로 가산을 날리는 술꾼처럼, 후손 몫의 유산을 ─ 사람들 모두가 살 수 있는 유일한 곳, 가진 것의 전부, 즉 탈 없이 작동하던 자연계 그 자체를 ─ 우리가 탕진해버렸다고 생각하지 않을까? 그들은 우리를 집에 불이 났는데 도자기나 이리저리 옮기고 있었던 자들이라고 여길 것이다.

유명인사들, 일시적인 정치 추문, 그리고 우리 몸매가 근사한지 아닌지 따위나 염려한 것을 보니 우리가 실성했었다고 후손들은 생각할 것이다. 신문은 1면 접는 선 위쪽에 매일 검정색의 커다란 박스를 배치한 다음, "여타 문제들에 관한 이런저런 기사들이 실렸지만, **기후가 이따위 것보다 더 큰 문제다**"라고 말했어야 하고, 모든 뉴스 방송도 이와 맞먹는 것으로 시작했어야 한다고 그들은 생각할 것이다. 매일매일. 파괴의 엔진 앞에 몸을 던졌어야 했다고, 하늘을 향해 목소리를 높이고 파괴가 멈출 때까지 모든 것을 멈췄어야 했다고 생각할 것이다. 그들은 우리 중 몇몇은 축복하고 칭송하고, 대부분은 저주할 것이다.

모든 나라에 영웅적인 사람들이 있었고 몇몇 특기할 만한 성취도 있었다. 운동은 규모와 힘과 정교함에서 성장했지만, 시대적 요구에 부합하려면 훨씬 더 성장해야 한다. 나 자신도 이런 지적을 면할 수 없으며, 내가 하는 일의 우선순위를 바꾸고 기후문제에 대한 내 미온적 대응을 좀더 광범위하고 맹렬한 어떤 것으로 바꿀 때가 됐다는 것을 깨달았다.

아직 기후운동에 가담하지 않았다면, 지금이야말로 가담할 때다. 운동을 조직하는 사람들은 지금 좀더 적극적으로 손을 내밀어, 집 안에 틀어박혀 편지 쓰기에 골몰하는 사람이건, 벽지에서 직접행동에 나설 태세가 돼 있는 스무살배기이건, 모든 사람에게 변혁의 과정에 동참할 기회를 제공해야 한다. 기후운동에는 모든 사람에게 돌아갈 역할이 있고, 바로 그 역할이 모든 사람에게 지금 당장 가장 중요한 일이다. 너무도 많은 다른 중요한 일 — 인권 및 정의와 관련된 작업, 가장 취약한 사람들을 돌보는 일 등 — 이 우리를 압박하고 있지만, 기후문제는 우리가 하고 있는 일의 한 부분이 돼야 마땅하다. 다른 모든 문제는 기후문제라는 큰 관점에서 바라봐야 한다. (필리핀의 카리스마 넘치는 전직 기후협상가 예브 사노는 이렇게 말한다. "기후변화는 거의 모든 인권을 침해한다. 이 사안의 핵심에 인권이 있다.")

이런 위기에서 중요한 것은 개인의 덕성이라고 믿는 사람이 많다. 그것도 좋지만 관건은 아니다. 차를 모는 대신 자전거를 타고, 육식 대신 채식을 하고, 제 집 지붕에 태양광발전 패널을 설치하는 건 대단한 일이지만, 그건 나 자신은 문제의 일부분이 아니라는 그릇된 생각을 심어줄 수도 있다. 영어 사용국 및 북반구에 사는 거의 모든 사람들이 그렇듯 당신이 주요 탄소배출국의 시민이라면, 개인적으로 무얼 소비하고 무얼 소비하지 않는가의 문제를 넘어서 당신 자신이 바로 더 큰 문제의 일부분이다. 당신은 그 체제의 일부분이고, 당신이, 우리가 그 체제를 바꾸어야 한다. 체제 변화가 아니고는 그 무엇도 우릴 구할 수 없다.

경주는 시작됐다. 생태론적 관점에서 과학자들은, 아직 약간의 시간이 있다고, 창문이 닫히는 짬 정도의 시간이 있다고, 화석연료 사용을 신속하고 단호하게 줄임으로써 기후변화를 섭씨 2도 상승으로 제한하는 것이 아직은 가능하다고 조언한다. 그 정도만 해도, 현재 추세를 뒤바꾸지 않을 경우 발생하게 될 더 큰 기온 상승에 비하면 상당히 덜 궤멸적일 것이다.

국가에 대한 압력은 국가 간에서 나오는 게 아니라 국가 내부에서 나온다. 중국의 탄소배출량이 미국을 추월하게 된 부분적 이유는 미국 상품 중 높은 비율을 중국에서 제조하게 된 것인데, 그전까지는 오랫동안 세계 최대 탄소배출국이었던 이곳 미국에서 우리는 국가를 강하게 압박해야 할 특별한 책임이 있다. 압력은 효과를 발휘한다. 대통령은 분명 압력을 느끼고 있으며, 그 사실은 미국과 중국 간의 최근 탄소배출 축소 협약에 반영되었다. 물론 완벽하거나 충분하지는 않지만 큰 진전이다.

어떻게 하면 우리는 가야 할 곳에 도달할 수 있을까? 아무도 모른다. 하지만 탄소배출을 줄이고 에너지경제를 혁신하고 석유회사의 횡포에서 벗어나는 방향으로 나아가야 한다는 걸, 그리하여 모든 것이 연결된 세계라는 이상을 향해 나아가야 한다는 걸 우린 안다. 방대한 규모의 변화가 필요하다는 걸 우린 알지만, 시도해보지 않고는 그것의 성취가 가능한지 알 길이 없다. 새해의 이야기를 쓰는 건 우리 몫이며, 이 기후혁명 원년元年의 이야기는 200년도 더 전에 프랑스 사람들이 자신들 세계를 바꾼 것 못잖게 민중의 저항이 사회의 근본을 바꾼 분수령에 관한 것이 될 수도 있다.

지금으로부터 200년 후, 2019년에 작성된 문건을 (혁명이 세상을 장악하고 지난날 불가피하다고 생각되던 온갖 것이 일소됐던 때, 우리가 가능성을 틀어쥐고 우리 것으로 만들었던 때 쓰였기 때문에) 어떤 사람이 경탄하며 손에 쥐게 되기를 기원한다. "그 어떤 인간의 권력도 인간의 저항으로 바꿀 수 있다"라고 르귄이 말했다. 그건 우리가 할

수 있는 가장 어렵고도 가장 좋은 일이다. 지금 모든 것이
거기에 달려 있다.

〔2014〕

돌아보고 내다보며 | **후기**

이 책은 무언가를 위해 —— 내 꿈과 가치를 어느정도 공유하는 행동가들을 격려하기 위해 —— 쓴 것이다. 우리의 행동은 (그리고 행동 않음은) 영향을 미치기 때문에, 우리는 모두 이런저런 의미에서 행동가다. 이 책은 또 무언가에 **맞서려고** —— 너무 널리 퍼진 패배주의적, 경멸적 사고틀에 맞서려고 —— 쓴 것이기도 하다. 우리는 정치가 마치 순전히 이성적으로 세상에서 행위하고 권력을 행사하는 일인 듯 이야기하지만, 우리가 세상을 바라보고 그 속에서 행동하는 방식은 우리의 정체성과 감정에 뿌리내리고 있다. 바꿔 말해, 정치에는 내면의 삶이 있으며, 나는 거기에 다가가 그곳에서 나무를 심고 잡초를 뽑고 싶다.

2003년 이래 나는 순회강연을 통해 희망, 변화, 시민사회 운동, 그리고 이야기의 힘에 관해 말해왔다. 내가 말하려는 생각을 혼자 자기 나름의 방식으로 이미 체득한 사람들, 그리고 격려나 대안적 견해를 원하는 사람들은 내 생각을 기쁜 마음으로 안아들였다. 나는 종종 냉소와 패배주의에 맞닥뜨렸고, 때로는 분노에 맞닥뜨렸다. 처음에는, 희망을 말하는 것이 어떤 사람들을 분노케 할 수도 있다는 사실이 놀라웠다.

어떤 사람들은 자신이 부정의와 부당함과 위해危害의 사례들에 관한 지식 ─ 자신이 아니면 실전失傳될 수 있는 지식 ─ 을 지키는 사람이라는 생각을 갖고 있었고, 그런 사례들이야말로 전해야 할 필요가 있는 이야기라고 생각했다. 내 생각은 달랐다. 실제 저질러지고 있는 추악한 폐해를 윤색 없이 전하는 이야기는 필요하지만, 그것만으론 현실을 온전히 그려낼 수 없다는 것이 내 생각이었다. 주류 매체는 우리 제도의 음습한 이면과 그것이 끼치는 폐해에 관해 그리 많이 말하지 않지만, 민중의 봉기나 풀뿌리의 승리나 아름다운 대안에 관해서도 그리 많이 말하려 들지 않는다. 둘 다 중요한데, 전자는 무척 많은 관심의 대상이 되고 있으므로 나는 후자를 내 영역으로 삼았다.

절망하는 사람들의 절망에 대한 집착은 하도 깊어서, 내 당면과제는 좌파들이 꼭 껴안고 있는 절망의 곰인형을 훔쳐내는 것이라고 말할 지경이 됐다. 절망은 그런 특정 부류의 좌파에게 무엇을 선사했을까? 우선 그들에게서 책임을 벗겨줬다. 세상이 만약 누가 뭘 하든 총체적으로 파멸하게 돼 있다면, 우리는 아무 대응을 하지 않아도 무방하다. 만약 우리가 이미 안락하고 안전하다면, 냉소를 머금고 소파에서 빈둥거리면 그만이다. 가장 큰 어려움에 처한 사람들이 일쑤 가장 희망적이라는 사실이 놀라웠다. 그리고 행동적인 사람들이 종종 희망을 품고 있었다는 사실도 놀라웠다. 아니, 바꾸어 말할 수도 있겠다. 희망을 품은 사람들 중 일부가 행동적이라고. 하지만 희망을 품은 사람들의 범주는 그보다 더 넓고, 뜻밖의 곳에서 우리는 희망을 발견하게 된다.

희망 순회강연 초기에 워싱턴주에서 방 하나를 가득 채운 유색인들에게 강연을 한 적이 있다. 어떤 사람은 시민권 운동에 관한 기억을 갖고 있었고, 또 어떤 사람은 사빠띠스따 봉기를 일으킨 멕시코 동포에게 일체감을 느끼고 있었다. 그런가 하면 내 나이 또래로 자그마한 몸집에 우아한 어느 아시아 여성은 종소리처럼 또랑또랑한 목소리로 이렇게 말했다. "그 말이 옳다고 생각해요. 희망을 품지 않았다면 난 투쟁하지 않았겠지요. 그리고 투쟁하지 않았다면 폴 포트의 학살에서 살아남지도 못했을 거고요." 그건 충격적인 발언이었다. 그 당시엔 작고 희미한 희망 — 오로지 살아남으려는 희망 — 밖엔 없었을 것이 분명한 캄

보디아 이주민이 이런 말을 하다니! 최전선 행동가들이 육체적·정서적·도덕적 탈진 상태에 떨어지는 것을 본 적도 있지만, 냉소주의에 빠지고도 남을 만한 처지에 있는 사람들 중 여럿은 정작 그런 태도를 보이지 않는다는 데 나는 자주 놀란다.

절박한 사람들에게 희망, 그리고 그 희망을 실현하려는 투쟁의 대안은 죽음이나 적빈赤貧, 고문이나 자식들의 암울한 미래 — 또는 자식들에게 미래가 아예 없는 상황 — 뿐이다. 그들은 동기부여가 돼 있다. 이모칼리 노동자 연합을 나는 멀리서 지켜봐왔다. 대체로 이민서류를 갖추지 못한 아이띠계, 라틴계, 마야 인디언계 이주민으로 구성된 이 조직은 지난 십년간 농장노동자의 권리를 위해 당당하고 재기발랄하고 창의적으로 싸워왔다. 농장주에게서 생계임금을 짜낼 수 없다는 사실을 알게 되자 그들은 구매자를 공략해, 거대기업 — 맥도널드, 월마트, 버거킹, 타코벨, 홀푸드 등 — 이 토마토 수확 노동자를 위한 자신들의 공정가격 조건을 준수하도록 만들었다. 그 과정 내내 그들은 쾌활하고 기백 있고 희망에 차 있었다.

그건 부분적으로는 문화양식처럼 보였다. 라틴아메리카의 정치에는 낭만적 이상주의, 즉 세계는 가능성으로 충만하고 자아는 그 세계에 영웅적으로 참여할 수 있다는 생각이 담겨 있다. 이런 이상주의는 암살단과 아름다운 봉기에 관한 최근의 기억에서, 격동하는 민족사에서, 그리고 모든 건 좋은 쪽으로든 나쁜 쪽으로든 갑자기 변할 수 있다는 생각에서 오는 것일 수 있다. 이런 차이가 영어라는 언어의 문제가 아니라는 건, 일부는 신앙에 기반하고 또 일부는 힙합에서 에너지를 충전한 과거와 현재의 여러 흑인운동에 깃든 아름다운 정신을 보면 분명히 알 수 있다.

그런가 하면 내가 속한 부류의 사람들, 즉 중산층 백인 같은 이들도 있었다. 우리 중 다수는 이런 다른 부류의 사람, (규모가 더 작고 더 냉소적인 그 무엇은 마치 우리에게 남아 있는 자아의 위축된 형태일 뿐이라는 듯) 커다란 꿈과 높은 이상과 깊은 감정에 관해 말할 줄 아는 이런 사람이 되려면 어찌해야 하는지 모르는 듯했다. 지난 십수년간 나는 여러 지역, 여러 인종 출신의 비전을 지닌 동지들을 많이 얻었지만, 내가 만났던 나와 같은 부류의 사람 중에는 다양한 이유에서 자신들의 한계와 고통에서 헤어나오지 못하는 경우가 너무나 많았다.

1950년대에 태어난 어느 친구는 젊은 시절에 자기 세대는 진정으로 혁명을—무장한 사람들이 행진하고 정부를 뒤엎고 유토피아를 건설하는 옛 유형의 혁명을—기대했지만 실현되지 않아 영원히 실망했다고 내게 상기시켜주었다. 내가 젊었을 때 여전히 사람들은 농담처럼 "혁명이 완수되면"이라고 말하곤 했는데, 그 구호는 체제 변화만이 모든 변화의 요체요 체제 변화에 못 미치는 그 어떤 것도 중요하지 않다는 생각에서 나왔다. 모든 것이 변했음에도 — 미진한 전선이 아직 여럿 존재하지만 엄청난 변화가 일어났음에도 — 중요하지 않다는 생각 말이다. 그러나 모든 것이 변했다는 사실은 중요하다. 내 친구는 그 또래 여러 사람과는 달랐기에, 우리는 인종, 젠더, 섹슈얼리티, 음식, 경제, 그리고 여타 많은 사안을 둘러싸고 우리 생애에 전개된 한층 심층적인 혁명들에 관해, 상상 속에서 시작돼 규칙을 바꾸는, 느리지만 점증적 승리에 관해 이야기를 나눴다. 하지만 그런 혁명을 알아차리려면 무장한 혁명 간부가 아닌 매우 다른 무엇을 탐색해볼 필요가 있다. 그러려면 또 흑과 백 사이에 있는 갖가지 명암의 회색을 인식하는 능력, 달리 말해 세계를 온전한 천연색으로 볼 수 있는 능력도 필요하다.

많은 것이 변했고 또 많은 것이 변해야 한다. 획기적 변화와 승리를 자축할 줄 아는 능력, 또는 적어도 그런 변화와 승리를 인식하고 계속 힘써나갈 줄 아는 능력을 시대가 우리에게 요구한다. 그러함에도 많은 사람들은 시빗거리를, 자신들의 음울한 세계관을 떠받쳐줄 시빗거리를 찾아나서는 듯하다. 완벽하지 않은 건 모두 실패고 실망스럽고 배신이 된다. 그런 입장에는 이상주의가 깃들어 있지만, 결국은 실망밖에 맞닥뜨릴 것이 없는 비현실적 기대도 담겨 있다. 완벽주의자는 대열 바깥에 자리 잡은 채 아무것도 충분히 좋지 않다고 지적해대기 일쑤다.

어떤 것이 결함을 지녔다거나 실패하기 마련이라거나 치명적 하자가 있다거나 그냥 좋지 않다거나 하는 식의 생각은 내가 순진한 냉소주의라고 부르는 태도에서 빈번히 나온다. 그건 깊이 참여하는 행동가에 비해 정보도 모자라고 결과에 대한 책임감도 모자라기 때문에 흔히 생기는 태도다. 내가 일쑤 보아온 바로는, 예컨대 어떤 획기적 기후 관련 법안이 통과됐을 때, 기후문제 해결을 위해 극히 열심히 노력해온 사람들은 승리라고 환호하고 자축하는 반면, 그것을 위해 거의 아무것도 하지 않은 사람들은 일축하고 폄하한다. 그 법안을 이끌어내는 데 어떤 노력이 들어갔는지, 그것이 장차 어떤 성과로 이어질 것인지, 그것을 획득하기 위해 어떤 불리한 조건을 극복했는지 그들은 사실 모른다. 비판이 자기정체성을 강화하는 방법처럼 보이기도 하지만, 그런 비판은 실제 사실관계에서는 일쑤 모호하고 미숙하다. 그리고 그 정체성이란 것도 문제다. 패배에 집착하는 것도 정체성인가? 어쨌거나 그런 일축성 비판은 '세상 물정'으로, '지식과 경험'으로 포장되기 일쑤다. 그 둘과 아무 관련이 없을 때조차도 그런 식이다.

순진한 냉소주의자들은 법안의 통과, 승리, 획기적 성과를 과거 상황이나 가능성의 한계가 아니라 완벽에 관한 자신들의 관념에 비추어 평가하는데, 이 책이 독자에게 상기시키듯, 완벽이란 잣대로 재서 모자라지 않은 것이란 없는 법이다. 무언가를 자축하다보면 우리를 추동하는 불만족이라는 동력이 잠식당한다고 그들은 우려하는 듯하다. (이 우려는 불만족이 우리를 낙담의 주차장에 주차시키기보다 오히려 추동한다는 전제를 깔고 있다.) 어떻게 하면 악에서 선으로, 죽음에서 생존으로, 그리고 아마도 번영으로 나아갈 건가 하는 일은 그들의 책임이 아니다. 깊이 참여하는 사람들은 현재 논의 중인 특정 법안이 우리가 희망하는 것의 전부도 아니고 그 희망을 관철하는 방법도 아니라는 것을 잘 아는 한편, 그 법안이 다음 걸음을 내딛는 출발점이 될 한발짝의 전진이 될 수 있으며, 변화는 악에서 순수한 선으로 나아가는 한번의 큰 도약이 아닌 점진적 방식으로 실현되기 일쑤라는 사실도 알고 있다.

아마도 근본적 문제는 절망이 이념적 입장조차 못 되는 일종의 습관이나 반사작용이라는 사실일 듯하다. 소셜미디어에 시간을 쏟아붓는 모험을 벌이는 동안 나는 많은 사람들이, 그 어떤 성취, 긍정적 상황 전개, 또는 전면적 승리에도 하나같이 "맞아, 하지만"이라고 반응한다는 사실을 깨달았다. 딴죽 걸기도 습관이 되는 법이다. 맞아, 완벽하게 영광스런 이 일이 바로 그때 일어났지. 하지만 그걸 성취한 자는 역사의 어느 다른 시점에서 뭔가 나쁜 일을 저

질렀지. 맞아, 이 집단의 고뇌는 끝났어. 하지만 어딘가에서 어떤 다른, 무관할 수도 있는 집단이 끔찍한 고통을 겪고 있었을지도 모르지. 요약하자면, 나쁜 일이 완전히 없어질 때까지 우리는 좋은 일에 관해 이야기할 수 없다. 이 말인즉슨, 나쁜 일의 공급이 무궁무진하고 더 많은 나쁜 일이 늘 일어나고 있다는 점을 감안하면, 좋은 일에 관해 우리는 전혀 말할 수 없다는 것이다. 결코.

자축하면 우리가 미완의 과업을 포기할 것이라는 우려, 승리나 심지어 환희와 자신감마저 위험하다는 생각에서 이런 반응은 때로 나오는 듯하다. 자축하는 것, 또는 적극적으로 변화를 부추기는 것이 위험하다는 생각에서.

'월스트리트를 점거하라' 운동을 통해 행동가로서 성년을 맞은 젊은 행동가 요탐 마롬은 「무기력의 정치를 타파하기」라는 에세이에서 이런 현상에 관해 숙고하고 있다. 그는 이렇게 썼다.

요즘 무기력의 정치에 관해 생각하노라면 이 모든 것의 원천은 두려움이라는 사실이 대낮처럼 분명하게 감지된다. 지도자에 대한, 적에 대한, 통치의 책임을 져야 할 가능성에 대한, 이기고 지는 데 따르는 득실에 대한, 서로에 대한, 우리 자신에 대한 두려움. 모두 충분히 이해할 만하다. 운동 과정에서 건진 미미한 소속감에 필사적으로 매달리지만 모자라는 것투성인지라, (돈,

사람, 권력, 심지어는 사랑까지) 그 어떤 것도 나눠 가질 만큼 넉넉하지 않다고 확신하며 우리는 서로에게 고함치고 서로를 밀쳐 운동 바깥으로 내몬다. 우린 평생 상처받고 잘못된 길로 이끌려다녔기에, 우리가 감시하고 있는 동안 그런 일이 또다시 일어나는 건 참을 수 없으므로, 서로를 산 채로 잡아먹고 우리 자신의 지도자들을 공격해댄다. (…) 그리고 어쩌면 가장 중요한 사실 하나를 말하자면, 서로를 적으로 돌리는 우리의 경향은 진짜 적에 대한 깊은 두려움——우리가 이길 가능성에 대한 암담한 절망——이 부추긴 것이다. 어쨌든 우린, 인정하건 하지 않건, 우리가 실제로 이길 수는 없다고 믿으며 많은 시간을 허비한다. 이기지 못할 바에야 차라리 멋들어지게 살아보는 게 낫지. 이기지 못할 바에야, 우리의 문화적·정치적 취향에 맞는 공간을 꾸미고, 우리의 비순응적인 미적 감각을 정당화해주는 인간관계를 구축하고, 미래에 대한 투쟁을 포기하는 대가로 작은 섬에서 왕으로 군림하는 편이 낫지.

어떻게 하면 우리는 미래를 위한 투쟁으로 되돌아갈 수 있을까? 내 생각에, 그러려면 우리는 희망을 가져야 한다. 내가 말하는 희망은 상품이나 선물이 아니다. 희망은 꾸준히 탐구하고 안일한 절망에 저항함으로써, 직접 굴을 파고 유리창을 자르고 문을 열거나, 아니면 그런 일을 하는 사람들을 찾아냄으로써 획득하는 것이다. 그런 사람들은 존재한다. 오래전 하비 밀크는 "그들에게 희망을 줘야 한다"라고 말했고, 뒤이어 딱 그렇게 했다.

나는 가능성을 계속 추구하려 노력하기 위해 필요한 자신감을 주는 승리와 성취뿐만 아니라, 장차 상대해야 하는 끔찍한 일과 이미 겪은 손실도 당신은 모두 이야기할 수 있다고 믿는다. 내가 이 책을 쓰는 건 패배주의적 시각에 압도당한다고 느끼는 사람들에게 도움과 위로를 건네는 동시에, 떨쳐일어나 참여하라고, 우리가 장차 무엇을 할 수 있는지 내다보고 우리가 이미 무엇을 해냈는지 돌아보라고 사람들을 격려하기 위해서다. 이 책은 항상 그들을 위한 것이었다. 만약 당신이 여기까지 읽었다면, 이 책은 또한 당신의 것이기도 하다.

〔2015〕

감사의 말

 이 책은 우리가 누구이고 어떤 힘을 가졌고 우리가 그 힘으로 무엇을 할 수 있는지에 관한, 지금도 지속 중인 광범위한 대화의 일부분으로, 숱한 재기발랄하고 영웅적이고 친절한 사람들과 더불어 여러해에 걸쳐 함께 읽고 대화하고 우정을 나누고 조직하는 과정에서 나왔다. 이들은 일쑤 나를 자신이 속한 세계와 과업 속으로 더욱 깊숙이 끌어들였다. 이들의 이름을 들어둔다.

 특히 내 동생 데이비드. 정치이론가, 이상주의자, 오리손딸리따드 운동의 기록자, 내 사랑하는 친구이자 영감의 원천, 마리아나 시트린. 내가 네바다주에서 환경운동을 하며 보낸 몇년을 우정으로써 더없이 직접 보상해준 사람들, '네바다 진보 리더십 연합'의 밥 풀커슨, 그리고 케이틀린 백런드와 조 앤 개릿(1925~2013). 유타의 환경작가 칩 워드, 오클라호마의 토착민 조직가이자 오랜 벗인 팸 킹피셔.

1990년대 런던에서 '거리를 되찾아라' 운동을 주도했고 지금은 프랑스에서 환경행동가로 활동 중인 존 조던. 2014년의 때 이른 죽음 이후 많은 사람이 그리워하는, 비폭력 이론가이자 작가 조너선 셸. 탁월하고 촉망받는 비폭력 이론가 스티븐 준스와 에리카 체노웨스. 350운동의 내 벗들, 빌 매키븐, 페이열 파레크, 제이미 헨, 애나 골드스타인, 그리고 메이 보브. 여러 방식으로 전개된 '월스트리트를 점거하라' 운동의 모든 위대한 행동가들, 특히 지금 부채상환 거부 운동을 벌이고 있는 또 한명의 내 사랑하는 벗 애스트라 테일러. 음악가, 외과의사, 일상적 공모자 루파 마리아. 페미니스트이자 친구, 엘레나 아세베도 달코트를 비롯해, 온라인상의 대화를 통해 젠더와 정의에 관한 내 생각을 다듬는 데 도움을 준 많은 페미니스트들. 루이 비딸레 신부님, 젠키 블랜치 하트먼, 기예르모 고메스뻬냐, 데이비드 그래버. 이 책을 구상하는 동안 그들의 글과 말의 깊이로 더 깊이 파고들게 영감을 준 배리 로페즈와 테리 템페스트 윌리엄스. 평화를 위한 여성파업을 주도했던 내 놀라운 행동가 오촌들, 메리 솔닛 클라크(1916~1977)와 (70년째 인권행동 중인) 준 솔닛 세일. 내 희망의 동지 샘 그린. 내 토착민정치 이해의 초기 단계에 중요한 영향을 미친 브래드 에릭슨. 안토니아 유해즈, 마야 갤러스, 제나인 렌타인, 토머스 에번스, 구스따보 에스떼바, 폴 야마자키, 패트릭 마크스와 젠트 스터전. 그밖에도 더 있지만, 너무 많아 이 목록에서 일일이 거명하지 못한다.

용어에 관하여

해방, 정의, 민주주의, 인권을 추구하고 지지하는 사람들이 사용하는 용어 가운데는 서로 겹치는 것이 많은데, **좌파** left, leftist, **진보주의자** progressive, **급진주의자** radical 등도 그렇다. **좌파**는 내가 이 책 뒷부분에서 주장했듯 세계가 나누어지는 방식을 나타내기에는 낡은 용어인 데다 한 꾸러미의 시빗거리가 붙어다니는데, 대체로 힐난조로 이 용어를 사용함으로써 내가 그 꾸러미를 좀 키운 셈이 됐다. **진보주의자**란 표현에는 낡은 진보의 관념이 실려 있다. 진정한 변화를 기꺼이 숙고하려는 사람들이 위험스러운 한에서는, **급진주의자**라는 표현은 위험스러운 것을 뜻한다고 간주되기 일쑤다.

　몇몇 동료들과 마찬가지로 나는 내가 지지하는 행동주의 운동의 출발점이자 극복 대상인, 오래되고 다소 문제를 지닌 영역을 표현하는 데 **좌파**라는 용어에 기댔다. 반면, 급

진적radical이라는 단어는 역사와 덜 밀착해 있는 까닭에 세계를 변화시키는 데 관심이 있는 사람들을 표현하는 데 좀더 쓸모가 있고, 나도 이 개념에 의지한다. 이 단어의 어원인 라틴어 radice는 문자 그대로는 뿌리라는 뜻이고, 급진주의자들이 사물의 근저에, 결과보다는 원인에 다가간다는 것을 암시한다.

　나아가, **행동가**activist라는 단어를 나는 속기 용어처럼 편의상 반복해서 사용한다. 이 단어는 매일 하는 일이 행동의 성격을 띠긴 하지만 대항적이라고는 할 수 없는 사람들 ― 교사, 유기농법 농민 등 ― 을 포괄하지 못하는 한편, 다른 종류의 행동가 ― 정의와 인권 등에 반대하는 행동을 벌이고 있는 반여권주의자, 인종주의자, 극단적 사유재산권주의자 ― 도 있다는 사실은 무시한다. 좀더 나은 말을 찾게 될 때까지 해량하여주시기 바란다.

이 책은 리베카 솔닛의 *Hope in the Dark: Untold Histories, Wild Possibilities*(제3판, 2016)를 옮긴 것이다. 2006년 창비에서 번역, 출간됐던 제2판과 비교하면, 서문「희망의 근거」(2015)과 후기(2014) 외에 (2009년, 2014년에 각각 작성된) 두개의 장이 추가됨으로써 제2판 출간 이후의 상황 변화가 반영됐고, 전체 분량도 번역서를 기준으로 100페이지 이상 늘어났다. 그러나 기존 1~21장은 일부 수정이 가해지긴 했으나 내용상의 큰 변화는 없다.

저자는 1961년 코네티컷에서 러시아계 유대인 아버지와 아일랜드계 어머니 사이에서 태어났다. 1966년 캘리포니아로 이주해 샌프란시스코 주립대학에서 영문학과 미술사를 공부하고 1984년 캘리포니아 주립대학(버클리) 저널리즘 대학원에서 석사학위를 받았다. 그는 대학 재학 당시부터 네바다 핵실험장 폐쇄 운동에 열렬히 가담하고 1990년대에는 아메리카 원주민 토지권 되찾기 운동에 헌신했으며, 2000년대에 들어서는 반전평화운동과 기후운동에 진력하는 등 여러 분야의 사회운동에 지속적이고 적극적으로 참여해온 행동가인 동시에, 예술평론과 문화비평을 비롯한 다양한 저술활동으로 주목받고 있는 저술가이기도 하다.

 이 책의 일차적인 집필 배경은 2001년 9·11 사태 이후 미국 진보 세력이 봉착한 암담한 상황이다. 부시 행정부가 9·11 테러 지원 세력이자 대량살상 무기 생산국으로 이라크를 지목하고 이라크 전쟁의 필요성을 선전하던 2003년 봄, 이 전쟁에 반대하는 평화운동의 파도는 미국은 물론이고 전세계에서 몰아쳤다. 채 벌어지지도 않은 전쟁의 정당성에 대한 역사상 유례가 없는 전지구적이고 공개적인 토론과 비판이 격렬하게 일어났지만, 부시 행정부는 마침내 이라크 침공을 감행한다. 평화운동은 패배하고 희망은 사라져버린 것 같았다. 전쟁이 진행되면서 부시 정권의 부도덕성은 백일하에 드러났다. 사담 후세인 정권과 알카에다의 연계는 드러나지 않았고 이라크에서 대량살상 무기는 발견되지 않았으며, 그런 상황을 부시 정부가 개전 당시 익히 감지하고 있었다는 유력한 증언마저 나온다. 그러나 부시는 2004년 대통령선거에서 보수적 기독교 세력의 지지를 업고 재선에 성공하고, 반ᣳ부시 운동에 나섰던 진보 세력은 또 한차례 암울한 패배를 겪어야 했다. 마지막 한 줌 희망의 불씨마저 꺼져버린 것 같았다.

솔닛은 이 두차례 참담한 경험에 담긴 의미를 현장행동가의 관점에서 냉철하게 되짚어보는 한편, 그 '패배'에서 희망과 승리의 가능성을 자아올린다. 이 과정에서 저자는 발본적 변화를 갈구하는 사람에게 희망이 무엇을 뜻하는지를 주목할 만한 방식으로 설파한다. 절망적 현실에서 희망을 품는 것은 희망의 상실이 곧 재앙을 의미한다는—따라서 희망 외에 다른 대안이 없다는—절박함의 표현이면서, 희망을 놓지 않는 데 따르는 책임과 노고를 기꺼이 떠맡겠다는 결단의 표현이기도 하다. 그것은 또한 희망을 지닌 사람의 눈으로 보면 패배의 참화 속에서도 승리의 가능성이 드러날뿐더러, 미래는 고정된 것이 아니라 창조적 실천을 통해 만들어나갈 수 있는 것이라는 낙관주의의 표현이다. 아울러 희망은 단번의 승리에 매달리지 않고 일진일퇴와 기복이 이어지는 지구전을 감내하겠다는 현실주의의 표현이기도 하다.

이 책은 또한 세계 정세의 새로운 흐름을 구성하는 핵심적 사건들—가령 1989년 베를린 장벽의 붕괴, 1994년 멕시코 토착민 혁명 운동의 진출, 1999년 시애틀 WTO회담 봉쇄, 2001년 9·11 사태, 2003년 전세계적으로 전개된 평화운동, 2005년 허리케인 카트리나 등—의 함의를 재해

석함으로써 평화와 정의를 추구하는 지구적 운동이 꾸준히 성장하고 있음을 드러내는 한편, 미국 내 평화운동의 거듭된 '패배'도 이같은 큰 시야에서 적극적으로 파악하면 결코 '패배'가 아닌 승리와 희망의 과정이라는 것을 보여준다.

이 책의 후반부는 변혁운동 세력이 변화된 세계사적 지형에서 지켜나가야 할 자세와 원칙, 유념해야 할 사항 등을 구체적인 운동의 사례들을 통해 차분하면서도 열정적인 문체로 탐구한다. 이 부분에서 독자들은 세계 도처에서 지난 몇십년간 진행되어온 다양한 형태의 운동들을 엿볼 수 있다. 특히 저자 자신이 직접 또는 간접으로 관여했던 미국 내 여러 운동을 구체적으로 소개·평가하는 대목에서는 저자가 행동가로서 얻은 현장 경험이 빛을 발하면서, 주류 언론매체로부터 외면당하기 일쑤인 탓에 일반 독자들의 시야에서는 가려지기 십상인 미국 사회의 변화하는 면모가 조명된다. 그리하여 이 책은 미국 사회운동의 실상에 관한 진솔한 상황 점검에서 출발해서 지구적 변혁운동의 지형을 그려내는 한편, 기존 사회운동의 성과와 한계를 넘어서는, 변화된 시대의 요구에 걸맞은 새로운 운동의 모습을 소묘한다.

그러나 이 책은 법칙화되고 딱딱한 사회과학적 운동론과는 거리가 멀다. 대부분의 거대한 변화는 상상과 그 상상에 뿌리내린 희망에서 시작되고, 인간의 창의력은 예술의 영역에서와 마찬가지로 사회운동에서도 주된 동력이 되어야 한다는 것이 솔닛의 입장이기 때문이다. 이 책에서 영국의 '거리를 되찾아라' 운동이나 시애틀의 반WTO 운동, '월스트리트를 점거하라' 운동이나 멕시코의 사빠띠스따 같은 새로운 양상의 운동이 부각되는 것도 그런 입장의 당연한 귀결이다. 이 운동들은 계서적 조직과 중추적 전위세력을 강조하고 정치권력의 쟁취에 일차적 목표를 두었던 기왕의 급진적 정치운동과는 달리, 운동의 방식과 목표 양면에서 주체의 자발성과 분방한 창의성을 중시한다. 그런 점에서 저자는 이 운동들을 일반적인 의미의 정치운동이라기보다 "지구적 들썩임, 상상력과 욕구의 곳곳에 스미는 변화"라고 표현하기도 한다. 이런 새로운 운동 양상이 어떻게 진화해나가고 장기적으로 어떤 성과를 낳을지는 여전히 미지수이지만, 최근 우리 사회에서 진행되고 있는 거대한 변화야말로 저자의 입장을 웅변으로 예증하는 것이 아닌가 싶기도 하다.

제3판에서 책 말미에 추가된 두개의 장 가운데 「돌아보며: 평범한 사람들의 비범한 성취」(2009)는 1906년 샌프란시스코 지진, 2001년 9·11 사태, 2005년 허리케인 카트리나 등 대도시 재난을 비극적·무정부적 혼란으로서 ── 따라서 대중에 대한 통제와 지배의 근거로서 ── 가 아니라

이타적·집단적·공동체적 헌신의 경험으로서 새롭게 기억해낸다. 그리하여 그 경험을 희망의 원천으로 재구성한다. 「내다보며: 모두 허물어질 때 모두 모여든다」(2014)는 다양한 기후운동의 과정에서 민중이 거대기업을 상대로 일구어낸 승리를 구체적으로 전하는 한편, 그런 승리에 대한 기억을 잘 보존하고 전파하는 것이 희망의 근거임을 역설한다.

2006년 말, 「옮긴이의 말」을 마무리하며 역자는 이렇게 적었다. "책의 번역을 떠맡은 지 만 2년이 지났다. 번역 작업이 늦어지면서 책의 시의성이 바래버리는 것은 아닐까 하는 우려도 있었다. 참여정부의 끝 모르는 추락에 이은 개발독재 세력의 전면적인 복귀가 점쳐지는 기막힌 국내 정세, 북한의 핵실험으로 조성된 위기 상황 등, 희망보다는 실망을 안겨주는 일들의 연속인 우리 현실을 돌아보면, 솔닛의 생각은 2년 사이 우리 사회에서 오히려 더욱 유효해진 것으로 보이기도 한다." 그후 10년, 우리 사회를 거의 불가항력적인 절망으로 뒤덮던 어둠이 광장에 모여든 희망의 촛불 앞에 마침내 걷혀가고 있는 지금, 『어둠 속의 희망』에 담긴 통찰은 더욱 빛을 발한다.

끝으로, 역자의 시시콜콜한 질문에 일일이 답해준 저자와 꽤 까다로운 역자 탓에 덤으로 수고한 최지수 씨께 깊은 감사를 드린다. 아울러, 큰아이 연주의 조력을 받아 번역했던 기존의 제2판 부분을 이번 기회에 전면적으로 꼼꼼히 손질했음을 밝혀둔다.

2017년 8월

설준규

주

1 Howard Zinn, "The Optimism of Uncertainty," *Failure to Quit*: *Reflections of an Optimistic Historian* (Monroe, ME: Common Courage Press, 2003).

2 Virginia Woolf, *The Diary of Virginia Woolf*, vol. 1 (New York: Harcourt, 1981).

3 Ernst Bloch, *The Principle of Hope*, vol. 1, trans., Neville Plaice, Stephen Plaice, and Paul Knight (Cambridge, MA: MIT Press, 1986), 3면.

4 Eduardo Galeano, "Where the People Voted Against Fear," *Progressive*, November 2004.

5 Roger Burbach, "Why They Hate Bush in Chile," *Counterpunch*, November 22, 2004, http://www.counterpunch.org/2004/11/22/why-they-hate-bush-in-chile.

6 Arundhati Roy, "Darkness Passed," Outlook India, May 14, 2004, http://www.outlookindia.com/website/story/darkness-passed/223895/?next.

7 F. Scott Fitzgerald, *The Crack Up* (New York: New Directions, 1956), 69면.

8 Vaclav Havel, *Disturbing the Peace: A Conversation with Karel Hvizdala*,

trans. and intro. by Paul Wilson (New York: Vintage Books, 1990), 181면.

9 Paolo Freire, *Pedagogy of Hope: Reliving Pedagogy of the Oppressed* (New York: Continuum Books, 1994), 9면.

10 Gary Younge, "For Better-or Worse," *Guardian*, October 6, 2003, https://www.theguardian.com/politics/2003/oct/06/iraq.iraq.

11 Ernst Bloch, 앞의 책 5면.

12 Jonathan Schell, *The Unconquerable World: Power, Nonviolence, and the Will of the People* (New York: Metropolitan Books, 2003), 160면에서 재인용.

13 같은 곳.

14 같은 곳.

15 Adam Hochschild, *Bury the Chains: Prophets and Rebels in the Fight to Free an Empire's Slaves* (New York: Houghton Mifflin, 2005).

16 Chip Ward, *Hope's Horizon: Three Visions for Healing the American Land* (Washington, DC: Island Press/Shearwater Books, 2004).

17 Chip Ward, 2004년 나에게 보낸 전자우편.

18 Vaclav Havel, *Living in Truth: Twenty-Two Essays Published on the Occasion of the Award of the Erasmus Prize to Vaclav Havel*, ed. Jan Vladislav (London: Faber and Faber, 1987), 66면.

19 Elizabeth Martínez, *Globalize Liberation: How to Uproot the System and Build a Better World*, ed. David Solnit (San Francisco: City Lights, 2004), 원고에서 인용.

20 Manuel Callahan, "Zapatismo Beyond Chiapas," 같은 책, 원고에서 인용.

21 George Orwell, *Homage to Catalonia* (New York: Harcourt, Brace and Company, 1980), 42면.

22 Gustavo Esteva and Madhu Suri Prakash, *Grassroots Postmodernism:*

Remaking the Soil of Cultures (New York: Zed Books, 1998), 43면에서 재인용.

23 Charles Derber, *People Before Profit: The New Globalization in an Age of Terror, Big Money, and Economic Crisis* (New York: St. Martin's Press, 2002), 203면.

24 Jose Bové and François Dufour, *The World Is Not for Sale: Farmers Against Junk Food*, Gilles Luneau와의 인터뷰, trans. Anna de Casparis (London and New York: Verso, 2001), 161면.

25 Iain Boal, "Up from the Bottom," *First World, Ha Ha Ha!*, ed. Elaine Katzenberg (San Francisco: City Lights Books, 1995), 173면.

26 *The Battle of Seattle: The New Challenge to Capitalist Globalization*, eds. Eddie Yuen, George Katsiaficas, Daniel Burton Rose (New York: Soft Skull Press, 2001), 11면.

27 George Monbiot, "At Cancun the Weak Nations Stood Up," *Guardian*, September 16, 2003.

28 Patrick Tyler, "A New Power in the Streets," *New York Times*, February 17, 2003, http://www.nytimes.com/2003/02/17/world/threats-and-responses-news-analysis-a-new-power-in-the-streets.html.

29 Lynn Twist, "Waging Peace: A Story about Robert Mueller," West by Northwest.org, website, March 14, 2003.

30 Notes from Nowhere Collective, *We Are Everywhere: The Irresistible Rise of Global Anticapitalism* (London and New York: Verso, 2003), 500면.

31 Sharon Salzberg, *Faith: Trusting Your Own Deepest Experience* (New York: Riverhead Books, 2002), 139~40면.

32 Jorge Luis Borges, "Inferno, I, 32," *Labyrinths* (Harmondsworth, England: Penguin Books, 1970), 273면.

33 같은 책 98면.

34 Dante Aligheri, *Inferno*, trans. C. H. Sisson (Oxford University Press, 1993)에서 인용.

35 Walter Benjamin, January 11, 1940. Lloyd Spencer, *Benjamin for Beginners*의 온라인 발췌에서 재인용.

36 Walter Benjamin, "Theses on the Philosophy of History," *Illuminations: Essays and Reflections* (New York: Schocken Books, 1969), 257면.

37 물론 '시민 경보'의 가장 큰 승리는 다른 다양한 지역적 반핵단체들의 연합을 통해 달성됐다.

38 2003년도 『월드워치 리포트』(*Worldwatch Report*)는 이 점에서 예외이고, 내게 그 사실을 환기해준 것도 그 보고서다.

39 Chip Ward, 앞의 책.

40 Jim Crumley, *The Last Wolf in Scotland* (Edinburgh: Birlinn Ltd, 2010).

41 Richard White, "The Natures of Nature Writing," *Raritan*, Winter 2002, 161면.

42 Notes from Nowhere Collective, 앞의 책 499면에서 재인용.

43 John Keats, 1819년 George and Georgiana Keats에게 보내는 편지.

44 Gopal Dayaneni, "War on Iraq: The Home Front," *San Francisco Chronicle*, March 25, 2003.

45 Walter Benjamin, "Theses on the Philosophy of History," 앞의 책 254면.

46 Hakim Bey, *The Temporary Autonomous Zone, Ontological Anarchy, Poetic Terrorism*, http://hermetic.com/bey/taz3.html.

47 June Jordan, "Notes Toward a Black Balancing of Love and Hatred," *Some of Us Did Not Die* (New York: Basic Civitas Books, 2003), 285면.

48 Phil Huffman, Lynne Sherrod와의 인터뷰, *Orion Afield*, Summer 2000, 19면.

49 William DeBuys, "Looking for the 'Radical Center,'" *Forging a West*

That Works: An Invitation to the Radical Center (Santa Fe: Quivera Coalition, 2003), 51면.

50 Baldemar Velasquez, 2003년 9월 나와의 인터뷰.

51 Cornel West, *Race Matters* (Boston: Beacon Books, 1993), 150면.

52 Charles Derber, 앞의 책 205면.

53 Naomi Klein, "The Vision Thing," *The Battle of Seattle*, 314면.

54 Naomi Klein, "The Unknown Icon," *The Zapatista Reader*, ed. Tom Hayden (New York: Thunder's Mouth Press/Nation Books, 2002), 121면.

55 John Jordan, 2003년 8월 나에게 보낸 전자우편.

56 Mary Zournazi, *Hope: New Philosophies for Change* (New York: Routledge, 2003), 38면에서 재인용.

57 *Globalize Liberation: How to Uproot the System and Build a Better World* (San Francisco: City Lights, 2003)의 서문에서 John Holloway, from *Change the World without Taking Power* (London: Pluto Press, 2002)를 인용하고 정리한 것.

58 Giaconda Belli, *The Country Under My Skin: A Memoir of Love and War* (New York: Alfred A. Knopf, 2003), 291면.

59 *Do or Die* (Earth First! Britain's newsletter), no. 6, 1997, 4면에서 재인용.

60 Danny Postel, "Gray's Anatomy" (review), *The Nation*, December 22, 2003, 44면.

61 Jim Dodge, "Living by Life: Some Bioregional Theory and Practice," *Literature and the Environment: A Reader on Nature and Culture*, Lorraine Anderson, Scott Slovic, John P. O'Grady, eds. (New York: Longman, 1999), 233면.

62 Paul Hawken, "The End of Sustainability," *Bioneers Letter*, Spring 2003, 11면에서 재인용.

63 Roxanne Dunbar-Ortiz, 2003년 10월 나와의 대화.

64 *Nunavut: Inuit Regain Control of Their Lands and Their Lives*, Jens Dall, Jack Hicks, and Peter Jull, eds. (Copenhagen: International Work Group for Indigenous Affairs, 2000), 138면.

65 Chris Bright, "A History of Our Future," *State of the World* 2003: *A Worldwatch Institute Report on Progress Toward a Sustainable Society* (New York: W.W. Norton, 2003), 9면.

66 Marcos, "Flowers, Like Hope, Are Harvested," *Our Word Is Our Weapon: Selected Writings*, Juana Ponce de Leon, ed. (New York: Seven Stories Press, 2001), 173면.

67 Henry David Thoreau, *Walden and Other Writings* (New York: Modern Library, 1937), 613면.

68 BBC News, "Young Guantanamo Afghan to Sue US," August 27, 2009, http://news.bbc.co.uk/2/hi/south_asia/8224357.stm.

69 Tom Engelhardt, "Collateral Ceremonial Damage," *TomDispatch.com*, July 13, 2008, http://www.tomdispatch.com/post/174954.

70 RAND Corporation, press release, "One in Five Iraq and Afghanistan Veterans Suffer from PTSD or Major Depression," April 17, 2008, http://www.rand.org/news/press/2008/04/17.html.

71 *Guardian*, "Ursula K. Le Guin's Speech at National Book Awards: 'Books Aren't Just Commodities,'" November 20, 2014, https://www.theguardian.com/books/2014/nov/20/ursula-k-le-guin-national-book-awards-speech.

72 Robert Rogers, "East Bay Chevron Refinery Incident Draws Criticism, Raises Concerns about Emergency-Response Capabilities," *InsideBayArea.com*, December 19, 2014, http://www.eastbaytimes.com/2014/12/19/east-bay-chevron-refinery-incident-draws-criticism-raises-concerns-about-emergency-response-capabilities/.

73 Michael Winship, "Chevron's 'Company Town' Fights Back: An Interview with Gayle McLaughlin," *Bill Moyers & Company*, October 30, 2014, http://billmoyers.com/2014/10/30/mayor-gayle-mclaughlin.

74 Harriet Rowan and Jimmy Tobias, "Crude Politics: Chevron Loses Expensive Election but Still Has Plenty of Power," *Richmond Confidential*, November 28, 2014, http://richmondconfidential. org/2014/11/28/crude-politics-chevron-loses-expensive-election-but-still-has-plenty-of-power.

75 Karen Mahon, "In the Battle of People vs. Pipelines, Round One Went to the People," *Observer* (Vancouver), December 6, 2014, http://www.vancouverobserver.com/opinion/battle-people-vs-pipelines-round-one-went-people.

찾아보기

무쏠리니, 베니또 아밀까레 안드레아(Mussolini, Benito Amilcare Andrea) 121면
무정부주의(anarchism) 121~123, 127, 168, 206, 208, 220, 232면
『미개의 꿈』(*Savage Dream*) 171, 172면
민주사회를 추구하는 학생들(Students for a Democratic Society) 107면
밀로셰비치, 슬로보단(Milošević, Slobodan) 91면
밀크, 하비(Milk, Harvey) 318면

ㅂ

바네이헴, 라울(Vaneigem, Raoul) 225면
바트당(Ba'ath Party) 68면
반응적 정치(reactive politics) 161면
백런드, 케이틀린(Backlund, Kaitlin) 321면
『밴쿠버 옵저버』(*The Vancouver Observer*) 301면
버바크, 로저(Burbach, Roger) 53면
버팔로 목초지(buffalo commons) 186면
베를루스꼬니, 씰비오(Berlusconi, Silvio) 235면
베를린 장벽 27, 109, 165, 328면
베버드, 데이브(Bevard, Dave) 128면
베이, 하킴(Bey, Hakim) 199면
벡텔(Bechtel) 68면
벤야민, 발터(Benjamin, Walter) 5, 167, 173, 176~178, 199면
벨리, 지아꼰다(Belli, Giaconda) 224면
벨벳 혁명(Velvet Revolution) 59면
보르헤스, 호르헤 루이스(Borges, Jorge Louis) 169, 172, 201면
보베, 조제(Bové, José) 131, 209면
보브, 메이(Boeve, May) 322면
보울, 이언(Boal, Iain) 131면
보존지역권(conservation easement) 211면

리베카 솔닛(Rebecca Solnit)
예술평론과 문화비평을 비롯한 다양한 저술로 주목받는 작가이자 역사가이며, 1980년 대부터 환경·반핵·인권운동에 열렬히 동참한 현장운동가다. 2004년 쓰인 이 책은 트럼프 미 대통령 당선 이후 다시금 널리 읽히며 주목받았다. 국내에 소개된 책으로『남자들은 자꾸 나를 가르치려 든다』『여자들은 자꾸 같은 질문을 받는다』『멀고도 가까운』『이 폐허를 응시하라』『걷기의 인문학』이 있으며, 구겐하임 문학상, 전미도서비평가상, 래넌 문학상, 마크 린턴 역사상 등을 받았다.

설준규(薛俊圭)
서울대 영문학과를 졸업하고 같은 대학원에서 셰익스피어 연구로 박사학위를 받았다. 한신대 영문학과 교수로 재직했으며, 현재는 같은 대학 명예교수다. 옮긴 책으로『햄릿』『죽음을 주머니에 넣고』『소설은 어떻게 작동하는가』(공역)『전지구적 자본주의에 눈뜨기』(공역) 등이 있다.

어둠 속의 희망
절망의 시대에 변화를 꿈꾸는 법

초판 1쇄 발행 / 2006년 11월 24일
개정판 1쇄 발행 / 2017년 8월 30일

지은이 / 리베카 솔닛
옮긴이 / 설준규
펴낸이 / 강일우
책임편집 / 최지수
조판 / 신혜원
펴낸곳 / (주)창비
등록 / 1986년 8월 5일 제85호
주소 / 10881 경기도 파주시 회동길 184
전화 / 031-955-3333
팩시밀리 / 영업 031-955-3399 편집 031-955-3400
홈페이지 / www.changbi.com
전자우편 / nonfic@changbi.com